国家自然科学基金青年项目（71902082）
教育部人文社科基金青年项目（16YJC630090）　资助

企业异质性视阈下增值税结构性减税政策的经济效应

QIYE YIZHIXING SHIYU XIA
ZENGZHISHUI JIEGOUXING JIANSHUI ZHENGCE DE
JINGJI XIAOYING

倪婷婷　著

中国财经出版传媒集团

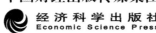

经济科学出版社
Economic Science Press

图书在版编目（CIP）数据

企业异质性视阈下增值税结构性减税政策的经济效应 /
倪婷婷著 . —北京：经济科学出版社，2020. 12
ISBN 978 - 7 - 5218 - 2207 - 6

Ⅰ . ①企… Ⅱ . ①倪… Ⅲ . ①增值税 - 减税 - 税收
政策 - 研究 - 中国 Ⅳ . ①F812. 42

中国版本图书馆 CIP 数据核字（2020）第 262978 号

责任编辑：杜 鹏 郭 威
责任校对：蒋子明
责任印制：邱 天

企业异质性视阈下增值税结构性减税政策的经济效应
倪婷婷 著
经济科学出版社出版、发行 新华书店经销
社址：北京市海淀区阜成路甲 28 号 邮编：100142
总编部电话：010 - 88191217 发行部电话：010 - 88191522
网址：www. esp. com. cn
电子邮件：esp@ esp. com. cn
天猫网店：经济科学出版社旗舰店
网址：http：//jjkxcbs. tmall. com
固安华明印业有限公司印装
710 ×1000 16 开 16. 25 印张 270000 字
2021 年 3 月第 1 版 2021 年 3 月第 1 次印刷
ISBN 978 - 7 - 5218 - 2207 - 6 定价：88. 00 元
（图书出现印装问题，本社负责调换。电话：010 - 88191510）
（版权所有 侵权必究 打击盗版 举报热线：010 - 88191661
QQ：2242791300 营销中心电话：010 - 88191537
电子邮箱：dbts@ esp. com. cn）

序

　　倪婷婷博士毕业后就进入高校工作，优越的科研环境让她有机会更深入研究现实问题，知识结构得到进一步优化。站在新高度，她对博士论文进行了反复修改，精益求精，最终形成了《企业异质性视阈下增值税结构性减税政策的经济效应》这本专著，由经济科学出版社出版。这标志着她对增值税问题的研究取得了阶段性的成果。

　　近年来我国经济发展步入"新常态"，经济增速持续下行的压力增大。在 2018 年 12 月的中央经济工作会议上，习近平总书记指出，宏观政策要强化逆周期调节，积极的财政政策要加力提效，实施更大规模的减税降费。在积极的财政政策中，能够兼顾稳增长、调结构等多重目标且副作用较少的政策选项，就是结构性减税。通过结构性减税帮助企业降成本，以结构性政策缓解结构性问题，对于实现经济高质量发展有着重要的现实意义。为实现经济持续平稳增长，政府大力实施结构性减税政策，以期通过实施"微刺激"和调整经济结构来寻求未来经济增长的新动力。事实上，自 2004 年以来，我国一直在进行增值税结构性减税，如增值税转型、营业税改征增值税改革以及增值税税率简并等。随着"营改增"改革的全面推广，增值税在我国税收体系中的重要性更加凸显，因此系统地研究增值税结构性减税政策的经济效应十分必要。既有研究主要研究了增值税减税政策对宏观经济层面的影响，例如政府财政收入、社会就业、经济增长及社会福利等。但系统分析增值税减税政策对不同类型企业影响差异的研究很少，这使得我们难以厘清减税政策对微观经济体的具体影响路径。更为重要的是，增值税转型和"营改增"这两项结构性减税政策的经济效应是否存在异同之处？

　　倪婷婷博士针对这一问题，以我国非金融上市公司为样本，以增值税转型和"营改增"改革为切入点，基于企业异质性视角系统分析与检验了两项增值税结构性减税政策的经济效应。研究发现：（1）资本市场对于增值税转型和全面"营改增"政策的颁布持积极肯定态度；但不同产权性质企业的市场反应存在差异；全面"营改增"涉及行业的累计超常收益明显低于非改革行业，这一现象可能源于较高的改革成本和改革的溢出效应。（2）增值税转型能促进企业增加投资规模，尤其是国有企业投资规模显著高于民营企业。但从投资效率来看，增值税转型却显著降低了集团公司尤其是国有集团的投资效率。（3）在产权性质方面，无论是企业的研发行为、劳动力需求还是转型升级效果，增值税减税政策对民营企业的影响都明显大于国有企业。例如，相较于国有企业，"营改增"改革更多推动了民营制造企业增转型升级；增值税转型中民营企业劳动力需求下降幅度更大。（4）在增值税转型中，企业集团的投资与研发行为显著异于非集团公司。与非集团公司相比，增值税转型中集团公司的投资规模更高，研发投入更高，但投资效率更低。（5）"营改增"推动制造企业升级的机制分析发现，地区服务业集聚在"营改增"推动制造企业升级中起到了明显的中介作用，而流转税税负下降的作用有限。改革更多通过产业联动带动经济转型升级。

这本专著的创新主要体现在以下三方面：第一，将增值税转型和"营改增"改革纳入增值税结构性减税理论框架下，系统分析、检验与比较两类改革对微观企业的经济效应，有利于掌握增值税结构性减税的经济规律。第二，基于企业异质性视阈，系统分析增值税结构性减税政策对不同类型企业影响的差异，有利于全面评价增值税改革。既有文献以宏观研究为主，并且为数不多的微观研究也大多笼统地分析增值税改革对企业行为的整体影响。专著基于产权和集团控制的异质性视角，实证检验增值税改革对不同类型企业的影响及差异，既有助于全面评价改革，也能丰富企业异质性文献。第三，专著不局限于探讨"营改增"对服务业的减税效应，而是基于生产性服务业与制造业的互动融合，提出、论证并系统检验"营改增"驱动制造业转型升级的机理与效应，既能丰富产业经济相关文献，也是对供给侧结构性改革效应评估文献的有益补充。在实践层面，专著一方面为全面衡量增值税结构性减税的政策效果提供了经验支持，另一方面也对当下供给侧结构性改革和国有企业改革有一定的指导和借鉴作用。

作为她的导师，我对这本专著的研究过程和内容非常了解，这本专著是在其博士论文基础上经过认真修改完成的，同时增加了很多她在博士毕业后发表的新的研究成果。现在书稿的论证更加严密，结构更加紧凑，观点更加鲜明。这是倪婷婷博士出版的第一本专著，也是其研究成果的总结，我对她表示祝贺！作为一名青年学者，倪婷婷博士在攻读博士学位期间努力、踏实、勤奋，熟练掌握了经济学和管理学的理论与方法；在博士毕业后，理论联系实际，认真钻研，科研水平迅速提高，发表了一系列优秀研究成果。"问渠那得清如许？为有源头活水来。"希望倪婷婷博士在今后的科研工作中，一如既往地潜心研究，厚积薄发，不断取得新的成果。

王跃堂
南京大学管理学院院长
教育部长江学者特聘教授
2020 年 9 月

目　　录

第一部分　理论基础、文献回顾与制度背景

第二部分　增值税转型经济效应的实证分析

第三部分　"营改增"改革经济效应的实证分析

第一部分

理论基础、文献回顾与制度背景

第1章 导　论

1.1　本书的选题背景与意义

1.1.1　选题背景

近年来我国经济发展步入"新常态"，经济增速持续下行的压力增大。在 2018 年 12 月的中央经济工作会议上，习近平总书记指出，宏观政策要强化逆周期调节，积极的财政政策要加力提效，实施更大规模的减税降费。在积极的财政政策中，能够兼顾稳增长、调结构等多重目标且副作用较小的政策选项，就是结构性减税（高培勇，2012）。结构性减税是从优化税制结构、服务于经济增长和经济发展方式转变的要求着手，其落脚点是减轻企业和个人的税收负担。事实上，自 2004 年以来，我国一直在进行增值税结构性减税，如增值税转型、营业税改征增值税（以下简称"营改增"）改革以及增值税税率简并等。随着"营改增"改革的全面推广，增值税在我国税收体系中的重要性更加凸显，因此系统地研究增值税结构性减税政策的经济效应显得十分必要。

增值税转型和"营改增"改革一直是理论界和实务界共同关注的话题。研究发现，增值税转型会对企业投资（陆炜和杨震，2002；王素荣和蒋高乐，2010）、政府财政收入（杨抚生和蔡军，2006；Lin，2008）、社会就业（张欣，2008；陈烨等，2010）、经济增长（Fan et al.，2002）以及社会福利（Zhai & He，2008）产生重大影响。"营改增"能优化国民收入分配格局（孙正和张志超，2015），短期内会减少地方财政收入（张悦和蒋云赟，

2010；张新和安体富，2013；李青和方建潮，2013），提高经济增长速度（田志伟和胡怡建，2014），节能减排（石中和和娄峰，2015）和影响进出口（邓力平和王智烜，2011；潘明星，2013；王艺明等，2016）。

现有增值税减税政策研究大多从宏观层面展开，经济政策先影响企业行为，企业行为影响企业产出，企业产出作用于经济产出。宏观研究无法揭示政策的微观机理（郑文平和张杰，2013）；忽视企业行为会导致研究者无法理解宏观政策的传导机制（姜国华和饶品贵，2011）。但目前从微观层面系统研究增值税改革经济效应的文献仍相对匮乏。那么，从资本市场投资者角度来看，市场如何解读增值税转型这一信息？从企业行为角度来看，增值税转型会对企业的投资、劳动力需求和研发行为产生什么影响？并且由于企业异质性的存在，增值税转型对不同企业的影响是否存在不同？这是本书第二部分实证研究试图回答的主要问题。

始于 2012 年的"营改增"改革是近年来学术研究的焦点。前期研究重点探讨了改革是否实际降低了企业的税负，结论不一（景顺祥和陈大庆，2012；王珮等，2014；曹越和李晶，2016；董根泰，2016；童锦治等，2015；王玉兰和李雅坤，2014）。也有学者发现改革能促进专业化分工（陈钊和王旸，2016）和投资（李成和张玉霞，2015），对股价有正向效应（李涛等，2013；李嘉明等，2015）。但对于它对研发创新的作用，学术界存有争议（袁从帅等，2015；龚强等，2016）。产权经济学认为，产权制度对经济发展和经济效率具有十分重要的影响。产权制度通过界定企业的所有权结构和委托代理链等直接影响着企业的各项活动；在相对不发达且对产权保护较弱的新兴市场中，企业集团作为一种介于市场与企业间的经济组织，其行为显著异于非集团公司。那么增值税结构性减税政策对这些异质性企业的影响是否也存在差异？更为重要的是，增值税转型和"营改增"改革这两项结构性减税政策的经济效应是否存在异同之处？既有研究通常仅以其中一项改革为研究对象，很少有文献系统分析与比较两类减税政策的异同之处。

1.1.2　选题意义

1.1.2.1　理论意义

第一，将增值税转型和"营改增"改革纳入增值税结构性减税框架下，系统分析、检验与比较两类改革对微观企业的经济效应，有利于掌握增值税结构性减税的经济规律。尽管既有文献分别分析了两类改革的经济效应，但多以宏观分析为主，并且将两者割裂，很少有文献比较两类改革效应的异同之处。本书通过检验与比较不同增值税减税政策的效应，来完善国内外增值税改革文献。

第二，本书研究表明应注重宏观经济政策对微观企业行为影响中的企业异质性的作用。从本书研究来看，在不考虑企业异质性的情况下，无法发现增值税转型对研发投入存在影响。然而引入企业集团这一组织形式后，则发现集团公司尤其是民营集团的研发投入受增值税转型政策影响明显。因此在检验宏观经济政策对微观企业行为影响的过程中，不能忽视企业异质性这一核心要素。

第三，学术界有关"营改增"经济后果的文献，主要分析了改革对生产性服务业的影响，考察改革对制造业影响的研究很少，机理分析更为鲜见。本书不局限于探讨"营改增"对服务业的减税效应，而是基于生产性服务业与制造业的互动融合，提出、论证并系统检验"营改增"驱动制造业转型升级的机理与效应，既能丰富产业经济相关文献，也是对供给侧结构性改革效应评估文献的有益补充。

1.1.2.2　实践意义

第一，在政策效果方面，无论是研发还是转型升级，增值税减税政策对民营企业的影响都明显大于国有企业。本书表明应降低国有企业的行政垄断地位，充分发挥市场力量对其创新和转型的激励，以及将转型升级纳入相应的企业控制人业绩评价框架以促进国有企业转型升级。此外应进一步提高知识产权保护水平、缓解融资约束，为民营实现经济转型创造良好条件。

第二，当下为实现经济持续平稳增长，政府大力实施结构性减税政策，以期实施"微刺激"和调整经济结构来寻求未来经济增长的新动力。研究发现"营改增"更多通过产业联动带动经济转型升级，一方面能为全面衡量增值税结构性减税的政策效果提供经验支持，另一方面也对相关部门进一步进行结构性减税，以及规范企业产权改革和政府行为有一定的指导和借鉴作用。

1.2　本书的研究结构与内容

1.2.1　研究结构

有关税制改革经济效应的研究无论在国内还是国外都是实证研究关注的重点。然而目前对于我国增值税改革的经济效应研究还不是系统性的，仍存在着进一步深入研究的必要。并且从已有文献上来看，从异质性（产权特征①和集团控制）角度来研究增值税改革效应的文献也很少。因此基于我国特殊的制度背景，本书主要从产权特征角度研究增值税转型的经济后果。本书的研究结构如图 1 – 1 所示。

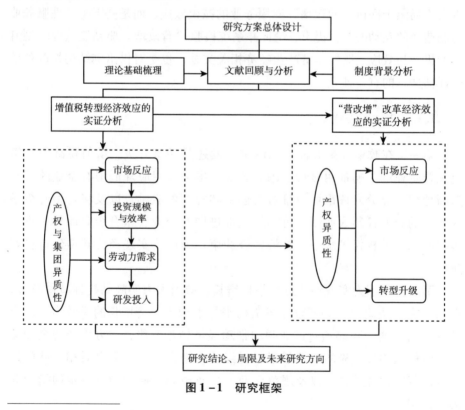

图 1 – 1　研究框架

---

① 本书考察的产权特征包含两个维度：产权性质及不同层级的国有企业。

1.2.2　研究内容

根据该研究思路，本书共分为12章，具体内容安排如下。

第1章，导论。该章主要概述本书选题的背景、研究的主要问题及研究的意义。同时，围绕研究主题，对本书的研究设计，包括研究思路、结构安排和逻辑框架逐一交代。此外总结了本书研究可能存在的几个创新点，从而为后面的研究提供铺垫与研究框架。

第2章，理论基础与文献回顾。这是本书研究的理论基础。首先，围绕增值税改革的相关理论，简述税收中性思想和最优税收理论；其次，梳理了新古典主义厂商投资理论；再次，阐述了产业升级基础理论和委托代理理论；最后，对增值税改革的国内外文献进行综述，从而勾勒出增值税改革经济效应研究的理论框架。

第3章，制度背景。先对两项增值税结构性减税政策的历史沿革进行简要介绍。并且围绕公司的产权特征，首先介绍国有企业改革历程，其次介绍财政体制改革，最后详细分析了不同产权特征企业在公司治理方面存在的差异。此外，还梳理了我国企业集团发展的简要历史沿革与背景，从而为研究增值税改革下不同类型企业的行为差异作铺垫。

第4章，增值税转型的市场反应。主要是采用事件研究的方法研究增值税转型的市场反应。同时，还进一步考察了试点地区与转型地区、国有上市公司与民营上市公司、中央国有上市公司与地方国有上市公司在窗口期的市场反应差异。此外还研究了不同类型公司长期市场反应的差异。

第5章，增值税转型、产权特征与企业投资规模。主要研究增值税转型对企业固定资产投资行为的影响，并且从产权特征即产权性质和国企层级角度分析不同产权特征企业的投资行为受增值税转型影响的差异。

第6章，增值税转型、集团控制与企业投资规模。主要研究增值税转型下集团公司与非集团公司的投资规模及差异，并在此基础上，对这两类公司投资行为进行动因分析。

第7章，增值税转型、集团控制与企业投资效率。主要研究增值税转型下集团公司与非集团公司的投资效率差异，并在此基础上，结合产权特征，比较不同产权类型集团公司的投资效率。

第8章，增值税转型与企业劳动力需求。主要研究增值税转型对企业劳动力需求的影响，并且从产权性质、国企层级以及不同资本有机构成等角度分析不同产权特征企业的劳动力需求受增值税转型影响的差异。

第9章，增值税转型与企业研发投入。以企业集团这一组织形式为切入点，研究增值税转型对企业研发投入的作用路径。并在此基础上，结合产权性质，分析不同类型企业集团研发投入的差异及其对长期回报率的影响。

第10章，"营改增"改革的市场反应。以2016年5月1日的全面"营改增"为对象，通过累计超常收益率衡量资本市场对该政策的反应，并分析比较全面"营改增"涉及行业样本与非全面"营改增"涉及行业样本累计超额收益率的差异。

第11章，"营改增"改革与制造企业转型升级。检验了"营改增"对制造企业转型升级效果的作用及机理，以及不同产权性质和税收征管力度地区制造企业升级的效果与差异。

第12章，研究结论、启示、局限及未来研究方向。包括本书的研究结论和启示、本书的局限性以及未来的研究方向。

1.2.3 研究方法

1.2.3.1 理论分析法

本书首先系统梳理税收中性理论、最优税收理论、新古典主义厂商投资理论和委托代理理论等理论；其次，概括归纳国内外相关学术文献，并总结了增值税结构性减税政策的制度背景，以及我国特殊的产权和集团公司制度；最后，基于企业异质性视阈，系统分析归纳了增值税改革对微观经济体的影响及作用路径。

1.2.3.2 实证研究法

将增值税转型和"营改增"改革视作"准自然实验"，建立双重差分模型检验这两类减税政策对企业投资、研发创新和市场反应等的影响。在实证研究方法中，既有回归检验，也有事件研究。回归检验考察增值税改革对企业行为的影响，事件研究则研究增值税减税消息公布期间短窗口的市场反应。

1.2.3.3　案例研究法

为更好地观察"营改增"对企业税收筹划和转型升级行为的影响，本书拟选择具体企业，通过公开信息、问卷调查、产业调研和访谈等形式，从不同的维度进行深入研究，使研究成果实现"点与面"相结合。

1.3　可能的创新

本书在对增值税结构性减税的理论脉络进行系统梳理和评述的基础上，立足增值税改革与异质性相结合，着重从短期市场反应、企业投资、劳动力需求、转型升级行为及后果层面，较为深入地研究了增值税改革在微观层面的经济效应，弥补了国内现有研究过多局限于宏观层面的不足。具体创新表现在以下方面。

第一，将增值税转型和"营改增"改革纳入增值税结构性减税框架下，系统分析、检验与比较两类改革对微观企业的经济效应，有利于掌握增值税结构性减税的经济规律。尽管既有文献分别分析了两类改革的经济效应，但多以宏观分析为主，并且将两者割裂，很少有文献比较两类改革效应的异同之处。本书通过检验与比较不同增值税减税政策的效应，来完善国内外增值税改革文献。

第二，基于企业异质性视阈，系统分析增值税结构性减税政策对不同类型企业影响的差异，有利于全面评价增值税改革。现有研究以宏观研究为主，并且为数不多的微观研究也大多笼统地分析增值税改革对企业行为的整体影响。本成果基于产权和集团控制的异质性视角，实证检验增值税改革对不同类型企业的影响及差异，有助于全面评价改革。

第三，学术界有关"营改增"经济效应的文献，主要分析了改革对生产性服务业的影响，考察改革对制造业影响的研究很少，机理分析更为鲜见。本书不局限于探讨"营改增"对服务业的减税效应，而是基于生产性服务业与制造业的互动融合，提出、论证并系统检验"营改增"驱动制造业转型升级的机理与效应，既能丰富产业经济相关文献，也是对供给侧结构性改革效应评估文献的有益补充。

第四，丰富了集团控制对企业行为影响的相关研究。本书以增值税改革为契机，系统研究了集团与非集团公司在投资规模、投资效率、研发投入和长期回报等方面的差异，以及检验了两类公司的投资动因。在更好地解决内生性问题的基础上，丰富了企业集团国内外文献。

第2章　理论基础与文献回顾

2.1　增值税改革的基础理论

2.1.1　税收中性理论

自 1994 年引入增值税以来，我国一直采用的是生产型增值税。所谓增值税转型，就是将生产型增值税改为消费型增值税，即允许企业新购入设备所含的增值税从销项税额中抵扣。一般认为，增值税转型最主要的理论基础是税收中性理论。

2.1.1.1　税收中性的定义

税收中性是指国家征税使社会付出的代价应以征税数额为限，不会产生其他额外影响。从宏观上来看，征税仅仅是从全社会总产品中扣除了一部分，而不会影响市场经济体制本身的运行；从纳税人的角度来看，纳税人仅负担所征收的税额而不会有额外的负担。

2.1.1.2　税收中性思想的起源与发展

税收中性思想源自 17 世纪末英国古典经济学派的代表亚当·斯密在其《国富论》中所倡导的自由放任和竞争的经济政策。英国新古典学派代表马歇尔在其《经济学原理》中提出若政府对商品征收间接税，则被征税商品的价格会上涨，那么消费者对该类商品的消费会减少，对其他商品的消费会增加，社会生产被扭曲，这就是国家征税产生的额外负担。因此，他指出国家税制中应该增加直接税、减少间接税，从而使税收中立。税收中性是西方国家市场经济处在自由竞争时期的产物，它最根本的特点是政府不干预经济，由市场去调节。随着经济理论的日益发展，税收中性在西方社会的税收理论与实践中经历了"肯定—否定—再肯定"的发展历程。当凯恩斯主义受到巨大冲击后，税收中性理论重新获得西方税收理论界的推崇，从而掀起了自 20 世纪 80 年代中期以来世界范围的税制改革浪潮。

目前学术界认同的税收中性是指相对中性，而非绝对中性。一般而言：它包含两个原则，一个原则是市场机制是影响资源配置的最重要力量，国家征税应遵循市场规律，尽可能地避免干扰市场经济的正常运行。根据林德霍尔姆（Lindholm，1970）的定义可知，中性原则表示税收作为对参与生产所有要素的要素回报的百分比是相同的。邓子基（1995）提出税收中性是指税收不应对市场机制产生影响，不应成为影响资源配置和纳税人决策的主要因素。另一个原则是国家征税使社会所付出的成本应当尽可能地以税款为界限，不增加其他额外损失。

2.1.1.3 税收中性与增值税

增值税体现税收中性原则的最大特点，就是消除重复征税。就增值税自身的内在要求和特点而言，增值税需要消除重复征税的消极效应，避免对生产专业化协作和企业的组织结构及流通环节的变化产生干扰，在经济资源的配置方面保持中性化特征。因此，增值税在各种流转税种中最能体现税收的中性原则。

税收中性思想对增值税也提出了诸多要求，其中一个便是选择合理的增值税类型。如前所述，根据外购固定资产的进项税额是否可以抵扣以及如何抵扣，增值税可以分为生产型增值税、消费型增值税以及收入型增值税。泰特（Tait，1991）认为若没有免税和零税率，增值税就没有被扭曲，而资本的增值税应当全额抵免。国外其他探讨不同类型增值税中性问题的文献（Carl，1988；George，1973；Gilbert，1995）都表明相对于收入型增值税，消费型增值税可以刺激投资和经济增长，而生产型增值税的作用最差。国内理论界对于三种类型增值税中性问题的研究中学者们普遍认为生产型增值税不符合中性原则，而消费型增值税和收入型增值税则符合中性原则。王春玲（2005）认为在三类增值税类型中，生产型增值税在实际运行中与税收中性特征相差最大，而消费型增值税的超额税收负担最小，最符合增值税中性的特征。宋瑞敏和宋志国（2000）指出由于消费型增值税彻底解决了重复征税问题，所以更符合税收中性原则。

与以上观点不一致的是，张欣和陈烨（2009）从经济学理论和逻辑、国民经济核算体系，以及普遍接受的中性定义出发，严格证明了生产型增值税才是唯一中性的。而消费型增值税是对资本要素消费优惠从而造成要素价格扭曲的非中性税种。

尽管对于不同类型增值税的中性问题仍存在争议，然而增值税本身的税收中性特征受到世界各个国家的青睐。重复征税会对生产流通环节产生干扰，而增值税作为一个新型税种出现，其主要目的就是为了适应生产社会化，减少位于生产流通环节末端的生产者面临的重复征税，从而使税收对资源配置保持中性。所以，一般认为，在各种流转税种中，增值税可谓最能体现税收中性原则。增值税也因此作为国际性税种得到推广。

2.1.2　最优税收理论

拉姆塞（Ramsey，1927）于论文《对税收理论的贡献》中提出最优商品税。理想的最优税收理论假定政府在建立税收制度和制定税收政策时，全面掌握了纳税人的信息，并且政府具有无限征管能力。然而现实情况往往是政府对纳税人的了解并不完全，同时征管能力也有限。因此在信息不对称的情形下，最优税收理论主要研究了以下几方面。

2.1.2.1　直接税与间接税的搭配理论

直接税与间接税应当是相互补充而非相互替代。一般认为，所得税是一种良税，而商品税在资源配置效率方面也是所得税所不能取代的。税制模式的选择取决于政府的政策目标。一般认为，所得税适用于公平分配目标，商品税适用于实现经济效率目标。

2.1.2.2　最优商品课税理论

拉姆塞法则也叫逆弹性命题。该法则要求，对弹性相对小的商品课以相对高的税率，对弹性相对大的商品课以相对低的税率。拉姆塞法则不但能保证生产的高效率，同时要使商品税具有再分配职能，最优商品课税理论要求开征扭曲性税收。

2.1.2.3 最优所得课税理论

在政府目标是使社会福利最大化的前提下，社会完全可以采用较低累进程度的所得税来实现收入再分配，过高的边际税率不仅会导致效率损失，还会对公平分配目标的实现产生负面影响。米尔利斯（Mirrlees，1976）在《最优税收理论：合成分析》中提出，最优所得税率应该表现为倒"U"型。也就是说，对中等收入者的边际税率可以适当高些，而低收入者和高收入者则应适用相对较低的税率，对拥有最高所得的个人采用的边际税率甚至应当为零。

增值税兼具商品税和所得税的性质，基本符合最优税收理论。从增值税产生的角度来看，它以营业税为基础，是为了克服营业税重复征税而产生的。从增值额的计算来看，增值额等于销售或劳务收入减去购进货物或劳务的成本，增值额的大小和收入成正比关系。从归属上来看，增值税最终由消费者承担，具有商品税的显著特征。另外，就理论上而言，增值税是纳税人在生产经营中新创造的价值，即商品价值（C + V + M）扣除生产资料转移价值（C）之后的余额（V + M）。其中对 V 部分的征税，相当于个人所得税中对"工资、薪金"所得征收的税款，具有典型的个人所得税性质；对 M 部分的征税，则兼具商品税和企业所得税的双重性质。M 不等同于企业利润，它是企业单个商品的利润，M 减去管理费用等间接费用后就是企业利润，即企业所得税的计税依据，因此，对 M 的课税已经包括了对企业利润的征收，完全具备企业所得税的性质。因为增值税不但具有商品税的特征，同时还具有所得税的性质，有利于实现公平分配的目标，它是一种符合最优税收理论的税种。

我国于 1994 年开始实施增值税时采取了生产型增值税。随着经济的发展，宏观的经济因素发生了变化。同时生产型增值税也产生了许多问题：首先，它不允许抵扣固定资产的进项税额，不利于鼓励企业更新改造固定资产；其次，由于它不允许抵扣购入固定资产的增值税税额，以当期流转税额为基础计算缴纳的其他税费，如城市维护建设税、教育费用附加等也必然增加；最后，企业每期计提的折旧包含了一部分增值税，在计算企业的应纳税所得额时计入成本费用，使得企业当期的应纳税所得额减少，从而使企业当期应纳所得税减少。综合考虑这些因素，企业投资的固定资产越多，被重复征税就越多。不同行业的税负不公，影响了税负较高行业的投资，不利于经济结构的优化。

　　消费型增值税允许固定资产进项税额一次性抵扣，近年来我国一直在实践中探索如何将生产型增值税过渡到消费型增值税。增值税转型能改变生产型增值税对资本征税而对劳动力免税的税负不公的弊端，能够兼顾效率和公平，这是运用最优税收理论完善增值税制度的表现。

2.2　新古典主义厂商投资理论

　　新古典主义学派认为企业要实现利润最大化，那么其投资行为就要不断调整以使资本存量达到最优水平。从理论角度而言，实现利润最大化的一阶条件要求企业不断增加资本存量，从而使得最后一单位资本投入的边际收益等于资本使用者的边际成本。所以，资本的使用成本是影响最优资本存量的决定因素，而最优资本存量又通过设定的投资支出模型与投资形成函数关系。另外，新古典主义学派通过理论推导表示，资本的使用者成本是由税收政策、机会成本和折旧三个因素共同决定的，其中税收政策对资本使用者成本的影响是通过投资的税收抵免、折旧政策、公司所得税等实现的。所以，税收政策通过资本使用者成本和最优资本存量与投资建立起了联系。税收政策对企业投资的传导机制如图 2 - 1 所示。

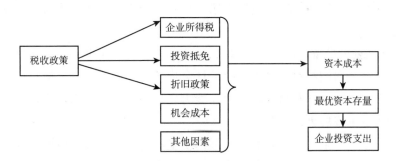

图 2 - 1　税收影响企业投资的传导路径

　　从图 2 - 1 中可以看出，影响企业资本成本的税收政策可以归类为三种类型。一是企业所得税。企业所得税是对企业当年实现利润的一种征税。一方面，企业所得税的征收会直接减少当年的留存利润，降低企业的投资报酬率，进而对企业的投资起到抑制作用。另一方面，企业生产经营过程中的某些投资成本允许在税前扣除，扣除部分减少了企业税收现金流的流出，相当于降低了企业的投资成本，从而起到鼓励投资的作用。二是税收的投资抵免。税收的投资抵免是除正常的折旧外，按照投资价款的一定比例对税额进行的抵免。税收的投资抵免可以起到节税的作用，从而降低企业投资成本。三是折旧政策。折旧存在实际折旧与税收折旧两种类型。当税收折旧大于实际折旧时，会改变企业税收现金流的分布，加速企业资金收回，总体上起到降低资本成本的作用。当税收折旧小于实际折旧时，企业资金收回速度下降，资本成本提高。三种税收政策会以不同方式改变企业投资成本，进而影响企业的投资支出。

2.3　产业升级基础理论

2.3.1　经济成长阶段理论

经济成长阶段理论是由罗斯托维安（Rostovian，1959）提出的，他认为人类社会经济发展经过了以下几个阶段。

"传统社会阶段"：社会存在极强的生产力限制，为了保持基本的生存能力，传统社会必须将主要力量用于第一产业，使得其技术发展缓慢、变革进程缓慢。

"起飞前的准备阶段"：出现即将由农业社会迈入工业化社会的征兆，这一时期维持的时间相对较长，是两种社会形态中间的过渡期。第一产业产品数量增多到有余，即在满足基本生存能力之后还有剩余，市场投资率大幅提高，为工业的发展创造了条件。

"起飞阶段"：这是人类社会发展历史上拥有决定意义的阶段，在此阶段中，社会生产方法产生了巨大变化。起飞阶段是社会经济成长中关键性的阶段。在这一阶段中，投资率可以高达国民收入的1/10甚至更多，部分经济主导部门拥有了迅速将新技术推广并应用到经济运转中的能力，极大地带动了经济发展。

"成熟阶段"：这段时期在起飞阶段之后，发展时间会更长，发展中社会经济会维持着波动性前进。此阶段的经济力量已经可以轻松而迅速地把现代科学技术推送到经济活动涉及的各个领域，主导部门偏向于钢铁等重工业部门，到其中的一定时期后会出现联合垄断组织。社会经济为了发展会有效自主地将其资源运用于最先进、生产效率最高的技术上。

"大众消费阶段"：科学技术已进入成熟阶段，社会生产关注点由供转需，即从供给导向型生产向消费导向型生产转变，标志着社会进入了高额群众消费阶段。高度发达的工业社会特点在于经济增长是以常见居民家庭对耐用消费品的购买为基础，主导部门由重工业行业转移到以"消费品和服务方面"见长的行业企业。

"超越大众消费阶段"：这阶段的主要目标是提高生活质量。随着这个阶段的到来，一些长期困扰社会的老大难问题有望逐步得到解决。

罗斯托维安（1960）认为在这六个阶段中人类社会发展有过两次重大的突破：第一次是起飞阶段，第二次是从高额群众消费向追求生产质量的过渡，对照这两个重大突破阶段相应发展出的"起飞学说"和"追求生活质量学说"则成为经济成长阶段理论中的核心。

2.3.2　产业发展优先序理论

由低级向高级演进、由简单化向复杂化演进是产业结构不断优化进化的方向，高度和横向两方面的产业演进推动着产业结构日趋合理化发展。库兹涅茨（Kuznets，1941）通过对各国国民收入和劳动力在产业间分布结构的变化进行统计分析，得到新的理解与认识：第二产业部门收入在国家收入中的占比一般呈上升趋势，但其劳动力在整个部门劳动力中的占比基本维稳；第三产业部门则与第二产业部门的情况恰恰相反：劳动力在全部劳动力中的占比保持上升趋势，收入在国民收入中的占比却基本不变。传统行业也被产业技术带动着在技术升级与产业链延伸于没有新形式出现时进行或完成改造，其自身质量通过这种方式得到　定程度的提升，在某种程度上促进了行业企业的转型升级与结构调整。

2.3.3　产业结构演变理论

2.3.3.1　佩蒂–克拉克（Petty-Clark）定律

佩蒂和克拉克（Petty & Clark，1940）研究了产业间劳动力分布情况与趋势变化并总结出经验规律：在人均国民收入水平随着国家或社会经济的发展不断提高的过程中，劳动力也经历了从第一产业向第二产业移动再向第三产业移动的过程。

2.3.3.2 库兹涅茨法则

库兹涅茨（1971）研究了近60个国家或地区中占比较重的生产部门及其细分行业的国内生产总值（GDP）比重与就业比重，研究发现建筑业和制造业以及工业部门整体 GDP 比重提升与产业结构"工业化"之间确实有着不可分割的关系。与之相比，就业比重数据表现出部分"工业化"和部分"服务化"。

2.4 委托代理理论

大多数研究产权问题的经济学家都是从企业产权制度角度出发来解释交易费用，并把交易费用的权衡运用到市场与企业的选择中，这属于纵向运用。而另一些学者却从横向角度分析企业内部的产权结构。其中富有代表性的理论就是委托代理理论。

2.4.1 产生委托代理关系的原因

委托代理理论将委托代理的各方当事人放在一个委托—代理框架中进行分析，试图在委托人和代理人信息不对称、契约不完全、效用不一致以及风险不对等的情况下，设计出一套有效的激励代理人的机制。委托代理关系主要基于以下几方面的原因而产生。

2.4.1.1 信息不对称

委托代理关系产生的最主要原因是信息不对称。信息不对称是指代理人比委托人掌握着更多信息，这种私有信息使得代理人很容易损害委托人的利益。以国有企业为例，与企业的经营者和员工相比，国资委在其管辖的众多国企的资源、运营效率以及管理层主观的努力程度等方面，处于信息的劣势。在国有股权虚置和内部人控制的情况下，管理人员可能会采取各种攫取个人私利且损害企业价值的行为。而作为委托人的国资委，很难对这种机会主义行为完全知情。在委托代理框架下，作为委托方的国资委应当制定相应的制度，激励和监督管理层，缓解信息不对称。

2.4.1.2　契约不完备

由于有限理性的制约，委托人与代理人双方都不可能预测到契约签订后可能发生的所有情况，因此在现实中完全契约是不存在的。契约的不完全性也决定了激励机制的重要性。

2.4.1.3　效用不一致

委托人与代理人之间存在信息不对称，而效用不一致恶化了委托代理关系。在委托代理关系中，委托人和代理人作为经济人都要追求自身的效用最大化。但由于双方立场不一致，导致其效用也不完全一致。从股东角度来看，股东对企业投入了资本，并以其全部出资额对企业的经营负责，分享盈利和承担亏损。其目标旨在企业能够利润最大化，并且多分红。而作为股东代理人的经营者，由于没有或者仅仅拥有少量股份，却要承担努力工作的全部成本，因此其往往会在机会主义动机的驱使下，采取违背企业利润最大化的行为，如不努力工作、热衷于建立"企业帝国"以及在职消费等。

2.4.1.4　风险不对等

企业的股东以出资额对企业的经营负责，分享盈利并承担亏损。代理人受托经营企业，很少分享利润，并且当经营不善时其损失也较小。即便经营者以其个人声誉、财产对企业经营承担后果，但这种保证与委托人的资产相比是很不对等的。并且这种责任不对等还会随着企业规模的扩大而扩大。在机会主义动机的驱动下，经营者可能会为了自身的利益做出风险过度的行为，如不计后果地扩大投资等。在这种情况下，委托人采用"参与约束"和"激励相容"的机制来激励代理人十分重要。

2.4.2　委托代理理论的内容

委托代理理论有两个基本假设。第一个假设是委托人对有随机性的产出没有直接的贡献，第二个假设是代理人的行为不易被委托人所观察到。

一般而言，委托代理关系中存在的问题主要有两个方面：信息不对称与不确定性。在信息不对称下，代理问题可以分为两类：逆向选择与道德风险。逆向选择是指订立契约时代理人就已经掌握了委托人尚不知情的私人信息；道德风险是指在契约订立后，代理人利用自己的信息优势而引起的代理问题。因此，对于委托人而言，其面临的问题是如何设计出一套监督、激励机制来获得具有信息优势的代理人的积极合作。因此，委托人一般需要向代理人支付"信息租金"，或者委托人间接地从代理人行为的结果上进行监督。然而由于现实中影响代理人行为结果的因素往往是不确定的，因此采用这一方法存在一定的问题。在这两个条件下，委托代理关系就达不到最优结果，只能是次优结果，两者之间的差距就是所谓的代理成本。因此代理问题的核心就是委托人如何通过一套激励机制促使代理人采取最大限度增进委托人利益的行动，减少代理成本。

该理论规范研究的分析方法是通过建立数学模型来分析委托人和代理人之间的激励机制和风险分配机制。现代西方产权经济学的委托代理理论主要是以现代股份公司为对象，从股东、债权人与经营者三者之间的关系入手，研究现代股份公司中股东与经营者之间的代理问题。

经典的委托代理问题是在由伯勒和米恩斯于1932年出版的《现代公司与私有财产》中提出的。针对大公司中所有权与经营权相分离的情况，他们试图探讨这种分离是否存在组织的和公共政策的后果。此后，由两权分离带来的代理成本问题，即作为委托人的股东如何才能以最小的代价使得作为代理人的经营者愿意为股东利益而工作的问题，就成为委托代理理论研究的中心问题。詹森和麦克林于1976年发表的《企业理论：经理行为、代理成本和所有权结构》一文是关于委托代理问题实证研究的最初代表。他们认为，企业代理问题之所以存在是因为管理者不是企业的完全所有者，他们只拥有小部分所有权，这使得管理者偏好一些非金钱性的额外支出，如豪华办公室和专用汽车等，而这些支出则由公司其他的所有者为其承担。代理成本就是企业价值与管理者作为企业完全所有者时价值之间的差额。因此让管理者拥有全部剩余收益权可以消除或减少企业的代理成本。

此外，很多经济学家如霍姆斯特姆（Holmstrom，1979）从公司内部产权结果角度试图找出有效的内部激励机制以缓解代理问题，而格鲁斯曼和哈特（Grossman & Hart，1983）则更注重从公司外部及凭借市场机制解决代理问题。

2.4.3 不同类型企业的代理成本

一般而言，公司的代理问题可以分为两个层面、三个维度：（1）第一个层面是管理者与投资者之间的代理问题，即股权代理成本；（2）第二个层面是投资者（股东和债权人）内部的代理问题，包括：债券代理成本（股东与债权人之间的代理问题）和控制权代理成本（股东之间的代理问题）。

2.4.3.1 国有企业的代理问题

（1）股权代理成本。股权代理成本主要指股东和管理者之间的利益冲突。在两权分离的情况下，企业管理者与股东在利益上存在着目标不一致的情况，这种目标不一致情况会引起代理问题。但是在企业目标多元化的情况下，企业管理者将在个人边际收益更大的目标上付出较多努力（Holmstrom & Milgrom，1991）。通过合理设计激励机制可以降低管理者的代理成本。公司产权属性也会影响股权代理问题。在国有企业中，政策性目标往往是与利润目标背道而驰的，因此管理者往往不会投入努力来提高企业利润，因为管理者提高利润的努力可能因政策性目标所引起的负担而变得不显著，使管理者得不到应有的激励。

随着公司的高速成长和股权的日益分散，一般股东失去了对公司的控制权，而这种控制权最终会被管理者掌握。由于管理者和投资者之间的利益并不一致，因此，这种控制权和所有权的分离会导致管理者采取损害投资者利益的行为，从而引发股权代理冲突，导致股权代理成本增加。因此，国有企业里管理者内部控制现象更为严重，股权代理成本也更大。

（2）债权代理成本。债权代理成本是由公司负债融资而引发的债权人和股东之间的冲突。股东和债权人的利益冲突主要体现在对公司投资项目的选择上。债权人注重投资项目的安全性，偏好风险较小、收入稳定的项目；而股东偏向于选择风险较大、收益较高的项目。相对于债权人，股东更有能力影响公司经营决策，因此股东可能会联合管理者做出损害债权人利益的决策和行为。

债权代理成本也会受到公司产权性质的影响。这种代理成本在国有公司中较低，其原因在于国有公司的主要债权人是国有银行，其产权均属国家所有，且管理层均由政府委派。

（3）控制权代理成本。控制权代理成本是因股东之间的利益冲突而引发的成本。公司的股东往往有相当数量的参与者，每一个股东能够获得与股权相对应的剩余索取权，但未必能够获得相应比例的剩余控制权。当公司股权过于集中时，大股东在获得相应的剩余所有权之外，还会追求更大比例的剩余控制权。因为大股东有追求自身利益的动机，而这种自身的利益与公司利益可能也是冲突的，因此会导致大股东利用控制权侵占其他小股东利益，来谋求自身利益最大化。许多学者的实证研究也发现大股东会通过剥夺的方式转移资产（如关联交易、操作股价等），利用内幕信息进行套利等行为掠夺公司财富，或者通过控制权实现自身的战略目标、地位、声誉以及心理的满足感（李增泉等，2004；郝颖等，2009）。

控制权代理成本随着控制权和所有权分离度的增加而增大。相对于私有产权公司，国有企业由于具有多层委托代理关系，代理链条较长，代理成本较大。并且由于国有企业多元化的运营目标及国有企业的特殊性，也会促使控股股东通过资金占用侵占其他外部投资者权益，从而满足其委托人即政府的政治以及社会目标，这种行为导致国有公司控股股东和其他股东之间利益冲突的加剧。

2.4.3.2　民营企业的代理问题

（1）股权代理成本。相对于国有企业，民营企业具有清晰的产权，其在资源配置方面效率较高的特性缩短了委托代理链条，减少了股东的搭便车行为。同时利润最大化的公司目标的明确也增强了对管理者的激励和约束，从而抑制了管理者对股东利益的侵占，缓和了管理者和股东之间的利益冲突，其股权代理成本相对较小。此外，与国有企业相比，民营企业往往有更加完善的经理人市场和以利润为导向性的监督者，因而其在监督方面存在着相对优势（Vining & Boardman，1992；Nellis，1994）。

（2）债权代理成本。民营企业一方面缺少政府对公司取得银行贷款资金的政策支持，另一方面也缺少政府对于公司投资的监督，因此股东和债权人之间的关系相对复杂。股东与债权人之间信息不对称程度较强，股东将风险转移至债权人身上的行为更为严重，而债权人在公司信息不对称的情况下也会提高对公司的贷款利率和贷款审核难度，进一步增加了股东与债权人的代理成本。一些实证研究也发现中国上市公司债务融资行为与其股权的国有属性相关，国有性质的企业更容易获得贷款；而民营企业的融资会受到体制、观念、政府服务职能等方面的制约；并且私有性质企业存在"道德风险"，缺乏政府的担保和监督，与主要债权人——银行之间信息不对称较为严重，银行对私有企业放款审计成本较高，代理成本更高。

（3）控制权代理成本。民营企业存在的主要问题并不在于受托的代理人（主要是指经营者，如经理等）对委托人进行利益侵占，而是在于大股东侵犯小股东的问题。也正是从这个角度出发，西方发达国家不遗余力地要发展公司治理的外部治理机制，包括控制权市场、资本市场、经理人市场，以及不断加强法律和道德的约束，就是为了保护投资者，尤其是中小投资者。

2.4.3.3　地方国有企业的代理问题

由于行政分权，中央政府的角色更像是一个委托人，而地方政府的角色更类似于一个代理人。从证券市场竞争资源方面来看，地方政府比中央政府具有更强的动机。并且各级政府既有动机又有能力将其自身的社会性目标内部化到其控制的上市公司中。而上市公司承担政府的社会性职能必然会使公司活动偏离公司价值最大化目标，进而损害公司价值。因此一般认为地方国有企业的代理成本高于中央国有企业。

2.4.3.4　中央国有企业的代理问题

对中央政府性质的终极控制人而言，其控制的主要是涉及国民经济命脉的产业领域，相对更注重资产保值和增值，并且由于在各级地方政府中，上下级政府之间同样存在着类似的委托代理关系，因此相对于下级政府来说，上级政府更可能约束自身的行为，注意自身的形象，较注意自我约束与监控。

并且从外部监督来看，中央国有企业一般规模较大，且属于关系国计民生的重点行业，无论是企业本身还是其管理者都受到来自媒体和上层机构如审计署的审计，来自社会、媒体、中小投资者的监督的大力监管。因此中央国企的代理成本小于地方国企。

2.4.3.5 企业集团的代理问题

集团总部与成员企业之间，尤其是集团的控股股东与外部中小投资者之间存在的代理问题，会降低内部资本市场配置资源的效率，并造成价值减损。一般认为，所有权和控制权分离程度越大，代理问题越严重。集团内部各成员企业之间存在通过并购进行利益输送的现象，而且往往是将资源从效益好的成员企业向效益差的成员企业转移，以保证大股东价值的最大化（Bae et al.，2002）。我国企业集团的上市成员企业被大股东占用了更多的资金（李增泉等，2004）。所有权与控制权分离程度越大的成员企业，大股东更倾向于利用集团内部资本市场进行掏空（邵军和刘志远，2007）。

2.5　增值税改革对企业行为影响的相关理论

如前所述，增值税转型就是从生产型增值税过渡到消费型增值税。从宏观层面上来看，这种变化会减少政府财政收入和刺激经济增长等；而从微观层面上来看，增值税改革对企业的影响则主要体现在企业投资、劳动力需求、研发创新及市场收益等方面。

2.5.1　增值税改革对企业投资影响的理论基础

公司税对投资的影响是公共财政发展的重要问题。它的重要性不仅体现在税收政策的评估与设计，而且对探讨经济发展有重要意义（Barro，1991；DeLong & Summers，1991；Baumol et al.，2007）。在西方学者提出的有关税收对投资行为影响的理论中，比较主流的主要有三种：约根松（Jorgenson，1963）提出的新古典投资理论、托宾（Tobin，1969）提出的 Q 投资理论以及金和富勒顿（King & Fullerton，1984）提出的边际有效税率模型。

新古典投资理论认为：投资由企业最优资本存量 K^* 决定，即 $I = K^* - K_{-1}$，其中，K_{-1} 为上一期的资本存量。资本使用者成本、产量与价格共同决定了利润最大化条件下的最优资本存量 K^*，而税收是决定资本使用者成本的重要因素，因此税收通过影响资本使用者成本进而影响企业投资决策。在新古典投资理论的基础上，托宾（1969）提出了 Q 投资理论。该理论认为：企业投资由 Q 决定，Q 值为资本的市场价值与其资产重置成本之比。当 Q < 1 时，现成的资本产品的成本更低，这样就会减少新生产的资本品购买量，投资需求受到了抑制；当 Q > 1 时，新生产的资本产品成本更低，这样就会增加新生产的资本品购买量，就促进了投资。金和富勒顿（1984）也是在新古典投资理论的基础上，通过在资本使用者成本中加入公司融资形式范围与公司中的个人所得税扩展了原有模型，并将之称为边际有效税率模型。

霍尔和约根森（Hall & Jorgenson，1967）新古典理论的贡献在于它分析了究竟税收是如何影响资本成本的。自霍尔和约根森（1967）的论文发表以来，学术界出现了大量研究税收政策对投资行为影响的实证文献。这类文献的研究侧重点在不断变化。最初的研究集中在税收通过改变资本使用者的成本来影响投资的行为结构与强度（Hall & Jorgenson，1971；Eisner & Nadiri，1968；Bischoff，1971；Clark，1979）。而后，很多研究者从不同类型资产的资本使用者成本出发，计算不同类型资产的有效税率（effective tax rates），以检验某一税种对投资的激励效果（Auerbach & Jorgenson，1980；Jorgenson & Sullivan，1981；Hulten & Robertson，1982；Gravelle，1981；Auerbach，1983；King & Fullerton，1984）。

但有文献指出尽管新古典投资模型应用很广泛，但在实证研究方面的解释力却较弱（Clark，1979；Clark，1993；Bernanke et al.，1988；Onliner et al.，1995）。基于此，有学者在对新古典投资模型进行补充后，考察了税制对于企业投资的影响。康明斯等（Cummins et al.，1996）试图使用拓展的税收调整 Q 模型来衡量税制对于公司投资行为的作用。文章使用 14 个经济合作与发展组织（OECD，以下简称经合组织）国家公司层面的面板数据来检验税收改革如何以及多大程度上影响公司投资。结果发现，在被检验的 14 个国家中，除两个国家（荷兰和西班牙）外，其余 12 个国家的投资都受到税收改革的影响，且这种影响在统计上和经济上都是显著的。

还有部分文献在新古典投资模型的基础上，研究了税制改革预期对企业投资的影响。奥尔巴顿和小海因斯（Auerbach & Hines Jr.，1986）指出以往文献往往侧重于研究不同税制的长期效应，但它们都忽略了企业短期投资行为可能受到企业对于新的税收政策体系下未来税制改革预期的影响。以美国为例，1981 年的《经济复苏税收法案》（the Economic Recovery Tax Act）大大降低了企业所得税和个人所得税。一年后，美国国会加税，撤销了一些已经开始运作的条款，并且取消其他尚未生效的条款。这种状况在 1984 年再次发生（Auerbach & Hines Jr.，1986）。凯德兰和普雷斯科特（Kydland & Prescott，1977）最早以投资税收抵免为例，探讨税收政策不一致可能带来的投资者预期变化，即政府有动力在未来采取不同的税收政策，而非采用如今已承诺的政策。一般认为，意料之外的变化会显著增加新的投资，主要原因是原有的投资存货无法享受税收抵免的好处（Auerbach & Kotlikoff，1983）。而在投资者预料之内的变化则有不同的影响。奥尔巴赫和小海因斯（1986）建立了投资者对未来税收改革和宏观经济变化的预期动态模型，发现投资对未来税收变化和商业周期较敏感。康明斯等（1995）也发现，事前知晓税制改革，可以提高企业投资预测的准确性。

2.5.2　增值税改革对劳动力需求影响的理论基础

一般而言，税制改革有两种效应：收入效应和替代效应。首先，税制改革会直接改变企业的实际可得价格和可支配收入，从而改变企业的投资和生产行为，这是税收对生产者产生的收入效应。其次，税制改革通常会改变"资本使用者成本"（Jorgenson，1963；Hall & Jorgenson，1971），即拥有一种资产的成本，进而影响到生产要素劳动力与资本的替代弹性，最终会改变企业的资本结构，影响产出（Chirinko，2002），这是税收对生产者产生的替代效应。

2.5.3　增值税改革对研发投入及公司价值影响的理论基础

2.5.3.1　税收影响研发投入

税收会降低企业可支配收入，使其为创新项目融资更困难。若税制改革改变了企业当前和未来的税收现金流出，这会影响企业融资约束，而融资约束是影响企业研发决策的重要因素。现有研究普遍发现税收优惠政策能够有效地刺激企业增加研发投入（Klassen et al.，2004；Russo，2004；Becker，2015）。

2.5.3.2　税收影响公司价值

税收是影响公司价值的重要因素。根据现有的学者研究可知，税制改革与公司价值关系主要有两个主要假说：现金流量假说和新增投资假说。

现金流量假说是指，若税制改革改变了公司当前和未来的税收现金流出，在其他条件不变的情况下，税收改革会导致企业生产的产品市场上需求曲线的移动，从而影响企业价值。资产是能够产生未来现金流量的企业资源，利用未来现金流量折现模型计算企业的价值，是目前投资学中采用的资产定价方法之一。税制改革通过影响企业当期实际现金流量以及可预见的未来企业所产生的现金流量来影响企业价值。

新增投资假说则认为，现金流量假说仅考虑局部均衡的分析思路，但税制改革不仅影响公司的现金流量，还会影响公司现有资产价值和未来资产价值的相对关系。在降低企业税负的税制改革下（如增值税转型），新增资产的投资成本更低，其投资收益率高于现有资产投资收益率。如果企业新增投资比例很低，公司价值将主要由低效益的现有资产收益率决定，因减税所增加的公司价值在一定程度上被现有资产价值的下降所抵消。因此，新增投资观点认为，减税未必总是增加公司价值，减税对公司价值的影响，还取决于新增资产与现有资产的相对比例。

2.5.3.3　有效市场理论

20 世纪 60 年代，美国芝加哥大学的金融学家法玛（Fama）提出了著名的有效市场假说（efficient market hypothesis，EMH）。该假说认为，在一个充满信息交流和信息竞争的社会里，一个特定的信息能够在证券市场上迅速被投资者知晓，随后，股票市场的竞争将会驱使证券价格充分且及时反映该信息，从而使得投资者根据该组信息所进行的交易不存在非正常报酬，只能赚取风险调整的平均市场报酬率。只要市场充分反映了现有的所有信息，市场价格代表着证券的真实价值，这样的市场就被称为有效市场。

依据有效市场假说，根据证券价格对三类不同信息的反映程度，可以将证券市场分为三种类型：弱式有效市场、半强式有效市场以及强式有效市场。弱式有效市场是证券市场效率的最低程度。在弱式有效市场中，证券价格已经完全反映了历史信息，如历史交易量及股价。由于历史交易量及股价是完全公开的，这意味着一些技术分析对于预测未来证券价格没有帮助。

半强式有效市场是指证券价格已经完全反映了所有公开可用的信息。这些公开信息不仅包括诸如公司的基本面信息，如财务报告、管理水平、产品特点、持有的专利、盈利预测，还包括公开的宏观经济形势和政策等各种可用于基本分析的信息。同样，如果人们可以公开地得到这些信息，则分析这些信息对预测证券价格的未来变化也是无益的，也就是说对上市公司基本面的分析是没有用的。

强式有效市场是证券市场效率的最高程度，证券价格已经完全反映了所有有关信息，不仅包括了历史信息及所有公开可用信息，还包括仅为公司内幕人员（一般将"内幕人员"定义为"董事长""董事""大股东""企业高层经理"和"有能力接触内部消息的人士"）所掌握的内幕信息。

从以往的研究来看，流动性最高的美国资本市场仅表现为半强式有效市场，还没有达到强式有效市场。很多研究已经表明我国证券市场已达到弱式有效，然而有关我国是否已达到半强式有效的研究仍相对匮乏。增值税转型可能为研究这个问题提供了契机。若我国资本市场处于半强式有效，那么在增值税转型政策出台前，市场就已经得知此消息，那么在政策发布时，资本市场不会有波动，投资者也无法获得超额收益。反之，若我国资本市场无法达到半强式有效，那么在政策发布期间，资本市场会有波动，投资者可以借助此政策获得超额收益。

2.6   增值税改革国内外文献综述

2.6.1   国外有关文献

国外文献中直接有关我国增值税改革的研究较少。蔡和哈里森（Cai & Harrison，2011）实证检验了增值税转型试点的实际经济效果。文章认为尽管增值税转型的目的是鼓励企业加大投资进行技术更新，但研究结果却表明改革并没有达到预期的效果。具体地说，首先，转型试点在减少了企业税负的同时，也显著地减少了国内企业与外资企业的员工总数，就业人数下降幅度约为6%~8%，因此对就业形势有较大的冲击。其次，改革对刺激企业加大生产投资的影响也较为有限。经验证据表明，在改革中国有企业显著地增加了投资，而其他类型企业的投资行为却没有发生明显变化。最后，对所有类型企业而言，增值税转型没有显著影响生产力水平，并且降低了大多数类型公司的出口强度。

　　林双林（Lin Shuanglin，2009）采用规范研究的方法，分析了中国 2009 年增值税转型的背景、作用以及不足。文章提出，转型一方面有助于企业更新高科技设备、增加研发支出以及提高产品质量，另一方面有助于完善中国现有的税收体制。在中国的税收收入总额中，间接税如增值税、消费税收入占了很大比重，而直接税占比较低。增值税转型通过减少增值税税收收入，可以提高直接税在税收收入中的比重，促进税制结构的完善。并且，尽管增值税转型会减少政府税收收入，但该作者认为这种税收收入损失对中国政府而言是可以承受的。

　　但文章也指出，此次增值税转型中仍存在一些问题有待解决。首先，增值税转型并没有完全由生产型增值税转为消费型增值税。完全意义上的改革应当是外购所有固定资产（包括厂房等建筑物）的进项税额均可以从销项税额中抵扣，而不仅限于机器设备类固定资产。其次，为体现税负公平，应当不仅对增值税减税，也要对其他税种如营业税减税。最后，改革将会使得各地区税收收入的差异加大，中央政府应做好相关协调工作。

　　增值税作为应用最广泛的间接税，它的高效率、简便以及增加政府财政收入的特征使其备受青睐（Ballard et al.，1987）。下面我们将从增值税效率、增值税中性、引入增值税的经济后果、增值税征税原则以及各国增值税改革五个角度入手，回顾国外相关文献。

2. 6. 1. 1　增值税效率

　　（1）与其他税种比较。克劳斯和伯德（Krauss & Bird，1971）指出，与其他流转税相比，增值税在简洁性和广泛性方面有一定优势，但其在经济效率上没有显著的比较优势。杜和布雷姆斯（Due & Brems，1986）指出，由于增值税比一般零售税有更高的商务和税收管理成本，出现税收欺诈的概率也更高，因此作者建议已于 1970 年实行增值税的挪威政府取消增值税并恢复原来的零售税。穆斯格瓦（Musgrvae，1973）从税收管理的角度探讨了增值税与零售税效率孰高孰低的问题，认为在美国，由于一般零售税的纳税人少且便于管理，因此零售税的效率高于增值税。然而在其他国家尤其是发展中国家，一般零售规模较小且店面多，零售税的管理难度较大，但消费型增值税由于允许外购资本的进项税额可以抵扣，加之实际征税时采用发票抵免法，从而使得增值税更有效率。

（2）增值税逃税。哈马达（Hamada，1990）认为增值税的发票抵扣制度使得审计有据可查，并且增值税在所有生产环节征收而非限于零售环节，因此增值税比其他税种更难逃税。然而根据佩多内（Pedone，1981）估计，1977年意大利增值税收入的40%未能得到征收；1976年1/3的荷兰企业都存在增值税逃税行为，其数额约占所有收入的1.2%；根据法国1989年的审计结果可知，由于增值税逃税而导致增值税收入的减少金额约达3000亿美元。恩格尔等（Engel et al.，2001）指出在发展中国家，最主要的财政问题便是逃税量较大。以智利为例，在发展中国家中，智利的逃税比例相对较低。研究发现智利所得税逃税率为50%，增值税逃税率为23%。总体而言，税收收入占GDP的比重为18%，而逃税金额占GDP比重则高达6%。那姆等（Nam et al.，2001）介绍了一种测量增值税偷逃税的方法，并根据这一方法测量了欧盟各国增值税偷逃税的情况。结果发现，很多国家如意大利、西班牙、希腊和比利时等国在增值税征收方面都存在漏洞，偷税与逃税的数额巨大。而与之相对比的荷兰与丹麦的增值税偷逃税数额则较小，实际征税比例高达95%。同时文章指出，这一测量办法的精确程度有赖于各国会计数据的质量。

针对增值税逃税问题，一个解释是，增值税税率越高纳税人越有动力逃避税收（Tait，1988）。一份韩国税收报告指出，那些所得税、增值税以及消费税税负越高的纳税人，比税负较低的纳税人更可能少报应税收入（Chang，1990）。阿加和豪顿（Agha & Haughton，1996）发现较高的增值税税率会减少纳税人依法纳税的行为，因此在最大化增值税税收收入的情形下，增值税税率应低于25%；若一国规定不同的增值税税率也会减少纳税人依法纳税的行为，并且增加征税管理的资金投入也可以减少增值税逃税行为。海明和凯（Hemming & Kay，1981）发现面临多种税率的英国公司比面临单一税率的公司依法纳税的成本高出一倍。这种成本的增加尤其对小公司更明显（Sandford et al.，1989）。杜弗内（Duverne，1990）则指出一个多税率增值税也加剧了"税收抵免"的问题。如果实行出口零税率，则需要国库退还增值税，即便只有单一税率。有时在多税率增值税退税时会发生进项税率大于销项税率的情况。例如在法国，增值税收入中的七成会返还给纳税人，因此在实行的过程中就会面临程序松动和审查程度下降的风险。巴拉德等（Ballard et al.，1987）探讨了欧洲各国采用差异增值税税率的经济后果，发现在同一国家内采用不同的增值税税率会导致增值税的福利收益下降25%～

40%。尽管欧洲各国政府制定有差异税率的主要出发点为降低增值税的累退效应，但研究发现在区别税率下，增值税仍具有累退效应。

除税率因素外，也有文献认为增值税之所以有这么高的逃税率，是因为税务机关的执法机构人手少、工资低以及设备差导致其执法行为较松懈。因此有部分文献研究了通过改善税务执法机构的工作环境与福利水平，是否可以达到减少逃税的效果。如斯莱姆罗德和伊特扎克（Slemrod & Itzhaki，2000）所指出的，现有有关逃税或避税的文献关注重点往往集中于纳税人不遵从税法的动机与税务机关查处逃税行为的工具等。恩格尔等（2001）以智利的逃税数据为样本，发现每额外增加 1 美元的税收执法支出，将会提高增值税收入约 31 美元。并且，执法支出每提高 10%，将会使当期的逃税率由 23% 减少至 20%。阿林厄姆和桑德莫（Allingham & Sandmo，1972）首次建模模拟了税务机关与纳税人之间的相互作用。在模型中，在考虑了纳税人的合规成本、税务执法机关的成本以及不同纳税人的风险承受度后，模型预测结果显示纳税人的税收负担、税收法律的复杂程度以及税收征收管理效率的低下都是纳税人逃税的主要原因。梅洛（Mello，2009）也建立了模拟纳税人与税务机关之间的博弈的模型来分析增值税避税的倾向。文章指出这场博弈的解决方法是采用非合作纳什均衡。在建模的基础上，文章采用经合组织国家（OECD）和非经合组织国家（non-OECD）的增值税横截面数据为样本，发现增值税税率越低的国家，其增值税的效率越高。并且税收管理成本在税收收入中的占比（税收征收效率的代理变量）越低，越能鼓励产品市场竞争，国家治理水平（监管质量、法律和政府效率的规则）越高。伯德（1992）介绍了玻利维亚的增值税征收效率。玻利维亚于 1973 年开始实施增值税，税基较为广泛，其中包括对资本货物按 5% 的税率征收增值税。然而由于执行不力，在征税的过程中出现了很多逃税行为，以致增值税带来的收入很少。事实上，对啤酒和烟草传统征收的消费税所产生的税收收入都比 1973 年增值税的税收收入要高。

以上文献大多从增值税税率和税务机关执法的角度探讨增值税逃税现象。除此之外，艾森曼和金贾拉克（Aizenman & Jinjarak，2008）从政治经济与结构性因素等角度分析增值税的征收效率。作者提出征收效率理论上受被税务机关审查的概率以及逃税后的处罚严厉度影响。由于政策存在时滞，当前政策制定者往往决定了税收制度下一阶段的征收效率。两极化和政治上的不稳定将降低税收征管的效率。此外税收征管还受到其他结构性因素的影响，如城市化水平、农业份额和贸易开放。在理论分析的基础上，作者采用了 44 个国家在 1970～1999 年的面板数据实证考察了增值税的征收效率，研究结果与理论分析推论一致。研究发现政权的稳定性与政治参与的流动性每提高 1 个百分点，会分别提高增值税征收效率约 3.1 个百分点和 3.6 个百分点。城市化、贸易开放度和农业所占比重每提高 1 个百分点，将分别使增值税征收效率提高 12.7 个百分点、3.9 个百分点以及降低 4.8 个百分点。

2.6.1.2 增值税中性

伯吉斯和斯坦（Burgess & Stein，1993）认为，由于增值税只是对增值额征税，生产者与在生产过程中的使用者面临的价格一致，因此增值税符合税收中性原则。佩什曼（Pechman，1987）认为增值税减少了其他流转税的重叠征税问题，并指出消费型增值税比收入型增值税更符合税收中性原则。国外其他探讨不同类型增值税中性问题的学者（George，1973；Gilbert，1995）都认为相较于收入型增值税，消费型增值税可以刺激投资和经济增长，而生产型增值税的作用最差。

2.6.1.3 引入增值税的经济后果

国际货币基金组织（IMF）发布的《政府财政统计手册（2001 年）》表示，增值税已成为 120 多个国家财政收入的主要来源。世界上有 40 亿人口生活在增值税国家，增值税为这些国家的政府提供了 18 万亿美元，相当于全部政府收入的 1/4。同时增值税是大多数发展中国家和转型国家的主体税种。增值税强大的收入组织功能主要是源于其纳税遵从度较高。克诺森（Cnossen，1990）曾指出，若单纯从增加税收的角度来看，增值税无疑是发明出的最好税种。海迪（Heady，2002）发现 OECD 国家自推行增值税后，增值税收入无论是绝对值还是相对值都得到了提高。增值税收入占全部税收收入的比重也已经从 1965 年的 12% 提高到了 2000 年的 18%。舒普（Shoup，1969）介绍了丹麦引入增值税税制情况，指出丹麦引进增值税的主要目的是替代销售税以及采纳一种税基较广而税率较低的税种从而增加政府收入。

基恩和洛克伍德（Keen & Lockwood，2007）采用理论分析与实证分析的方法，分析增值税之所以被广泛采用的原因及采用后的经济后果。首先，作者构建了模型推导的思路，并运用 143 个国家跨度为 25 年的面板数据，探讨各国是否采用增值税的决策模型。发现一国的农业部门在国民经济中的占比越高，引入增值税的可能性越小，原因可能是对农业部门征收增值税比征收其他税种更难；国际货币基金组织（IMF）在推动增值税运用方面发挥了很大作用，具体表现在参与 IMF 的"非危机国际货币基金组织计划（non-crisis IMF program）"大大地提高了引入增值税的可能性。此外，文章探讨了采用增值税这一税种对政府财政收入的影响。发现从长期来看引入增值税后，政府财政收入占 GDP 的比重将提高 4.5 个百分点。

哥尔等（Go et al.，2005）研究了南非于 1991 年开征增值税，以取代一般销售税（GST）的情况。最初，增值税取代一般销售税后能带来政府收入的能力受到了质疑。事实证明，增值税的整体表现似乎还是颇令人满意的。李和沃利（Li & Whalley，2012）指出 1994 年引进的增值税已经成为中国税收收入最主要的来源。根据国家税务总局的统计资料可知，2008 年中国国内增值税收入由 1994 年的 2338.6 亿人民币增加到 17996.9 亿人民币，年均增长 47.83%。进口环节增值税收入由 1994 年的 322.8 亿人民币增加到 7391.1 亿人民币，年均增长 156.4%。2008 年中国的国内增值税和进口环节增值税收入占国家税收总额的比重分别为 33.19% 和 13.63%，这两部分增值税提供了近 47% 的国家政府收入。

增值税在拉美国家也扮演了重要角色（Bird，1992）。伯德（Bird 1992）介绍了墨西哥增值税制度的发展历程。1980 年墨西哥开始引入增值税，最初税率为 10%（除沿美国边境地带的零售销售适用在美国边境州税率 6% 以外）。通过引入增值税，墨西哥政府取消了很多小税种，简化了税收体系。然而在 1983 年，外部经济环境的变化使增加政府收入变得十分迫切，于是墨西哥政府规定将增值税的基本税率上调为 15%。乔治等（George et al.，1973）研究了增值税在七个发展中国家的应用情况。首先，发现发展中国家在引入增值税过程中倾向于将实际征收较难的对象如农民与零售者等排除在征税范围之外。其次，与发达国家相比，发展中国家的增值税很少对资本投入免税。最后，增值税能够带来很多的税收收入，一般占政府收入的 10% ~ 30%。

以上研究表明增值税具有增加政府财政收入的功能。也有文献发现增值税转型会对家庭税负及社会福利产生一定的影响。哥尔等（2005）运用一般均衡（CGE）模型进行分析，模拟从税制中去除增值税的情景以衡量增值税的有效性。结果表明，增值税降低了整体累进税制的结构效率，也降低了低收入户的整体福利。若没有增值税制度，真正低收入家庭的生活成本将显著降低。

内洛（Nellor, 1987）以 11 个欧盟国家为研究样本，采用实证分析的方法研究引入增值税这一税种对于所得税税率的影响。检验结果表明引入增值税会提高所得税税率。詹金斯（Jenkins, 2006）以多米尼加共和国的家庭收入与支出为研究样本，研究增值税的税负水平。研究发现，现行增值税税负约占家庭支出的 1/5。此外，即便进一步扩大增值税税基，税收负担也不会产生很大变化。

除此之外，也有学者发现增值税能够鼓励出口。泰特（1988）指出以增值税代替公司所得税将减少劳动和资本投入的额外成本。增值税的出口零税率提高了出口商的盈利能力，鼓励了出口。克劳福德（Crawford et al., 2008）指出增值税目前已被超过 130 个国家所采用，这些国家包括除美国以外所有 OECD 成员国。英国采用增值税的一个主要的原因是，采用增值税是进入欧盟的先决条件。而欧盟之所以坚持要求其成员国采用增值税主要是因为增值税可以避免各国对进出口进行直接或间接的补贴从而损害公平竞争。

2.6.1.4　增值税的征收原则

理论上来说，增值税可以根据原产地原则征收，也可以按照目的地原则征收。原产地征税是根据产品的生产地征收，而目的地征税是指根据产品消费地征收。很多文献对这两种不同原则的中立性及差异进行了探讨。

早期文献一般认为，从目的地征税原则改为原产地征税原则对贸易平衡和价格弹性没有实际的影响（Whalley, 1979；Grossman, 1980；Berglas, 1981；Lockwood et al., 1994）。然而如果存在贸易失衡的情况，那么此时增值税的征税原则便不再中性（Lockwood et al., 1994；Genser, 1998）。此时，增值税被认为与消费税相同，是以在一个产品制造或分销各个阶段的附加值为课税对象的税种。而相关的增值税税收优惠的受益者往往是缴纳税款者，因此增值税税负往往到最后会转嫁到消费者身上，因为消费者通常无法获得税收抵免。

李和沃利（Li & Whalley, 2012）指出，以往文献在探讨增值税征税原则的中立性时，仅仅简单地反映了消费税和生产税两者的变化。但事实上只有在贸易平衡的前提下，增值税征税原则才是保持中立的。接下来，作者以中国为例，采用模型推导的方法探讨了在贸易失衡的情况下两个征税原则的优劣问题。文章指出，中国是存在较大贸易顺差的国家，若采用目的地原则为征税基础，则在相同产量下将采用较低的税率以及出口量有所减少。以 2008年数据为基础，发现鉴于中国的贸易顺差较高，若增值税征收原则由目的地征税改为原产地征税，则可以减少中国贸易顺差的比例超过 50%，并且这样的改革还会增加中国和世界上其他国家人民的福利。

其他学者则认为原产地征税原则比目的地征税原则更有优势。例如，伯格拉斯（Berglas，1981）比较了目的地征税、原产地征税以及限制地征税三种不同征税原则的优劣。他的研究结果表明，原产地征税原则更为优越。具体地讲，与其他两个原则相比，原产地征税原则同样有效，但原产地征税原则却具有较低的管理成本，同时它还可以以不同的税率在不同的国家应用，这一优势可以使联盟中每个独立的国家得以奉行独立的财政政策以及增加税收收入。此外，也有学者提出，原产地征税能够消除因走私而带来的问题。乔治科普洛斯和希蒂里斯（Georgakopoulos & Hitiris，1992）则认为，在一个次优世界上，限制地征税原则优于目的地征税和原产地征税两个原则。基恩和拉希里（Keen & Lahiri，1998）讨论了在不完全竞争的条件下，目的地征税和原产地征税两个原则的优劣，发现在此情况下原产地原则比目的地原则更有助于提高外汇效率。

2. 6. 1. 5　增值税改革

斯玛特和伯德（Smart & Bird，2008）以加拿大部分省份的增值税替代销售税的改革为研究对象，探讨了这一改革对经济的影响。研究指出改征增值税后企业投资迅速增加。据估计，这些省份改革后的年机器设备投资比 1997年（改革前）提高了约 12. 2 个百分点。因此作者认为这次改革可以为加拿大未改革的省份以及美国部分州①的改革提供经验和借鉴。盖拉德（Guerard，1973）研究了巴西首都巴西利亚营业税改征增值税的改革试点。文章指出，尽管巴西利亚的增值税征收范围不包括服务业等一些重要的行业，但其仍不失为税基广泛的税种。另外，增值税的免税范围较有限，征税环节也并非特别烦琐。

2. 6. 2　国内有关文献

国内有关增值税改革经济后果的研究，往往是从宏观层面展开的，例如

---

①　加拿大销售税的结构与美国很多州类似。

考察增值税转型对我国经济增长与财政收入的影响等。

2.6.2.1　增值税转型对我国经济与财政收入的影响研究

（1）增值税转型对经济增长和社会福利的作用。娄洪和柳建光（2009）建模后提出增值税转型会促进我国经济增长以及改变产业结构。分行业来看，受增值税转型直接影响的行业产出水平会有所提高，而不受增值税直接影响的行业产出水平则会降低。樊明太等（2002）研究了增值税改革是否会影响GDP，发现增值税转型在短期内不会刺激实际经济产出，但从长期来看会促进 GDP 增长约 0.19%。

以上文献重点研究了增值税转型对经济的影响，也有少量文献探讨了增值税转型对社会福利的影响。林双林（2008）提出由于生产型增值税变为消费型增值税，企业外购固定资产的进项税额允许从当期销项税额中抵扣，因此在一段时期内政府税收收入会受到一定程度的冲击。作者分析了三种替代方法来弥补这样的税收损失，并运用模型推导出若在增值税转型时分别采用这三种方法对不同收入阶层社会福利的影响。第一种方法是增值税改革与消费税并举，理论推导发现这种方法会增加内源性资本积累和富人与穷人两方的效用；第二种方法是增值税转型与劳动收入税率并举，其结果是增加内生资本积累，若富人税率更高且贫富阶层时间偏好率相同，那么在这种方案下富人的效用会减少，穷人的效用会增加；第三种方法是增值税转型同时增加对穷人的转移支付，那么这样的改革不会影响资本积累，但若贫富阶层有相同的时间偏好率，那么它会减少资本积累，而如果富人有较高时间偏好率，那么采用这样的方案会增加富人的效用和减少穷人的效用。

（2）增值税转型对政府财政收入的作用。杨抚生和蔡军（2006）指出增值税转型可能会产生一系列的负面影响，如引发投资过热、增加就业压力以及减少地方财政收入。因此二人建议增值税转型应当分步实施，以减轻地方财政压力；此外，在推行增值税改革时应当规范税收优惠政策及推进相关配套改革。杨震和刘丽敏（2004）经分析指出，增值税转型会对地方财政收入产生很大冲击。杨震和刘丽敏（2005）认为增值税转型给地方政府带来的财政危机将长期存在，建议中央财政通过设立专项基金的方式资助地方政府。饶立新和陈荣秋（2005）对我国增值税转型试点一周年的情况进行分析后指出，从财政收入的角度来看，消费型增值税在短期内会导致税基的缩小，对财政收入造成一定冲击；但在长期由于消费型增值税能刺激投资，消除重复征税，促进经济增长，财政收入总量又会随之逐渐增长。

李建人（2010）认为增值税转型后，消费型增值税的优越性并仍没有得到充分发挥，他指出未来增值税转型可以考虑按照"三步走"的思路，分阶段循序渐进改革，并且当条件成熟时，可以用增值税全面取代营业税，同时将农业也纳入增值税的调整范围。马辉和杨体军（2007）以 2004 年东北增值税转型试点为研究对象，研究增值税转型对财政收入的影响。研究发现转型试点没有对中央财政收入产生冲击，在短期内却可能会减少地方财政收入，但影响不大，并且增值税转型对财政收入的影响存在四年时滞。从以上文献可以看出，大多数学者认为增值税转型会在短期内对我国政府尤其是地方政府的财政收入有冲击作用。

（3）增值税转型对产业结构的作用。程瑶和陆新葵（2006）认为若增值税转型的时机选择不当，可能会引发一系列风险。从产业结构来看，我国第二产业占比过高，产业结构不合理。而增值税转型鼓励刺激投资，可能会导致第二产业低水平重复建设，加剧产业结构的不合理；从区域发展的角度来看，由于中西部地区企业的资本有机构成大多高于东部地区的企业，因此增值税转型对其影响更大，这有利于缩小地区间的差异；最后从投资与消费比例结构的角度来看，增值税转型将会引起投资率与消费率的偏离程度扩大。因此作者认为，增值税转型可能会恶化原本已失调的经济结构，所以在转型推广方案的选择上要慎重。

（4）税收方案选择及增值税转型对社会福利的影响。安体富（2007）认为消费型增值税可以避免重复征税，最大限度地减少税收对市场机制的扭曲。张欣和陈烨（2009）则从经济学理论和逻辑、联合国国民经济核算体系，以及普遍接受的中性定义出发，指出生产型增值税才是唯一中性的，而消费型增值税则是对资本要素的消费给予优惠从而造成要素价格扭曲的非中性税种。陈烨等（2010）认为此次增值税转型政策的效果并不理想，在同样的减税成本下，如果采取无歧视减税政策，即将原生产型增值税的税率向下调整 2%，会同时增加就业、更大程度地刺激整体经济和提高居民福利水平。在中国国情下，无歧视减税政策比增值税转型更优选。

2.6.2.2　增值税转型对企业固定资产投资的影响

聂辉华等（2009）首先采用微观经济学分析的方法，通过推导得出增值税转型会导致企业增加固定资产投资，而后实证检验结果也支持了这一论断。李嘉明和李苏娅（2007）以东北地区的增值税转型试点为研究对象，实证检验增值税转型试点对企业固定资产投资的影响。研究发现，增值税转型试点促进了固定资产投资，东北地区的平均固定资产量稳步增长，并且形成了一定程度的"良性洼地效应"。王如燕和李林（2006）认为增值税转型通过允许抵扣外购固定资产的进项税额，减轻了企业的税负，直接刺激了企业的设备投资。同时可行性分析也表明，企业的投资周期会明显缩短，企业投资行为与投资方向会主动迎合国家政策。万华林等（2012）则从公司投资价值相关性角度研究增值税转型的经济后果，发现在2009年的增值税转型中，公司投资补贴的正面效应大于所得税负面效应，在整体上增加了公司投资价值相关性。并且公司的所得税税率越低，增值税转型对其投资价值相关性的促进作用越大。

还有一部分文献则认为增值税转型不能起到促进投资的作用。黑龙江省国家税务局课题组（2006）认为，投资者主要考虑的是市场因素和投资回收期、预期利润率等关键性问题，因此增值税转型所带来的税负减轻，并不能对投资起到决定性作用。

陈晓和方保荣（2001）分别从微观经济学和宏观层次两个角度对增值税实际效果进行逆向思考。从微观经济学角度来看，文章认为增值税转型的假设前提"生产型增值税增加了企业经营成本，抑制投资"站不住脚。首先，尽管税负是影响企业投资决策的重要因素之一，但盈利潜力和软环境更重要。其次，考虑到税负归宿的因素，生产型增值税实际上提高了投资效率，调节了投资方向并且加速了产业结构调整，而在转型后消费型增值税对投资方向的调节作用消失，可能会导致过度投资。最后，资本密集型企业并非一定是高科技企业。资本密集型企业大多属于传统行业，通常面临产能过剩的问题。此外，作者还提出，增值税转型可能诱发一些新的税收筹划，比如通过关联交易等方式虚增外购固定资产的价格，从而达到提高固定资产的进项税额数目、减少应纳税款等目的。

2.6.2.3　增值税转型对企业劳动力需求影响的研究

一方面增值税转型对就业的负面影响大多被理论界忽视了（陈烨等，

2010）。杨抚生和蔡军（2006）认为，实行增值税转型后，劳动密集型企业相较于资本密集型企业的低税负优势将不复存在，这会使得劳动密集型企业投资减少，进而影响到就业。张欣（2008）认为，增值税转型使得固定资产相对劳动力价格降低，从而会使企业进一步减少劳动力的雇佣，更多地使用机器，最终使得中国的就业状况雪上加霜。聂辉华等（2009）实证研究了东北地区增值税转型试点的经济后果，发现与非试点地区相比，试点地区企业显著增加了固定资产投资，减少了企业的雇员人数。陈烨等（2010）设置了一个凯恩斯和剩余劳动力状况下的宏观闭合 CGE 模型来模拟增值税转型对于宏观经济与就业的政策效应，发现增值税转型对于实际 GDP 的刺激非常有限，却可能造成多至 444 万人数的新增失业。研究还发现，在同样的减税成本下，如果采取无歧视减税政策，即将原生产型增值税税率向下普调 2%，会同时增加就业、更大程度地刺激整体经济和提高居民福利水平。因此作者认为在中国国情下，无歧视减税政策比增值税转型更优。

另一方面，也有学者认为这一担忧并不存在，比如李嘉明和李苏娅（2007）认为，劳动密集型企业不仅不会在实行消费型增值税后丧失优势，反而能降低成本以及从投资和经济增长中间接受益。因此，不能断定增值税不利于就业。刘璟和袁诚（2012）发现东北地区试点企业显著地提高了劳动力雇佣水平。换言之，增值税转型试点同时提高了固定资产投资规模及劳动力雇佣水平。

2.6.2.4　增值税转型对不同行业企业的绩效与税负影响的研究

王素荣和蒋高乐（2010）发现增值税转型中受益较大的行业主要有采掘业、电力煤气及水生产供应业和制造业。并且通过分析增值税转型前后上市公司的财务指标变化，发现增值税转型将会对企业的经营和投资产生直接重大的影响。杜漪和陈东北（2009）采用规范分析的方法分析增值税转型对企业税收负担的影响。首先，从行业差异来看，那些固定资产投入较高的行业在增值税转型中受益较多，尤其是固定资产投资回报率较低并且折旧年数较短的行业。其次，文章提出增值税转型大幅度降低了一般纳税人实际税负以及小规模纳税人的税率。最后，作者就企业的财务调整给出了一些建议，如重新规划长期固定资产投资和筹划税改后的现金流等。许超伊和王冬梅（2009）从收益和增值税负担两方面分析了增值税转型对属于增值税征税范围的各行业的影响，通过单因素方差分析，比较增值税转型前后各行业销售净利率、净资产收益率和增值税负担率是否发生显著变化，得出增值税转型对各行业收益的影响不显著，但对各行业的增值税负担有显著影响的结论。曲宪忠（2007）从资本有机构成的角度分析了增值税转型对劳动密集型、资本密集型以及技术密集型企业的影响。发现转型对于资本密集型企业和技术密集型企业的影响较大，而对于服装、纺织等劳动密集型企业虽然有一定的影响，但并不如资本密集型企业那样明显。此外，增值税转型对生物制品和医药等高科技产业企业的经营收益影响较小。李长春（2006）通过对上市公司数据进行实证分析后发现，增值税转型能够有效地改善企业财务状况，增强企业偿债能力，缩短固定资产建设周期，并刺激企业进行投资。杨震和刘丽敏（2006）发现增值税转型对企业净资产收益率（ROE）有重大影响。同时转型对上市公司收益的跨年度影响是稳定的，但是对上市公司收益能力分化和下降的趋势只能起到减缓作用。此外他们还发现上市公司的增值税减少率明显高于非上市公司。杨斌等（2005）分析了转型对新旧内资企业税负的影响，认为东北地区增值税转型对内资企业有利，可以缩小或消除其与外资企业在增值税负担方面的差距；并且在内资企业中，转型对新设企业更有利。董来公和李嘉明（2005）认为增值税转型政策将给企业带来一系列重大影响，尤其是对资本和技术密集型的第二产业企业的影响最为突出；同时还分析了增值税转型对不用类型的企业在不同生命周期阶段的影响。蔡昌（2009）分析了增值税转型后企业及行业的税收负担变化情况，总体来看，增值税转型后，企业的税收负担会减轻。就行业而言，有的行业会因其税负减轻而受益，但有的行业税负几乎没有变化，不会从中受益。康茂楠等（2019）发现以增值税转型为代表的减税政策有效降低了成本加成率分布的离散程度，改善了制造业的资源配置效率。

综合国内外相关文献，可以发现从宏观角度研究增值税转型影响的文献较多，而从微观角度研究增值税转型对企业影响的较少；从理论上分析增值税转型影响的较多，而通过实证研究进行检验的较少。

2.6.2.5 "营改增"改革经济效应的研究

学者们对"营改增"政策带来的作用与效应进行了大量研究。宏观层面的研究主要包含以下三方面：第一，"营改增"的福利效应。国外文献从福利角度研究了"营改增"的必要性（Diewert et al.，1986；Piggott & Whalley，2001；Smart，2009）。中国营业税的福利伤害程度高于增值税（平新乔等，

2009），而"营改增"能优化国民收入分配格局（孙正和张志超，2015），因此应对服务业进行改革（古建芹等，2012）。第二，"营改增"对地方财政收入的影响。田志伟和胡怡建（2014）通过构建一般均衡模型，从静态和动态两个视角考察了"1＋7"扩围在不同阶段对国家税收收入产生的影响。短期内会减少地方财政收入（张悦和蒋云赟，2010；张新和安体富，2013；李青和方建潮，2013）。因此应提高地方增值税分享比例（白彦锋和胡涵，2012）和完善地方税体系（施文泼和贾康，2010；郭庆旺和吕冰洋，2013）。第三，"营改增"的其他宏观效应。改革能提高经济增长速度（田志伟和胡怡建，2014）、节能减排（石中和和娄峰，2015）和影响进出口（邓力平和王智烜，2011；潘明星，2013；王艺明等，2016）。

近年来也涌现了很多有关"营改增"后增值税税率减并调低方案研究。相关研究主要包含以下三方面：第一，减并调低增值税税率的必要性。文献从生产效率损失（陈晓光，2013；蒋为，2016）、征管效率下降（夏杰长和管永昊，2013）和产业结构升级受阻（岳树民和肖春明，2016）等角度论证了未来增值税税率改革的必要性。第二，合理的增值税税率档次。对此学者们持不同观点，如单一税率（谭郁森和朱为群，2013）和税率组合（梁季，2014）。但对于保留17%的标准税率，很多学者达成共识（付江峰，2015；崔军和胡彬，2015；寇恩惠和刘柏惠，2016）。第三，增值税税率优化方案比较。梁云凤和王宁（2016）比较了不同方案对北京产业的影响，但受研究对象的限制，结论推广受限。既有研究普遍存在缺乏顶层设计且研究内容不全面的问题（朱为群和陆施予，2016）。第四，刘行和叶康涛（2018）以我国2017年4月颁布的将13%的增值税税率降至11%的改革为研究对象，发现相比其他企业增值税税率降低的企业在事件窗口期的股东财富平均增长了约0.3%，这相当于370亿元股东总财富的增加。

部分"营改增"文献从行业和企业角度展开研究。孙正和陈旭东（2018）发现"营改增"改善了全要素生产率、促进了资本深化，并借此完成了服务业资本配置效率的提升。孙作林（2015）认为当房地产企业增值税税率小于17.8%时，"营改增"会减少该企业税负。卢立宇（2014）发现"营改增"政策主要从进项税可抵扣范围和建筑企业在新增固定资产等方面的投资额两个方向上对我国建筑行业企业税负金额产生影响。窦仁政（2015）认为"营改增"政策应该将银行业的业务分为四类，制定相应的增值税政策，分别征收增值税。还有文献研究了改革对企业税负（曹越和李晶，2016）和出口行为（彭飞和毛德凤，2018）的影响。

纵观现有文献，可以发现：

（1）有关增值税减税政策微观层面的研究相对匮乏。有关税制的研究无论是实证研究还是理论研究，其着眼点大多放在了宏观层面，讨论其对国家经济、政府财政收入以及社会福利的影响。而针对微观主体如企业受增值税改革影响的研究就比较少。

（2）研究没有区分增值税改革对不同产权特征企业的影响的差异。现有研究大多为一般性研究，较为笼统。由于我国特殊的制度背景，不同产权特征企业的行为差异较大，那么增值税改革对于不同产权特征企业的影响也可能存在一定差异。目前国内有关这方面的研究很少。

第 3 章　制度背景

3.1　结构性减税政策

2008 年 12 月初召开的中央经济工作会议首次公开提出"结构性减税"。2012 年以来我国经济发展步入了"新常态",经济增速持续下行的压力增大。政府以传统形式通过扩张的财政支出来调整经济结构、促进经济增长的作用效果日益衰减,甚至可能出现严重的债务危机。正是在这一背景下,2015 年 11 月中央财经领导小组提出要推进供给侧结构性改革,提高供给体系质量与效率,增强经济持续增长的动力。结构性减税是推进供给侧结构性改革的重要内容。为实现经济持续平稳增长,政府大力实施结构性减税政策,以期通过实施"微刺激"和调整经济结构来寻求未来经济增长的新动力。因此,系统分析结构性减税政策的效果十分必要。并且,由于经济体系中不同类型的企业对税收政策的反应存在明显差异,因而本书将系统分析异质性企业视阈下增值税结构性减税政策的经济效应,以期全面评价增值税改革,并提供相应的政策启示。本书重点探讨增值税转型和"营改增"改革。

3.2　增值税转型的历史沿革

3.2.1　1980～1993 年逐步扩大增值税试行范围

在 1994 年以前,我国增值税制度的建立可以分为两个步骤。

3.2.1.1　引进试点并建立增值税制度

从 1979 年下半年起，我国在上海、湖北襄樊、湖南长沙和广西柳州四个城市的个别行业进行了增值税试点，当时的征税范围仅限于机器机械和农业机具这两个行业。1981 年试点范围扩大到了电风扇、自行车和缝纫机等产品。1983 年 1 月起在全国范围内的两大行业和三种产品上试行增值税，以便为正式建立增值税制度做好准备。国务院于 1984 年颁布了《中华人民共和国增值税条例（草案）》。在该草案中正式将增值税列为与产品税、营业税并驾齐驱的三大流转税之一。此外征收范围也扩大到了 12 个税目，并在计税方法上按照甲、乙两类产品分别试行"扣税法"与"扣额法"：扣税法是在按产品销售收入和适用税率计算应纳税额后，允许扣除规定扣除项目内生产应税产品外购部分的已纳税额；扣额法则是将产品销售收入在扣除规定扣除项目内为生产应税产品而外购的金额后再依据适用税率计算应纳税额，其中扣除金额或扣除税额的计算可以按当期购入数算，也可按实际耗用数算。增值税的征收由主管税务机关分别采取定期定率、分期核算、年终结算的方法进行。1987 年进一步扩大增值税试点范围，对部分建筑、轻工产品、有色金属以及非金属矿产品改征增值税，税目相应地扩大到了 30 个，并取消了"扣额法"，将计税方法统一为"扣税法"，扣除税额依照扣除项目金额以及扣除税率计算。扣除项目包括为生产应税产品所消耗的原材料、燃料、动力和委托加工费用等，扣除税率除个别产品之外，均按照 14% 计税。除此之外，国家还规定纳税人将生产的应税产品用于自己企业继续生产应税产品的，不再重复征税。1988 年又扩大了增值税试点范围，征税税目相应地扩大到了 31 个。

3.2.1.2　不断扩大征税范围，改进计税方法

经过不断扩大增值税的征税范围，我国此时已发展到对 31 大类产品征收增值税。但直至 1993 年，烟类、酒类、化工类等相当数量的产品仍未实行增值税。1993 年我国进行了规模宏大的税制改革，12 月 13 日发布了《中华人民共和国增值税暂行条例》，12 月 25 日财政部颁发了《中华人民共和国增值税暂行条例实施细则》，12 月 27 日国家税务总局印发《增值税专用发票使用规定》，建立起了新的规范化的以增值税为主体的流转税制格局，并于 1994 年 1 月 1 日起正式运行。

3.2.2　1994 年全面推行增值税

1994 年，我国迎来了新一轮的税制改革。1994 年开始实施的增值税采取了生产型增值税，并遵循了普遍征收、中性、简化的原则。征税地点由原来的在少数地区试点扩展到了全国。征税范围由原来的机器机械和农业机具"两行业"及自行车、缝纫机、电风扇"三大件"扩展到货物的生产、批发、零售、进口四个环节及劳务活动中的加工和修理修配。我国的增值税实行价外税，即税额计入销售价格，并且在销售时直接抵扣。企业应缴增值税额等于按规定的税率计算出的商品销售额的销项税额，减去购进中间产品时所支付的进项税额。增值税实行两档税率，即基本税率是 17%，低税率是 13%。此外，规定出口货物实行零税率。按销售额大小和财务会计制度是否健全，将纳税人分成一般纳税人和小规模纳税人。以生产性企业为例，年销售额超过 100 万元的企业被称为一般纳税人，税率一般为 17%。税法对年应税销售额规定的标准是：从事货物生产或提供应税劳务的纳税人应税销售额为 100 万元，从事货物批发或零售的纳税人的年应税销售额为 180 万元。小规模纳税人是指应税销售额在规定标准以下，并且会计核算不健全，不能按规定报送有关税务资料的增值税纳税人。对于增值税小规模纳税人的征收率，工业企业为 6%，商业企业为 4%。此外还实行了增值税专用发票抵扣制度，扣税机制日益健全，使增值税成为税制体系中的主体税种。

随着经济的发展，宏观的经济因素发生了变化。同时生产型增值税也产生了许多问题：首先，它不允许抵扣固定资产的进项税额，不利于鼓励企业更新改造固定资产；其次，由于它不允许抵扣购入固定资产的增值税税额，以当期流转税额为基础计算缴纳的其他税费，如城市维护建设税、教育费用附加等也必然增加；最后，企业每期计提的折旧包含了一部分增值税，在计算企业的应纳税所得额时计入成本费用，使得企业当期的应纳税所得额减少，从而使企业当期应纳所得税减少。综合考虑这些因素，企业投资的固定资产越多，被重复征税就越多。对于资本有机构成比较高的基础产业，以及固定资产更新比较快的高新技术企业，实行生产型增值税会阻碍其进行相关的扩大再投资及更新改造行为，不利于相关产业与企业的长远发展，这也不符合国家相关的产业政策。另外，生产型增值税会导致行业税负的不公平，税负高的均是生产性企业，税负低的均是商品批发零售企业。在同一税制下，不同行业的税负不公，影响了税负较高行业的投资，不利于经济结构的优化。因此，近年来我国一直在实践中探索如何将生产型增值税过渡到消费型增值税，增值税转型经历了从个别地区个别行业至所有地区所有行业的逐步探索过程。

3.2.3 1995~2008年逐步推进增值税转型

党的十六届三中全会明确提出适时推行增值税转型改革，"十一五规划"更是明确要在"十一五"期间完成这一重大改革。

3.2.3.1 2004年东北三省率先进行转型试点

自2004年起增值税转型试点率先在东北地区展开，财政部和国家税务总局于2004年发布了《东北地区扩大增值税抵扣范围若干问题的规定》，准许黑龙江、吉林和辽宁（含大连）这东北三省的装备制造业、石油化工业、冶金业、船舶制造业、汽车制造业和农产品加工业六个行业的一般纳税人企业在缴纳增值税时，抵扣购买固定资产所缴纳的进项税额可以在当年增值税新增部分中扣除。

东北地区增值税转型试点的第一个特征是采用了增量抵扣的方式。增量抵扣是指纳税人当期可抵扣的固定资产进项税额应当限定在当期应缴增值税超过前期实缴增值税的增量税额之内。一旦超过了这一增量，那么超过的部分则不允许在本期扣除，并且若以往年度存在欠税则应当先抵欠税部分。可以看出，增量抵扣的办法带有明显的过渡性，与理论上的消费型增值税相比存在一定的差距。

此次试点的第二个特征是限定了可抵扣进项税额的固定资产范围。它主要体现在固定资产购进时间和种类两个方面：一是从固定资产购进时间方面来看，《中华人民共和国增值税暂行条例实施细则》中允许抵扣进项税额的固定资产仅限于2007年7月1日后新购买的固定资产，而在这个时间点之前企业已有的存量固定资产的进项税额不能被抵扣。二是对固定资产的种类范围有限制，如不动产（房屋）等不包括在抵扣范围内。另外购置应征消费税的摩托车和汽车所缴纳的进项税额也不能抵扣，可以抵扣的固定资产主要是机器设备及工具。

试点的第三个特征是只在部分行业展开且必须是一般纳税人。由于小规模纳税人按照简易征收原则缴纳增值税，因此它不被纳入增值税转型试点范围。

3.2.3.2　2007 年起试点范围扩大至中部地区

2007 年 7 月起试点范围又延伸至中部 6 省 26 个城市，为改革推向全国不断积累经验；自 2008 年以来，增值税转型试点范围迅速扩大——先是允许内蒙古东部 5 盟市纳入增值税转型试点范围，继而同意将汶川地震受灾严重地区除国家限制发展的特定行业外，所有行业纳入增值税转型范围。除汶川灾区之外，其他试点地区实行的试点办法主要是对企业新购入的设备所含进项税额，先抵减欠缴增值税，之后在企业本年新增增值税的额度内抵扣，没有抵扣完的进项税余额结转下年继续抵扣。

3.2.4　2009 年全国范围内正式实行增值税转型

国务院第 34 次常务会议通过了新修订的《中华人民共和国增值税暂行条例》，并于 2008 年 11 月 10 日以中华人民共和国国务院令第 538 号予以公布，国务院决定自 2009 年 1 月 1 日起在全国所有地区和行业推行增值税转型改革，增值税正式由生产型转为消费型。

3.2.4.1　增值税转型的主要内容

自 2009 年 1 月 1 日起，在维持现行增值税税率不变的前提下，允许全国范围内（不分地区和行业）的所有增值税一般纳税人抵扣其新购进设备所含的进项税额，未抵扣完的进项税额结转下期继续抵扣。为预防出现税收漏洞，将与企业技术更新无关，且容易混为个人消费的应征消费税的小汽车、摩托车和游艇排除在上述设备范围之外。同时将矿产品增值税税率恢复到 17%。

3.2.4.2　增值税转型的配套政策

（1）取消对进口和境内采购机器设备的增值税减免政策。此次增值税转型取消了全部对进口和境内采购机器设备所执行的增值税减免政策，包含税收减免、先征后返等。这主要是因为转型以后，购进的机器设备允许进项抵扣，如若保留上述政策已没有任何实际意义。

（2）分企业实施加速折旧的措施。对转型前三年内新建的资本密集型企业，如基础原材料生产企业、高新技术企业等可以采取加速折旧的措施。这样不仅考虑了该类型行业的具体状况，还不会造成税款的重复抵扣。

（3）在对小规模纳税人标准降低的同时降低了征收率。提供应税劳务或从事货物生产的纳税人，以及以提供应税劳务或从事货物生产为主兼营货物零售或者批发的纳税人小规模纳税人标准为年应税销售额 50 万元以下，其他的纳税人小规模纳税人标准为年应税销售额 80 万元以下。此外，小规模纳税人的征收率由 4% 和 6% 统一降低至 3%。

（4）取消了增量抵扣的限制。2008 年 12 月 19 日发布的《关于全国实施增值税转型改革若干问题的通知》文件规定，自 2009 年 1 月 1 日起，增值税一般纳税人购进或者自制固定资产发生的进项税额，可根据《中华人民共和国增值税暂行条例》的有关规定，凭增值税专用发票、海关进口增值税专用缴款书和运输费用结算单据（以下简称增值税扣税凭证）从销项税额中抵扣。从该条款可以看出，抵扣方式不再是东北转型试点的增量抵扣，而是全额抵扣。

3.3 营业税改征增值税改革

增值税转型后我国增值税的征税范围仍然是从事货物生产、批发、零售和进口的四个环节以及提供加工修理修配劳务的行为，而加工和修理修配劳务以外的劳务则不属于增值税的征收范围。为进一步完善税制，消除第三产业重复征税，财政部和国家税务总局于 2011 年 11 月 16 日印发了《营业税改征增值税试点方案》（以下简称《试点方案》）和《关于在上海市开展交通运输业和部分现代服务业营业税改征增值税试点的通知》，明确规定自 2012 年 1 月 1 日起，在上海进行营业税改征增值税试点，在现行增值税 17% 标准税率和 13% 低税率的基础上，新增 11% 和 6% 两档低税率。在试点行业中，交通运输业服务适用增值税率 11%，有形动产租赁服务适用增值税率为 17%，其余现代服务业（包括研发和技术服务、信息技术服务、文化创意服务、物流辅助服务、鉴证咨询服务）适用增值税率为 6%。为了不影响地方税收利益，《试点方案》规定"原归属试点地区的营业税收入，改征增值税后收入仍归属试点地区，税款分别入库"。此外，自 2012 年 8 月 1 日起至年底，交通运输业和部分现代服务业营业税改征增值税试点范围，将由上海分批扩大至北京、天津、江苏、浙江、安徽、福建、湖北、广东、厦门和深圳。2012 年 8 月试点扩展到北京、江苏和天津等八省、市以及单独的深圳、厦门和宁波三市。而后国家税务总局颁布了自 2013 年 8 月起交通运输业和部分现代服务业"营改增"试点由指定地点扩展到全国的通知，同时新增广播影视服务行业为试点行业。紧接着，2014 年 1 月，邮政服务业和铁路运输业亦成为试点行业。自 2016 年 5 月起，"营改增"政策试点在我国全面展开，金融行业、生活服务业、建筑业、房地产行业均成为"营改增"试点行业。"营改增"政策的试点到落实过程堪称分税制改革以来财税体制的再一次巨变。

3.4　增值税税率简并改革

2017 年 4 月 19 日召开的国务院常务会议决定，自 2017 年 7 月 1 日起营改增取消 13% 这一档税率。销售农产品、天然气等适用 13% 税率的行业，税率改按 11% 征收。财政部、国家税务总局公布的《关于调整增值税税率的通知》规定，自 2018 年 5 月 1 日起，纳税人发生增值税应税销售行为或者进口货物，原适用 17% 和 11% 税率的，现税率分别调整为 16%、10%；纳税人购进农产品，原适用 11% 扣除率的，现扣除率调整为 10% 等。

2019 年 4 月 1 日《关于深化增值税改革有关政策的公告》正式执行，该项公告进一步明确了增值税改革的四项基本措施。一是降低了相关行业的增值税适用税率，即将制造业等行业适用税率由 16% 降至 13%，将交通运输业、建筑业等行业适用税率由 10% 降至 9%；同时进项抵扣税率、农产品扣除率、出口退税率和离境退税物品退税率等相应的增值税应税项目的税率也发生调整。该项减税措施采取直接降低增值税税率的方式，有效降低了制造业、建筑业等行业的税负水平，企业可以直接享受到减税福利。二是增值税进项抵扣的范围有所扩大。主要体现在允许纳税人购进国内旅客运输服务的进项税额从销项税额中抵扣；纳税人取得不动产或者不动产在建工程的进项税额不再分 2 年抵扣，而是在取得不动产或者不动产在建工程的进项税额时一次性抵扣。三是规定了加计抵减政策。自 2019 年 4 月 1 日至 2021 年 12 月 31 日，提供邮政服务、电信服务、现代服务、生活服务取得的销售额占全部销售额的比重超过50%的生产、生活性服务业的纳税人，允许按照当期可抵扣进项税额加计10%抵减应纳税额。对主营业务为邮政、电信、现代服务和生活服务业的纳税人，按进项税额加计10%抵减应纳税额。四是试行增值税期末留抵税额退税制度。自2019年4月1日起，试行增值税期末留抵税额退税制度，对于同时符合有关条件的纳税人，可以向主管税务机关申请退还增量留抵税额。

3.5　企业异质性：公司产权特征

3.5.1　国有企业改革的历程

国有企业的公司治理是与国有企业的改革历程密切联系的。我国的国有企业从解放初期的"国营企业"，到后来的国有企业，名称和治理结构都发生了明显的变化。通过对我国国有企业改革制度变迁的分析，可以对我国国有企业的公司治理有更深的了解。

我国国有企业的建立是与中华人民共和国的建立同时起步的。在当时的背景下，苏联高度集中的计划经济体制和企业管理模式成为我国当时唯一的选择。一方面，国有企业管理人员具有行政级别，属于国家干部体制，根据级别高低由党组织或政府任命；另一方面，国有企业内部实行生产车间式管理，由上级国家机关对国有企业的生产、计划、投资、财务、人事、劳动、工资等方面进行集中管理。国有企业也被称为"国营企业"，不但企业的资本归国家所有，而且企业还由国家直接经营。在这种计划经济管理体制下，企业成为政府的附属物，缺乏必要的权力，失去了应有的活力。因此进行国有企业改革显得十分必要。

迄今为止的国有企业改革制度变迁，大致可以分为三个时期。

3.5.1.1　政策调整时期（1978~1993年）

这个时期的改革，是我国经济体制由传统的计划经济体制向有计划的商品经济体制过渡，以国营企业为主体，以放权让利为主要内容的改革。

扩大企业自主权的改革试点工作，最早开始于四川省。1978年10月，重庆钢铁公司、程度无缝钢管厂、四川化工厂、新都县氮肥厂、宁江机床厂和南充丝绸厂 6 家地方国营工业企业率先进行"扩大企业自主权"试点，这成为国有企业改革乃至整个城市经济体制改革起步的标志。1978 年 12 月召开的中共十一届三中全会指出，"现在我国经济管理体制的一个严重缺点是权力过于集中，应该有领导地大胆下放，让地方和工农业企业在国家统一计划的指导下有更多的经营管理自主权"。1979 年 7 月，国务院下达了《关于扩大国营企业经营管理自主权的若干规定》，将试点在全国推广。随后国务院又颁发了多个文件，通过规定国有企业拥有的自主权，进一步扩大了企业的经营自主权。

简政放权与减税让利成为国有企业改革早期的主要思路。沿着这一思路，先后采取了推行经济责任制、两步"利改税"、承包经营责任制、资产经营责任制、租赁制、股份制试点等改革措施。

3.5.1.2 制度创新时期（1993～2003 年）

这个时期的改革，是我国经济体制由计划经济体制向社会主义市场经济体制转轨，探索建立国有资产管理体制，以国有企业和国有经济为主体，以企业制度创新为主要内容的改革。

1992 年 10 月召开的中共十四大明确了建立社会主义市场经济的经济体制改革目标，并首次将全民所有制企业由过去的"国营企业"改称为"国有企业"。1993 年 3 月 29 日八届全国人大第一次会议通过《中华人民共和国宪法修正案》，将宪法第七条修改为："国有经济，即社会主义全民所有制经济，是国民经济中的主导力量。国家保障国有经济的巩固和发展。"至此，全民所有制经济由"国营经济"正式改称为"国有经济"；全民所有制企业由"国营企业"正式改称为"国有企业"，并以法律形式固定下来（章迪诚，2006）。这是国有企业管理理念发展的重大转折，标志着国家与国有企业的关系，由过去的国有国营，转变为国家所有、企业自主经营。1993 年末颁布了《中华人民共和国公司法》，建立以"产权清晰、权责明确、政企分开、管理科学"为特征的现代企业制度成为了新的国有企业改革目标。1997 年，党的"十五大"提出，用三年左右的时间，使大多数国有大中型亏损企业摆脱困境，力争到 20 世纪末大多数国有大中型骨干企业初步建立现代企业制度。改革的重点包括：从战略上调整国有经济布局和改组国有企业，积极发展大型企业和企业集团，放开搞活中小企业，这就是所谓的"抓大放小、战略重组";建立企业优胜劣汰的竞争机制;转变政府职能,建立权责明确的国有资产管理、监督和营运体系,保证国有资产保值增值。1999 年,中共十五届四中全会出台了《关于国有企业改革和发展若干重大问题的决定》,进一步明确了国有经济需要控制的、关系到国民经济命脉的四个领域,分别是:(1)涉及国家安全的行业;(2)自然垄断的行业;(3)提供重要公共产品和服务的行业;(4)支柱产业和高新技术产业中的重要骨干企业。

自此,国有企业改革由前一时期在维持原有制度框架不变前提下进行政策调整的时期,转入重新构建市场经济微观主体制度框架的制度创新时期。这一时期的改革,是集中处理旧体制的遗留问题和改革过程中产生和逐渐积累的矛盾的时期,因而也是 30 年制度变迁中最为艰难的时期。

3.5.1.3　制度完善时期(2003 ~ 2020 年)

这个时期的改革,是在我国经济体制转轨基本完成,社会主义市场经济体制基础已经确立,统一开放、竞争有序的现代市场体系初步形成,现代企业制度初步建立的条件下,在新的国有资产管理体制下,以中央企业和大企业为主体,以发展混合经济为主要内容的改革。

2002 年 11 月召开的中共十六大,明确提出了要建立代表国家履行出资人职责的国有资产管理机构,改革国有资产管理体制的要求。2003 年 10 月召开的中共十六届三中全会提出了要建立现代产权制度;使股份制作为公有制的主要实现形式,这标志着国有企业改革以及经济体制改革自此进入一个以产权制度改革为重点,以调整重大利益关系为目标的深层次攻坚时期。在这段时期里,与中国经济体制转轨这一特殊历史时期相配套的国有企业的过渡性改革任务将基本完成。而在此之后,中国国有经济、国有企业的发展将步入一个趋于常态、相对稳定的发展阶段(季晓南和金暗,2006)。

3.5.2　财政体制改革

以财政体制改革为制度背景,可以划分为两个阶段,即 20 世纪 90 年代中期之前的财政承包制阶段和 1994 年实行分税制改革后的地区竞争阶段(吴敬琏,2004)。在这两个阶段,无论是中央和地方的关系,还是地方政府和企业的关系,都发生了明显的变化。

3.5.2.1　财政承包制：1980~1993 年

在 1979 年之前的计划经济年代，中国实行的是统收统支的财政制度，财政收入主要来自国有企业上缴的利润，当时并不存在真正的税收政策（吴敬链，2004；Naughton，2007）。为了调动地方政府增收节支的积极性、保证中央政府的财政收入，从 1980 年起，中国开始实行"分灶吃饭"的财税体制。所谓分灶吃饭，简单地说，就是在中央和地方之间按照预先确定的方法分配税收的一种财税制度，例如，实行固定比例包干、定额包干、分级包干等措施。地方政府除上缴规定的份额外，预算外的收入可以用于当地刺激经济发展、提供公共物品或其他目的（Whyte，2009）。到了 1988 年，这种税收体制更是被固化为一种正式制度，即财政包干制。

财政包干制与分灶吃饭在本质上是相同的，即都属于财税承包制。财政承包制给地方政府提供了财政激励，地方国有和集体企业发展越好，地方财政留存的收入就越多。特别是这一时期乡镇企业的迅猛发展，引起了众多学者的关注（Walder，1995；杨善华和苏红，2002；邱泽奇，1999；周飞舟，2006；张闫龙，2006；渠敬东等，2009）。

针对这一时期地方政府积极介入地方经济发展的行为，瓦尔德（Walder，1995）认为"地方政府即厂商"（local governments as industrial firms），欧（Oi，1992）提出了"地方国家公司主义"（local state corporatism）理论，彭玉生（Peng Yusheng，2001）提出了"市场监督"（market discipline）理论，杨善华和苏红（2002）认为地方政府已经变成了"谋利型政权经营者"，张闫龙（2006）认为地方经济发展的动力来自地方政府为税收而进行的竞争。这些都表明财政承包制对地方政府直接参与地方经济活动有一定的激励作用。不过，财政承包制也带来了一些弊端，例如，它弱化了中央政府的财政汲取能力，导致地方保护主义盛行，造成全国性的市场分割（吴敬链，2004；周飞舟，2006a；渠敬东等，2009；陶然等，2009）。

3.5.2.2　分税制改革：1994 年至今

为克服财税承包制的弊端，避免出现"诸侯割据"，中央决定重新收回财权，建立适应社会主义市场经济体制的财税制度。于是我国开始实行分税制改革。

源于 1994 年的分税制改革，将政府事权与财政收入、支出的范围进行了逐步划分。中央财政主要承担国家安全、外交、中央国家机关所需经费，国民经济结构、协调地区发展、实施宏观调控所必需的支出以及由中央直接管理的事业发展支出；地方财政则主要承担本地区财政机关所需支出以及本地区经济、事业发展所需支出。在收入方面，强化了税收增收管理工作，提高了中央财政收入在总财政收入中占有的比重。

3.5.3　不同产权特征企业的公司治理差异

3.5.3.1　国有企业制度特征

中国证券市场脱胎于中国转型经济中，其设立初衷是为国企改革和解困服务。因此在中国证券市场上，上市公司大部分由国有企业改制而来。同时为保持国家对上市公司的控制力，国有股权在上市公司中占据了很大比例，并且这些国有股权不能上市流通。鉴于此，政府的动机和行为对上市公司可能会产生重要影响。

首先，在国有企业中，由于管理者的努力可能会因企业承担了政策性负担而变得不显著，并因此得不到应有的激励，所以国有企业的管理者往往不会投入努力来提高企业价值。而且国有企业的控制权和所有权两权分离，加剧了管理者和投资者之间的利益不一致，管理者可能会采取损害投资者利益的行为，股东与管理者之间的代理问题变得更加严重。

此外，在控制权和所有权分离度较大的情况下，国有企业由于存在多层委托代理关系，代理链条较长，控股股东可能会通过资金占用侵占其他外部投资者权益，从而满足其委托人即政府的政治以及社会目标，这种行为导致国有企业控股股东和其他股东之间利益冲突的加剧。

其次，林毅夫（2004）提出了政策性负担假说，政策性负担包括两部分，一部分是战略性政策负担，指在传统赶超战略的影响下，投资于我国不具备比较优势的资本密集型产业或产业区段所形成的负担；另一部分是社会性政策负担，是指由于国有企业承担过多的冗员和工人福利等社会性职能而形成的负担。由于与政府的关系密切，国有控制企业更有可能承担这些政策性负担。在信息不对称的情况下，政府无法区分企业业绩不佳是由企业管理者经营不当还是由政策性负担造成的，这些政策性负担可能会加重企业管理者的道德风险，导致更多的企业亏损，构成了软预算约束的源泉。

3.5.3.2 民营企业制度特征

（1）企业目标以利润为导向。在私有产权性质的企业中，从代理人的角度来看，由于自然人股东的真实存在性、代理关系的明确性，以及利益的相关性，私有产权性质的股东，尤其是大股东会十分关心企业的经营状况，为了追求股本的保值和增值，很多所有者不仅仅是控制企业的经营与发展，甚至会亲自参与企业的日常管理。因此民营企业往往是以利润最大化为经营目标。

（2）代理问题。相对于国有企业，民营企业具有清晰的产权，其在资源配置方面效率较高的特性缩短了委托代理链条，减少了股东的搭便车行为。同时利润最大化的公司目标的明确也增强了对管理者的激励和约束机制，从而抑制了管理者对股东利益的侵占，缓和了管理者和股东之间的利益冲突。此外，与国有企业相比，民营企业往往有更加完善的经理人市场和以利润为导向的监督者，因而其在监督方面存在着相对优势（Vining & Boardman，1992；Nellis，1994）。

然而由于民营企业一方面缺少政府对公司取得银行贷款资金的政策支持，另一方面也缺少政府对于公司投资的监督，因此股东和债权人之间的关系相对复杂。股东与债权人之间信息不对称程度较强，股东将风险转移至债权人身上的行为更为严重，而债权人在公司信息不对称的情况下也会提高对公司的贷款利率和贷款审核难度，进一步加大了股东与债权人的代理冲突。

（3）不存在预算软约束。与国有企业的预算软约束不同的是，民营企业自负盈亏，独立承担运营风险。它获得政府财政援助和补贴等优惠的可能性和力度都相对较低，出现亏损时也不太可能得到政府的大力解救（郝颖和刘星，2009）。

当然，行政干预力量也会对民营企业产生影响，甚至可能会引导它们通过非市场手段获取利润，从而不注重经营和经营风险，但是，这种影响会相对较小。我国民营企业自担经营风险，不存在各级政府作为其最后的"拯救者"挽救它们的可能，这就意味着民营企业的经营失败是由股东自己承担的。

3.5.3.3 地方国有企业制度特征

在我国从计划经济走向市场经济的过程中，在政府权力配置上，经历了从集权到分权的过程，地方政府在此过程中获得了财政自主权、经济管理权等权力。分权的结果是地方政府发展地方经济的积极性被调动起来，同时地方政府竞争资源的动机也随之产生（Cao et al.，1999；Poncet，2004）。正如吸引外资一样，从证券市场获得资源同样有利于发展地方经济，解决就业问题，改善当地形象，并最终给政府官员带来利益。

3.5.3.4　中央国有企业制度特征

对中央政府性质的终极控制人而言，其控制的主要是涉及国民经济命脉的企业，相对更注重资产保值和增值，并且由于在各级地方政府中，上下级政府之间同样存在着类似的委托代理关系，因此相对下级政府来说，上级政府更可能约束自身的行为，注意自身的形象，较注意自我约束与监控。

并且从外部监督来看，中央国有企业一般规模较大，且属于关系国计民生的重点行业，无论是企业本身还是其管理者都受到来自媒体和上层机构如审计署的审计，来自社会、媒体、中小投资者监督的大力监管。

3.6　企业异质性：企业集团

自 20 世纪 80 年代中期开始，在目睹"二战"后日本经济重新崛起以及韩国经济的快速起飞后，中国政府借鉴邻国的经验，开始推动企业集团的组建（李智，1994）。随着外资企业的进入，国有企业面临的竞争压力逐渐加大，通过构建企业集团，创造规模经济，可以保护国有企业免受竞争压力，提升企业业绩（Kesiter，1998）。国务院在 1986 年 3 月发布《关于进一步推动横向经济联合若干问题的规定》，明确提出："通过企业之间的横向经济联合，逐步形成新型的经济联合组织，发展一批企业群体或企业集团。"国务院在 1991 年出台了《关于选择一批大型企业集团进行试点的请示》（简称 71 号文）以及若干配套政策。这些政策的要点体现为：（1）选择一批试点企业，进行重点政策支持；（2）制定了一些配套政策，以支持试点企业集团的发展，这些配套政策包括计划单列、成立财务公司、享有自营产品进出口权、集团公司统一纳税等；（3）逐步增强对大型企业集团的金融支持，包括实行主办银行制度、扶持大型企业优先上市以在资本市场上募集资金等；（4）鼓励企业集团进行资产重组，试点企业集团可以享受有关并购方面的优惠政策等。

　　不仅中央政府致力于推动企业集团的形成，而且各地方政府也热衷于推动本地区企业集团的形成。各级政府通过政策倾斜、"拉郎配"等方式，推动企业集团的发展。地方政府推动企业集团发展的动机主要有两个（林云，1998）：一是增强本地区经济实力，强化企业区域垄断，通过行政手段撮合本地企业联合，以抵御外来优势企业的介入。二是维持因行政性分权而得到的权力。通过组建企业集团，地方政府可以弥补分权改革后地方政府的权力空白，增强对企业的控制力。此外，随着市场经济的发展，一些民营企业的实力也开始不断增强，通过并购或设立子公司的方式发展成为企业集团。

　　自 20 世纪 90 年代初中国证券市场成立以来，在相当长的一段时期内，集团功能一直定位于为国有企业改革提供服务。中国政府一方面希望证券市场能为国有企业提供资金支持，另一方面也希望通过投资者的力量加强对国有企业经理的监督，推动国有企业的规范化运营。为此，上市前首先要做的一项工作便是国企改制以及相伴随的资产重组。我国上市公司附属于企业集团普遍的原因有两点：一是证监会在进行上市资格审批时，明确指出要优先考虑 300 家国家重点企业和 56 家试点企业集团（李东平，2005）；二是国企改制上市的一种主要方式便是剥离上市，即先将非经营性资产或经营低效资产予以剥离，将经营高效资产投入上市公司，同时将那些尚未发展成熟的资产和非经营性资产留在母公司。

第二部分

增值税转型经济效应的实证分析

第4章　增值税转型的市场反应[*]

4.1　文献回顾

4.1.1　与税收相关的市场反应研究

继多利和詹姆斯（Dolley & James，1933）、鲍尔和布朗（Ball & Brown，1968）和法玛（Fama，1969）一系列具有里程碑意义的论文之后，事件的研究已逐渐成为确定"一个特定的证券或证券组合是否产生会围绕一个信息的发布而产生异常收益"的主要方法（Voeller & Müller，2011）。因此，会计、财务与经济领域出现了大量文献通过采用事件研究的方法来探讨重大事件对资本市场的影响，比如重大的监管政策的变化。

事件研究需要确定可能导致的投资者反应与该事件的窗口期。投资者反应通常是通过股价变化来衡量，有时也会用买卖价差和交易量的变化作为代理变量来衡量（Voeller & Müller，2011）。事件的窗口期则分为短窗口期与长窗口期。短窗口事件研究往往是考察短期间内披露的信息引起的市场反应。而长窗口事件研究则分析较长的时间内披露的信息与股票市场价格之间的关联。此外，在事件中可能会影响股价的信息，包括内部信息和外部信息。内部信息一般是指公司的具体决策（包括税务相关的决策）与公司经营结果的公布如盈利公告（Voeller & Müller，2011）。外部信息则是指立法改革和监管

---

　　* 倪婷婷、王跃堂：《投资者认可增值税改革吗？——基于全面增值税转型和"营改增"的经验证据》，载于《上海财经大学学报》2016年第6期。

环境的变化，如新会计准则和新税法的颁布。

现有文献提供的证据表明，投资者看重与税务有关的管理行动（Desai et al.，2009），同时也看重公司公布有关税收的信息（Desai et al.，2002；Cloyd et al.，2003；Seida & Wempe，2003；Hanlon & Slemrod，2009）。

对于外部或外生事件，各种研究集中在市场对不同行业监管变化的反应，如美国发布财务会计准则（SFAS）第 123 号、欧盟宣布采用国际财务报告准则（IFRS），以及 2002 年萨班斯—奥克斯利法案（Sarbanes-Oxley Act）的公布（Espahbodi et al.，2002；Li et al.，2008；Armstrong et al.，2010；Voeller & Müller，2011）。阿姆斯特朗等（Armstrong et al.，2010）研究了欧盟宣布采用国际会计准则的市场反应，他们发现那些会计信息质量较低的公司在消息公布的窗口期回报率更高。部分文献研究了与税收有关的市场反应的变化（Dhaliwal & Erickson，1998）。弗里施曼（Frischmann et al.，2008）考察了财务会计准则委员会第 48 号解释（FASB Interpretation No. 48，FIN48）出台前后的市场反应。他们提出，如果市场预期该解释的出台会使公司的税收成本上升，那么市场会有一个消极的反应，而如果市场预期该解释会提高企业的信息披露质量，那么市场会有一个积极的反应。实证结果表明 FIN48 发布期间市场没有太多反应，但在该政策下第一批按规定披露信息的公司则有正向的市场回报。

阿莫阿科‐阿杜等（Amoako-Adu et al.，1992）的研究发现，当 1985 年加拿大政府发布价值 50 万美元的资本收益终身豁免的规定时，股票价格没有随着股息支付的不同而存在差异。然而在 1987 年政府宣布将豁免金额下降至 10 万美元时，与低股息率的公司相比，高股息率公司的股价下降幅度更小。兰德斯曼和沙克尔福德（Landsman & Shackelford，1995）发现在 1989 年美国雷诺兹‐纳贝斯克（RJR-Nabisco）杠杆收购中，面临较多资本利得税的股东要价高于面临较少资本利得税的股东要价，这一发现符合锁定效应现象。达利瓦尔和埃里克森（Dhaliwal & Erickson，1998）研究了最高法院驳回下级法院有关某些无形资产折旧裁决的市场反应。

4.1.2　税制改革的市场反应研究

直接研究企业税收改革的市场反应文献较为有限。并且这部分研究大部分集中在美国市场（Whitworth & Rao，2010；Downs & Hendershott，1987；Cutler 1988；Givoly & Hayn，1991；Wu & Hsu，1996）。惠特沃斯和饶（Whitworth

& Rao，2010）系统研究了美国历次税制改革，发现在样本期间，除息价格行为与资本利得和股息如何被征税是系统相关的。在 1962 年以前，除息价格行为主要是受企业所得税率的影响较大，但在 1962 年后分红普遍减少，此时除息价格行为主要与个人所得税税率相关。朗和沙克尔福德（Lang & Shack-elford，2000）检验了 1997 年减税法案公布期间股票报酬率的变化，发现在五天的窗口期内未支付股息公司的股价增长幅度超过支付股息公司的股价增长幅度，并且在支付股息的公司中，股价增幅随着支付股息数的增加而逐步减少。唐斯和亨德肖特（Downs & Hendershott，1987）以美国 1984 年 11 月的财政部提案以及 1986 年税收改革法案为研究对象，发现 1984 年的财政部提案抬高股价 20% ~ 30%，1986 年税收改革法案抬高股价 10% ~ 12%。这两个增加企业税收负担的法案却会提高股票价格。作者认为这是因为此次加税是对新的资本，而非旧的资本，而股市在很大程度上是现有的资本存量价值预期回报的体现，并且它会因新投资的不利消息而获益。吉沃利和海恩（Givoly & Hayn，1991）以 1986 年税收改革法案（the Tax Refrom Act of 1986）公布期间异常市场回报为研究对象，发现市场对新税法的颁布和通过会立刻做出反应，并且股票的超额回报率和公司预期税负显著负相关。此外还发现投资者将递延所得税负债看作是企业真实的负债，并且根据时间以及实现的可能性对这部分负债进行折价估值。塞林格和萨默斯（Salinger & Summers，1981）研究了税收政策对道琼斯指数的影响，研究结果表明，一些潜在的税收改革能对资本市场有一定的影响，并且不同企业之间存在差异。根据估计可知，完整的指数化税收制度会提高道琼斯指数约 7.6 个百分点。公司之间差异的跨度也很大，低至 - 13% 高则达到 20%。

　　以上研究大多是针对美国市场的税制改革，然而有关新兴经济体税制改革的市场反应研究仍然相对匮乏。袁国栋等（Yuan Guodong et al.，2013）研究了 2007 年中国新企业所得税法颁布的市场反应。研究发现，整体而言，新的企业所得税法颁布期间有显著市场反应，并且税法改革公告的有关新闻可能已在正式公告前被提前泄露。子样本研究结果表明，市场对于该改革有较强的市场反应，但在消息公布第一天 A 股上市公司的超常回报 p 值并不显著。作者认为可能的原因是投资者并不认为新企业所得税法的通过会对 A 股上市公司有很大影响，或者投资者对这类公司股价的反应需要时间。此外，文章还研究了企业税务激进程度和股票价格的反应之间的关系，发现税收激进度较低的上市公司在新企业所得税法的公布期间有正向的市场反应，这表明投资者认为新企业所得税法的颁布对于税收激进度较低的上市公司有积极作用。王跃堂等（2009）也以我国 2007 年出台并于 2008 年开始实施的新企业所得税法为研究对象，研究发现市场能够识别税率变化对公司价值的影响。具体而言，市场对税率降低的公司给出了正面的反应；税率降低的公司存在明显的避税盈余管理行为，而税率提高公司这种行为的发生频率并不明显，这可能与过去的税收优惠政策存在过渡期有关；避税动因的盈余管理行为存在经济后果，市场对成功避税的公司给予了正面的反应。

4.2　理论分析与研究假设

4.2.1　增值税转型的市场反应

根据半有效市场理论可知，股票价格能够完全反映所有公开数据。因此，如果该事件具有信息含量，那么我们应该可以观测到未预期事件公告期间会伴随着股价异常波动。采用事件研究的方法重在考察事件对于股价的影响，通常被认为无偏。

增值税转型允许企业购进固定资产的进项税额可以抵扣，这降低了企业购进固定资产的成本，减少了重复征税，降低了企业的税负。这一变化可能会改变资本市场投资者的态度与决策。若投资者对此次增值税转型是支持态度，则在增值税转型公告期间市场应当有正向的反应；而若投资者对此次增值税转型持否定态度，则在增值税转型公告期间市场应当有负向的反应。我们认为由于增值税转型允许企业抵扣外购固定资产的进项税额，降低了上市公司的税负，对于投资者而言可能是利好消息。基于此，我们提出第一个假设。

假设 4-1：增值税转型公告期间市场会有正向的反应。

4.2.2　试点与转型地区的市场反应

由于 2009 年实施的增值税转型的主要受益地区为新转型地区，试点地区在 2009 年前已实行消费型增值税，即此次转型对转型地区的上市公司影响较大，而对那些已经进行试点的地区上市公司影响较小。若资本市场能够区分这一差异，那么市场对不同地区上市公司的反应可能存在差异。基于此，我们提出第二个假设。

假设 4 - 2：增值税转型公告期间，转型地区上市公司的累计超常收益率（CAR）高于试点地区上市公司的累计超常收益率（CAR）。

4.2.3　不同产权性质企业的市场反应

由于国有企业承担着诸如扩大就业等政策性目标，并且国有企业管理层薪酬契约的激励不足，这会导致国企的规模越大、扩张速度越快，其管理者得到升迁的机会也会越多，因此管理者可能会不顾企业效益盲目扩张。此外，预算软约束的存在使得国有企业承担过度投资后果的可能性降低。

尽管民营企业中控股股东与中小股东的利益冲突，会导致控股股东做出侵占中小股东利益的行为，过度投资是其中一个重要方式（Bae & Goyal，2010；Pindado et al.，2011）。但一般认为民营企业的过度投资倾向仍小于国有企业。一个主要的原因是：与国有企业的预算软约束不同的是，民营企业自负盈亏，独立承担运营风险。它获得政府财政援助和补贴等优惠的可能性和力度都相对比较小，因而民营企业控股股东攫取控制权私利的风险和成本相对较高，在从事侵占中小股东利益的行为时，会更多地考虑这种"隧道效应"行为的风险和成本。也就是说，家族控股股东为了实现过度投资等利益侵占行为的"可持续性"（刘少波，2007），在谋取私利时相对更注重兼顾公司经营的稳健性，不太可能以严重透支公司长期价值为代价来进行无节制的过度投资（Antia et al.，2010）。

因此，在增值税转型政策公布期间，当投资者意识到这一政策会加剧国有上市公司的过度投资行为，并且过度投资会损害企业价值后，民营上市公司的累计超常收益率（CAR）可能会显著高于国有上市公司的累计超常收益率（CAR）。基于此，我们提出第三个假设。

假设 4 - 3：增值税转型公告期间，民营上市公司的累计超常收益率（CAR）高于国有上市公司的累计超常收益率（CAR）。

4.2.4　不同国企层级企业的市场反应

一般认为，在分税制改革后地方政府普遍面临财政收支的压力，并且在以GDP、税收、就业和社会稳定等指标为主的政绩考评体系下，各地政府都把扩大投资作为经济发展的主要方式，尽可能要求地方企业加大投资，以提高本地地区生产总值和财政收入。因此地方国企普遍存在过度投资的倾向。尽管中央国企虽然也存在过度投资的冲动，但是由于地方政府比中央政府可控制的经济资源要少，且对地方国有上市公司的依赖程度也更高，再加上中央国有上市公司受到更为严格的监督，更可能约束自身行为，因此相较于中央国有上市公司，地方国有上市公司表现出更强的过度投资倾向（安灵等，2008）。所以在增值税转型政策公布期间，当投资者意识到这一政策会加剧地方国有上市公司的过度投资行为后，中央国有上市公司的累计超常收益率（CAR）可能会显著高于地方国有上市公司的累计超常收益率（CAR）。基于此，我们提出第四个假设。

假设 4 - 4：增值税转型公告期间，中央国有上市公司的累计超常收益率（CAR）高于地方国有上市公司的累计超常收益率（CAR）。

4.3　模型与变量定义

4.3.1　样本选择和数据来源

本章以 2008 ~ 2009 年沪深 A 股上市公司为初选样本，检验 2008 年 11 月 10 日[①]条例颁布期的市场反应。然后根据以下程序筛选样本：（1）剔除金融行业上市公司。（2）剔除 2008 年及以后年度上市的样本公司。（3）剔除了最终控制人为高校及控制人类型无法判断的上市公司。（4）剔除了事件日前后有重大事项的上市公司。我们通过巨潮资讯网，采用手工收集的方式，查询增值税转型公告日（2008 年 11 月 10 日）前后 20 天上市公司是否存在重大事项。剔除了在公告日前后存在停牌、业绩预告[②]、重大诉讼和提供担保等重大事项的样

---

① 之所以选择这个时间点为事件日是因为，2008 年 11 月 10 日国务院常务会议中，决定在全国范围实施增值税转型改革，审议并原则通过《中华人民共和国增值税暂行条例（修订草案）》《中华人民共和国消费税暂行条例（修订草案）》和《中华人民共和国营业税暂行条例（修订草案）》。

② 以业绩预告为例，深交所和上交所在《上市规则》的"第三节业绩预告、业绩快报和盈利预测"中都规定：上市公司预计年度经营业绩将出现下列情形之一的，应当在会计年度结束后一个月内进行业绩预告，预计中期和第三季度业绩将出现下列情形之一的，可以进行业绩预告：（一）净利润为负值；（二）净利润与上年同期相比上升或者下降50%以上；（三）实现扭亏为盈。以汇通集团（000415）为例，该公司曾于 2008 年 10 月 21 日、10 月 28 日以及 11 月 5 日分别发布《董事会关于股票继续停牌暨重大事项进展公告》。若保留这些事件日前后有重大事项的样本，会使研究结论产生一定偏误。

本公司。(5) 剔除了资本市场信息泄露样本。借鉴李胜和王艳艳 (2010) 一文中的处理方法,剔除了增值税转型公告日前 30 天累计超常收益大于或小于正负三倍标准差的观测值。最后得到 1023 个观测值。本章所使用的数据包括股票市场日交易数据和企业特征数据。其中企业特征数据包括财务数据、控股股东数据以及公司治理数据。本章财务数据和股票市场交易数据来自国泰安 CSMAR 数据库,控股股东数据与公司治理数据来自 CCER 数据库。

4.3.2 事件研究法

本章采用事件研究法 (event study) 来考察决定颁布期间的短期市场反应,具体而言:(1) 事件窗口的选择。国内关于事件窗口的选择普遍较短,大致选择从宣告日前 10 天至宣告日后 10 天 (王化成等,2010)。因此我们以 2008 年 11 月 10 日作为事件日,选取 (−10,+10) 时间窗口作为研究期间。(2) 估计窗口的选择。一般而言,现有文献在以日报酬率建立估计模型时,估计期间通常选择 100 天至 300 天。伊肯贝里等 (Ikenberry et al.,1995) 选定 (−250,−21) 作为估计期,窗口期为 (−20,+10),考虑到国内深沪两市的年平均实际交易天数,本章将借鉴沈艺峰等 (2011) 将 (−251,−11) 共 241 天选定为估计期,窗口期为 (−10,10)。(3) 正常收益率估计模型的选择。布伦纳 (Brenner,1979) 认为,最简单的市场模型与其他复杂的模型一样好,因而我们选取市场模型作为股票正常收益率的预测模型。其中,日个股收益率是考虑了现金分红、送股、配股等因素后的收益率。(4) 据上述标准,我们计算了每个样本公司的日超常收益率 (AR) 和累计超常收益率 (CAR),计算过程如下所示。

采用市场调整法计算股票每日的超常收益率 (abnormal return,AR):

$$AR_{it} - R_{it} - R_{mt}(t = R - 10, R + 10 \text{ 或 } t = R - 5, R + 5) \quad (4-1)$$

其中,AR_{it} 为第 i 只股票 t 日的非正常收益率,R_{it} 为第 i 只股票 t 日的实际收益率,R_{mt} 为 t 日的市场收益率。样本股票每天的平均超常收益 (AAR) 为 (N 表示样本数量):

$$AAR_i = \frac{1}{N} \sum_{i=1}^{N} AR_{it} \quad (4-2)$$

CAR_{it} 表示股票 i 在事件窗口 $[t_1, t_2]$ 内的累积超常收益率,其计算公式为:

$$CAR_{it} = \sum_{j=t_1}^{t_2} AR_{ij} \qquad\qquad (4-3)$$

事件窗口中计算的超常收益率（AR）和累积超常收益率（CAR）被用于衡量增值税转型对我国股票价格的影响。对假设 4-1 的检验主要采用单变量统计检验分析。检验 CAR 是否显著异于零。具体地，利用全样本进行 t 检验，若显著异于零，则表示增值税转型这一政策具有一定的信息含量，引起了股票价格的显著变化。

4.3.3 研究模型及变量定义

对假设 4-2、假设 4-3 与假设 4-4 的检验，我们主要采用多元回归分析的方法。

为检验研究假设 4-2，我们构建了如下多元回归模型，即式（4-4）：

$$CAR = \alpha + \beta_1 Reform + \beta_2 Size + \beta_3 Leverage + \beta_4 Listage + \beta_5 Capital$$
$$+ \beta_6 Fcf + \beta_7 Ebitda + \beta_8 Exp + \sum Indu + \sum Year + \varepsilon \qquad (4-4)$$

模型中变量的含义如下：

因变量 CAR 用来衡量资本市场对于增值税转型这一信息的市场反应。在本章的回归分析中，我们主要选择（-10，10）窗口内的 CAR 作为因变量。为谨慎起见，我们在后面稳健性检验部分，用（-5，5）时间窗口的 CAR 作为因变量以验证本章的假设。

变量 Reform 为关键变量，若样本于 2009 年才开始增值税转型，2009 年前未进行增值税转型试点的地区（简称转型地区，下同），Reform 取值为 1，与其对应的 2009 年以前进行增值税转型试点的地区如东北地区和中部地区等地（简称试点地区，下同）的样本，Reform 取值为 0。

我们参考国内外研究政策法规颁布的市场反应的文献来选择控制变量。根据艾尔斯等（Ayers et al.，2002）和塞缪尔等（Samuel et al.，1996）的相关研究可知，公司规模、资产负债率、自由现金流量、经营现金流量以及行业都是影响资本市场股票变动的重要因素，我们一一予以控制。公司规模（Size）为企业总资产的自然对数，企业规模越大，受关注越多，其股价波动可能会越大，累积超常收益率（CAR）越大，因此我们预期其符号为正。资产负债率（Leverage）是总负债与总资产的比值，它衡量企业杠杆率。

此外，我们还控制了上市年限（Listage）、固定资产拥有量（Capital）、自由现金流量（Fcf）、经营现金流量（Ebitda）以及管理费用率（Exp）等因素的影响。Listage 为样本年与公司上市年份的差额。Capital 为固定资产占总资产的比例。借鉴程仲鸣等（2009）的研究，自由现金流量（Fcf）的计算公式为：Fcf = 息税前利润 + 折旧 - 资本性支出总额。企业经营现金流量（Ebitda）的计算公式为：Ebitda =（本年度税后利润 + 利息费用 + 折旧费 + 摊销费）/期初总资产。我们考察的是企业特征对 CAR 的影响，因此在模型中变量都采用滞后一期进行回归。此外，我们对行业及年份的效应进行了相应的控制。

为了检验研究假设 4 - 3，我们构建了如下多元回归模型，即式（4 - 5）：

$$CAR = \alpha + \beta_1 State + \beta_2 Size + \beta_3 Leverage + \beta_4 Listage + \beta_5 Capital + \beta_6 Fcf$$
$$+ \beta_7 Ebitda + \beta_8 Exp + \sum Indu + \sum Year + \varepsilon \qquad (4 - 5)$$

与式（4 - 4）不同的是，式（4 - 5）中重点观测变量为产权性质变量（State）。当样本公司为国有企业时，State 为 1，否则为 0。根据假设 4 - 3 可知，若资本市场在得知增值税转型这一信息时会区分产权性质，那么国有上市公司和民营上市公司股价受该政策的影响会存在差异。在此次增值税转型中，允许企业外购固定资产的进项税额从销项税额中扣除，这间接地降低了外购固定资产的成本，可能会刺激企业投资。由于与民营企业相比，国有企业有明显的过度投资倾向，而过度投资会损害企业价值，因此我们预期民营企业累积超常收益率（CAR）会高于国有企业。换言之，若假设 4 - 3 成立，则变量 State 系数为负。其他控制变量与式（4 - 4）相同，不再赘述。

为了检验研究假设 4 - 4，我们构建了如下多元回归模型，即式（4 - 6）：

$$CAR = \alpha + \beta_1 Central + \beta_2 Size + \beta_3 Leverage + \beta_4 Listage + \beta_5 Capital$$
$$+ \beta_6 Fcf + \beta_7 Ebitda + \beta_8 Exp + \sum Indu + \sum Year + \varepsilon \qquad (4 - 6)$$

与式（4 - 5）不同的是，式（4 - 6）中重点观测变量为国企层级变量（Central）。当样本公司为中央国有上市公司时，Central 为 1，否则为 0。根据假设 4 - 4 可知，若资本市场在得知增值税转型这一信息时会区分国企层级，那么中央政府控制的上市公司与地方政府控制的上市公司的股价受该政策的影响会存在差异。在此次增值税转型中，允许企业外购固定资产的进项税额从销项税额中扣除，这间接地降低了外购固定资产的成本，可能会刺激企业投资。由于与中央国企相比，地方国企有明显的过度投资倾向，而过度投资会损害企业价值，因此我们预期中央国有上市公司的累积超常收益率（CAR）会高于地方国有上市公司。换言之，若假设 4 - 4 成立，则变量 Central 系数为正，否则为负。其他控制变量与式（4 - 4）相同，不再赘述。具体变量定义与衡量方式见表 4 - 1。

表 4 - 1　　　　　　　　　　　　相关变量定义

分组	变量名称	变量符号	定义
因变量	累积超常收益率	CAR	采用市场调整模型计算得到
观测变量	政策年	Reform	如果样本于 2009 年首次进行增值税转型，Reform 取 1，否则为 0
	产权性质的虚拟变量	State	如果是国有企业，State 为 1，否则为 0
	国企层级的虚拟变量	Central	如果是中央国企，Central 为 1，否则为 0
控制变量	公司规模	Size	期末总资产的对数
	资产负债率	Leverage	=总负债/总资产
	上市年限	Listage	=样本年 - 上市年
	固定资产拥有量	Capital	=固定资产/总资产
	自由现金流量	Fcf	=息税前利润 + 折旧 - 资本性支出总额
	经营现金流量	Ebitda	=（本年度税后利润 + 利息费用 + 折旧费 + 摊销费）/期初总资产
	管理费用率	Exp	=管理费用/总资产
	行业	Indu	采用 2001 年 4 月中国证监会颁布的《上市公司行业分类指引》，将所有上市公司分为 13 个行业（本章中剔除了金融类上市公司）
	年份	Year	2009 年以外的年度控制变量

4.4　实证分析

4.4.1　描述性统计

4.4.1.1　主要变量描述性统计

从表 4 - 2 中可以看出，转型地区的虚拟变量 Reform 均值为 0.644，表明在我们的样本中转型地区的样本超过半数以上。同样，产权性质（State）均值为 0.679，说明在研究样本中国有上市公司样本占多数，这与我们资本市场中国有上市公司数量占绝对优势的特征一致。而国企层级变量（Central）的均值却很低，为 0.305，表明国有上市公司样本中地方政府控制的上市公司占比很高。由于公司规模（Size）采用对公司期末总资产的对数来衡量，消除了量纲的影响，因此标准差较小（1.160）。样本公司的资产负债率（Leverage）的跨度较大，最小值为 0.074，最大值为 1.773。此外其均值为 0.528，说明样本公司的杠杆率普遍较高。

表 4-2　　　　　　　　　　主要变量的描述性统计

变量	样本量	均值	下四分位数	中位数	标准差	上四分位数	最小值	最大值
Reform	1023	0.644	0.000	1.000	0.479	1.000	0.000	1.000
State	1023	0.679	0.000	1.000	0.467	1.000	0.000	1.000
Central	695	0.305	0.000	1.000	0.461	1.000	0.000	1.000
Size	1023	21.543	20.750	21.504	1.160	22.275	19.046	24.346
Leverage	1023	0.528	0.375	0.516	0.252	0.662	0.074	1.773
Listage	1023	10.532	9.000	11.000	3.083	12.000	2.000	19.000
Capital	1023	0.278	0.139	0.253	0.180	0.396	0.004	0.724
Fcf	1023	0.468	0.239	0.812	7.995	1.644	-65.159	16.710
Ebitda	1023	1.231	0.054	0.578	2.259	1.286	-0.000	14.704
Exp	1023	0.031	0.012	0.024	0.025	0.041	0.002	0.133

4.4.1.2　单变量分析

我们首先考察增值税转型对股票市场产生的影响。表 4-3 显示了事件小窗口（公告前 5 日到公告发布日后 5 日）[1] 每日的平均非正常收益率（AAR）。从总体样本来看，增值税转型通知发布当日（R）的平均非正常收益率（AAR）显著为正，达到了 0.31%（$p < 0.01$）。分样本来看，在通知发布当日（R），转型地区与试点地区的平均非正常收益率较为接近，都是显著为正。换言之，在通知发布当日，市场对这一消息给予了正面的反应，所有

---

[1]　在本章回归检验中，我们借鉴前人的研究选择（-10，10）窗口期的 CAR 值为因变量。在描述性统计部分，限于篇幅，我们仅报告小窗口（-5，5）的 AAR。

地区上市公司的非正常收益率都为正，市场对转型地区上市公司与试点地区上市公司的反应并不存在差异。

表 4 – 3   AR 单变量分析

时间	AAR	T 值
R – 5	– 0. 0015	– 1. 463
R – 4	– 0. 0008	– 0. 656
R – 3	– 0. 0104	– 12. 574 ***
R – 2	0. 0003	0. 268
R – 1	– 0. 0024	– 2. 530 **
R	0. 0031	4. 420 ***
R + 1	– 0. 0007	– 0. 548
R + 2	– 0. 0025	– 2. 570 **
R + 3	0. 0002	0. 220
R + 4	0. 0141	13. 763 ***
R + 5	0. 0122	9. 549 ***

注：* 、 ** 、 *** 分别表示在 0. 1、 0. 05 和 0. 01 水平上显著。

为检验假设 4 – 1，我们通过对窗口期累计超常收益率（CAR）进行 T 检验，以考察资本市场对增值税转型这一政策的态度。表 4 – 4 的 Panel A 给出了全样本市场反应的结果。不难发现，（ – 10，10）和（ – 5，5）窗口期的累计超常收益率（CAR）都为正，且均在 1% 水平上统计显著，市场对增值税转型的反应主要集中在（ – 10， + 10）窗口期，公告当天市场反应最为强烈（AR = 0. 31%）。全样本市场反应的检验结果表明，市场对增值税转型政策持肯定态度。

表 4 – 4   CAR 单变量检验

	N	CAR （ – 10, 10）	CAR （ – 5, 5）
Panel A：全样本市场反应			
全样本	1023	2. 700%	1. 078%
T 值		7. 856 ***	3. 855 ***
Panel B：分地区样本的市场反应			
转型地区	659	3. 253%	1. 435%
试点地区	364	1. 697%	0. 433%
转型地区 – 试点地区		1. 556% **	1. 002% *

注：* 、 ** 、 *** 分别表示在 0. 1、 0. 05 和 0. 01 水平上显著。

Panel B 检验了分地区样本的市场反应。在全样本中，有 364 个样本已于 2009 年前提前进行了增值税转型试点，简称试点地区样本。在窗口期（－10，10），试点地区样本的累计超常收益率为 1.697%。与之对应的是，自 2009 年才开始增值税转型的地区，简称转型地区，其样本数为 659。在同样的窗口期，转型地区样本的累计超常收益率为 3.253%，比试点地区高1.556%，且该差异在 5% 水平上显著。这表明资本市场能够区分增值税转型政策的受益地区，即认为转型对转型地区的上市公司影响较大，而对那些已经进行试点的地区上市公司则影响较小。在窗口期（－5，5），转型地区的上市公司的累计超常收益率也高于试点地区上市公司，差异为 1.002%，且在 10% 水平上显著。分样本的市场反应检验结果支持了本章的假设 4 - 2。

4.4.2 相关性分析

表 4 - 5 是主要变量的相关性分析结果。从结果可以看出，主要变量间的相关系数均在 0.4 以内，表明各主要解释变量之间不存在严重的多重共线性。

表 4 - 5   主要变量相关系数结果

变量	CAR	Reform	Size	Leverage	Listage	Capital	Fcf	Ebitda	Exp
CAR	1								
Reform	0.068	1							
Size	0.013	0.057	1						
Leverage	0.005	－ 0.040	0.088 *	1					
Listage	0.066	－ 0.014	0.038	0.160 *	1				
Capital	－ 0.047	－ 0.168 *	0.121 *	0.054	－ 0.108 *	1			
Fcf	－ 0.059	－ 0.113 *	－ 0.025	0.001	－ 0.048	0.018	1		
Ebitda	－ 0.043	－ 0.118 *	0.003	－ 0.013	0.021	－ 0.002	0.325 *	1	
Exp	0.036	－ 0.026	－ 0.290 *	0.012	－ 0.015	0.028	0.031	－ 0.015	1

注：＊表示在 0.1 水平上显著。

4.4.3 回归检验

4.4.3.1 增值税转型的市场反应——基于转型地区的分析

从单变量的检验结果可以发现，转型地区上市公司的累计超常收益率

（CAR）显著高于试点地区上市公司。这表明资本市场能够区分增值税转型政策的主要受益地区，即转型对转型地区的上市公司影响较大，而对那些已经进行试点的地区上市公司则影响较小。单变量的检验结果支持了假设4-2。然而由于单变量检验没有控制其他因素的影响，为了使结果更加准确、可靠，在这一部分，我们将在控制可能的影响因素后对本章假设4-2进行检验，多元回归结果见表4-6。

表4-6　　　　　　　增值税转型的市场反应：转型地区 VS. 试点地区

变量名称	预测符号	系数	T 值
Intercept	？	0.017	0.244
Reform	？	0.020	2.709 ***
Size	+	0.000	0.010
Leverage	+	-0.003	-0.223
Listage	-	0.002	2.095 **
Capital	+	-0.030	-1.420
Fcf	？	-0.000	-0.831
Ebitda	？	-0.001	-0.645
Exp	？	0.171	1.173
控制行业		控制	控制
控制年份		控制	控制
样本量		1023	
Adj-R^2		0.052	
F 值		70.35	

注：** 、*** 分别表示在0.05、0.01 水平上显著。

检验结果显示，转型地区变量（Reform）在1%水平上正向显著，说明在控制其他因素的影响的基础上，增值税转型后转型地区上市公司的累计超常收益率（CAR）高于试点地区上市公司。资产负债率（Leverage）的系数为负但不显著；上市年限（Listage）系数显著为正，说明上市年限越长，累计超常收益率（CAR）越高。

4.4.3.2　增值税转型的市场反应——基于产权性质的分析

表4-7是对本章假设4-3和假设4-4检验的结果。从假设4-3的回归结果可以看出，产权性质（State）的系数为负向不显著。表明国有上市公

司累计超常收益率（CAR）与民营上市公司累计超常收益率（CAR）没有显著差异。这说明在增值税转型政策公布期间，市场没有对民营企业有所偏好，因此假设4-3没有得到验证。可能的原因是尽管国有企业的过度投资倾向强于民营企业，这有损公司价值，但民营企业控股股东攫取控制权私利与掏空行为也同样会减少公司价值。因此不同产权性质企业的市场反应没有显著差异。

表4-7　　　　增值税转型的市场反应：产权性质 & 国企层级

变量名称	预测符号	假设3		假设4	
		系数	T值	系数	T值
Intercept	?	0.159	1.711 *	0.0707	0.594
State	?	-0.010	-1.031		
Central				0.069	5.593 ***
Size	?	-0.000	-0.017	-0.002	-0.314
Leverage	+	-0.011	-0.746	-0.017	-0.778
Listage	+	0.001	1.089	-0.001	-0.305
Capital	+	-0.052	-1.925 *	-0.037	-1.240
Fcf		-0.000	-0.865	-0.000	-0.450
Ebitda	+	-0.000	-0.077	-0.001	-0.358
Exp	?	0.317	1.804 *	0.525	2.428 **
控制行业		控制		控制	
控制年份		控制		控制	
样本量		659		427	
Adj-R²		0.062		0.158	
F值		34.64		23.66	

注：*、**、*** 分别表示在0.1、0.05和0.01水平上显著。在对假设4-3和假设4-4的检验中，我们删除了试点地区样本，只针对转型地区样本进行分析。

从假设4-4的回归结果可以发现，国企层级变量（Central）系数为正，且在1%水平上显著，表明在控制其他因素的影响后，增值税转型后中央政府控制的上市公司累计超常收益率（CAR）高于地方政府控制的上市公司。在以GDP、税收、就业和社会稳定等指标为主的政绩考评体系下，经济增长水平很大程度上决定了地方官员的升迁与否。各地政府都把扩大投资作为经济发展的主要方式，尽可能要求地方企业加大投资，以提高本地地区生产总值和财政收入。因此地方国企普遍存在过度投资的倾向。尽管中央国企也存在过度投资的冲动，但是由于地方政府比中央政府可控制的经济资源要少，且对地方国有上市公司的依赖程度也更高，再加上中央国有上市公司受到更为严格的监督，更可能约束自身行为，因此相对于中央国有上市公司，地方国有上市公司表现出更强的过度投资倾向（安灵等，2008）。所以在增值税转型政策公布期间，当投资者意识到这一政策会加剧地方国有上市公司的过度投资行为后，中央国有上市公司的累计超常收益率（CAR）会显著高于地方国有上市公司，检验结果支持了假设4-4。

4.5　进一步研究与稳健性检验

4.5.1　进一步研究

在前面的研究中，我们讨论了所有行业领域上市公司在增值税转型政策颁布期间的市场反应。然而由于本章的研究对象是增值税转型的政策影响，因此以增值税为主的企业与以营业税为主的企业受到的影响程度会有所不同。

根据2009年1月1日起实施的《中华人民共和国营业税暂行条例》相关规定可知，营业税应税劳务是指属于交通运输业、建筑业、金融保险业、邮电通信业、文化体育业、娱乐业、服务业税目征收范围的劳务。因此我们根据证监会颁布的《上市公司行业分类指引》将被划分为"交通运输、仓储业""建筑业""金融、保险业""信息技术业""传播与文化产业""社会服务业"的行业的企业，定义为以营业税为主的企业，其他行业中的企业则定义为以增值税为主的企业。

若上市公司以缴纳营业税为主，其对固定资产的需求量很少，那么由生产型增值税变为消费型增值税的转型对公司的影响就很小。相反，以增值税为主的上市公司则受转型的影响较大。此外，在以增值税为主的企业中，不同资本有机构成程度的企业受增值税的影响也可能存在差异。

表4-8检验了分行业样本的市场反应。在窗口期（-10，10）营业税行业样本的累计超常收益率（CAR）为-0.70%，比增值税行业样本低4.728%，且差异在1%水平上显著。这表明资本市场能够区分增值税转型政策对增值

税行业的上市公司影响较大，而对那些营业税行业上市公司则影响较小。在窗口期（-5，5），增值税行业上市公司的累计超常收益率（CAR）也高于营业税行业上市公司。因此，研究结果表明资本市场能够区分增值税转型政策主要的受惠行业。

表 4 - 8   进一步研究：分行业样本的 CAR 值

行业	N	CAR（-10，10）	CAR（-5，5）
增值税行业	551	4.028%	1.772%
营业税行业	108	-0.700%	-0.288%
差异（增值税行业-营业税行业）		4.728%***	2.060%**

注：**、*** 分别表示在 0.05 和 0.01 水平上显著。

4.5.2 稳健性检验

本章以（-10，10）窗口期的累计超常收益率（CAR）为因变量，考察转型地区、产权性质以及国企层级是否影响上市公司的短期市场反应。在稳健性检验部分，我们将以（-5，5）窗口期的累计超常收益率（CAR）为因变量，检验本章的假设 4-2、假设 4-3 与假设 4-4。检验结果见表 4-9。

表 4 - 9   稳健性检验

变量名称	预测符号	转型地区		产权性质		国企层级	
		系数	T 值	系数	T 值	系数	T 值
Intercept	?	0.128	2.062**	0.146	1.865*	0.200	1.915*
Reform		0.017	2.926***				
State	?			-0.012	-1.402		
Central	?					0.048	4.558***
Size	+	-0.006	-2.127**	-0.008	-2.180**	-0.009	-1.911*
Leverage	+	0.041	3.772***	0.046	3.384***	0.030	1.409
Listage	+	-0.001	-1.240	-0.001	-0.536	-0.002	-1.172
Capital	-	-0.017	-0.985	-0.043	-1.855*	-0.053	-1.925*
Fcf	+	-0.000	-0.035	-0.000	-0.396	-0.000	-0.747
Ebitda	?	0.001	0.507	0.002	1.264	0.001	0.536
Exp	?	0.087	0.710	0.309	2.136**	0.349	1.831*

续表

变量 名称	预测 符号	转型地区		产权性质		国企层级	
		系数	T 值	系数	T 值	系数	T 值
控制行业		控制		控制		控制	
控制年份		控制		控制		控制	
样本量		1023		659		427	
Adj-R^2		0.036		0.057		0.116	
F 值		4.388		4.448		3.964	

注：*、**、***分别表示在 0.1、0.05 和 0.01 水平上显著。

从表 4-9 中可以看出，转型地区变量（Reform）的系数为正，且在 1% 水平上显著，说明在控制其他因素的影响后，增值税转型后转型地区上市公司的累计超常收益率（CAR）高于试点地区上市公司，支持了假设 4-2。产权性质（State）系数为负但在统计上不显著，表明国有上市公司累计超常收益率（CAR）与民营上市公司的累计超常收益率（CAR）没有显著差异，假设 4-3 没有得到验证。国企层级变量（Central）系数为正，且在 1% 水平上显著，表明在控制其他因素的影响后，增值税转型后中央政府控制的上市公司的累计超常收益率（CAR）高于地方政府控制的上市公司，支持了假设 4-4。因此，从稳健性结果来看，研究结论与前面一致，因此我们认为本章的结论是较为稳健的。

4.6　本章小结

2009 年在全国推广施行的增值税转型为研究税收改革的市场反应，及市场对于不同产权特征的上市公司反应的差异提供了一个研究契机。本章我们选择 2008～2009 年在沪深两市上市的所有 A 股公司为样本，考察 2008 年 11 月 10 日决定颁布期间上市公司的短期市场反应及不同产权特征上市公司短期市场反应的差异。研究结果如下。

（1）就全样本而言，窗口期（-10，10）和（-5，5）的累计超常收益率（CAR）均为正，表明资本市场对于增值税转型政策的颁布持积极态度。

（2）考虑试点与转型地区的差异，我们发现转型地区上市公司的累计超常收益率（CAR）显著高于试点地区上市公司。

（3）考虑产权性质，我们没有发现，国有上市公司与民营上市公司的累计超常收益率（CAR）之间存在显著差异。

（4）考虑国有企业的层级后发现，中央国有上市公司的累计超常收益率（CAR）显著高于地方国有上市公司。

（5）进一步地，分行业来看，增值税行业上市公司的累计超常收益率（CAR）显著高于营业税行业上市公司。

本章具有重要的理论意义。现有增值税改革研究往往侧重于分析改革对宏观经济和微观企业行为的影响，却忽视了增值税改革对资本市场的影响。并且从税收改革市场反应的现有文献来看，既有国内外文献主要集中于分析所得税改革的市场反应，很少有文献研究增值税改革的市场反应。本章系统地研究增值税转型的市场反应，既丰富了增值税转型相关学术文献，也为税收改革市场反应研究提供了新的经验证据。

在实践方面，本章发现资本市场对于增值税转型政策的颁布持积极态度。并且2009年全国推广增值税转型前，已有部分地区进行了增值税转型试点，市场能够区分政策颁布主要的受惠地区，表明中国的资本市场是较为有效的。

第5章　增值税转型、产权特征
与企业投资规模*

5.1　文献回顾

5.1.1　增值税转型与企业投资

5.1.1.1　税制改革对企业投资行为的影响

公司税对投资的影响是公共财政发展的重要问题。它的重要性不仅体现在税收政策的评估与设计上，而且对探讨经济发展有重要意义（Barro，1991；DeLong & Summers，1991；Baumol et al.，2007）。

研究税收与投资之间关系的典型方法是基于新古典投资理论产生的。对这一理论的早期应用是在资本使用者成本的推导中，将投资的成本看作是债务和股权所要求的回报与经调整的公司税的函数（Hall & Jorgenson，1967）。在这个模型中，企业所得税会增加投资成本，而折旧和投资税收抵免则会减少投资成本。霍尔和约根森（Hall & Jorgenson，1967）研究了战后税收政策的变化对投资行为的影响。研究发现税收政策在改变投资支出水平以及时间点方面十分有效；同样，税收政策对于投资构成也有很大影响。1962年税收法案中允许对机器设备投资进行税收抵免以及加速折旧的规定，使得实务界迅速增加了机器设备投资。霍尔和约根森（1967）的新古典理论的贡献在于

　　* 倪婷婷、李连军：《增值税转型、产权特征与企业投资》，载于《财经理论与实践》2017年第6期。

分析了究竟税收是如何影响资本成本的。自霍尔和约根森（1967）的论文发表以来，学术界出现了大量研究税收政策对投资行为影响的文献。这类文献的研究侧重点在不断变化。最初的研究集中在分析税收可能会通过改变资本使用者的成本来影响投资的行为结构与强度（Hall & Jorgenson，1971；Eisner & Nadiri，1968；Bischoff，1971；Clark，1979）。

而后很多文献基于托宾 Q 理论来分析新古典投资理论（Tobin，1969）。托宾 Q 理论认为，只要对股东而言边际投资的价值超过其成本，或者当投资价值与投资成本的比率，即边际 Q 大于 1 时，那么公司应当进行相关投资。托宾 Q 理论经常被纳入投资与税收优惠关系的研究框架（Hall & Jorgensen，1967；Summers，1981）。如塞林格和萨默斯（Salinger & Summers，1981）以该理论为基础从微观角度考察了公司税制改革对个体企业投资行为的影响。研究发现税制改革无论是在短期还是在长期，都会对资本市场估值与投资决策产生影响，而重置成本则很大程度上决定了不同公司受影响的差异。

在实证研究方面，很多学者采用宏观汇总数据、税率或税制的时间序列变动数据来研究税收对投资的影响。采用这类研究方式的文献很少能发现税收对投资的影响。因此，海恩斯（Hines，1998）指出税收优惠政策无法刺激总投资支出，这是有关投资的实证文献的主要难题之一。哈塞特和哈伯德（Hassett & Hubbard，2002）针对这一现象指出，时间序列数据往往很难隔离个体基本面对投资的影响。采用时间序列分析面临的问题之一是，税率变动很可能是内生性的，并且采用这种研究方法很难控制同期非税收因素对投资的影响效果。

基于此，学者们开始改变研究方法转而采用微观横截面数据以检验税收对公司投资的激励作用。尽管从这些微观层面的研究中难以得到宏观经济推论，但近期的实证研究似乎已经达成了共识，即认为投资相对于税收调整后资本使用者成本的弹性范围在 $-0.25 \sim -1$ 之间（Hassett & Hubbard，2002；Hassett & Newmark，2008）。

斯莱姆罗斯（Slemrod，1992b）归纳了税收对投资影响的实证研究框架，大致可以分为三类：（1）为顺应税收优惠而选择的经济交易的时间；（2）财务重新包装和会计变更；（3）企业和个人的决定。在微观层面的证据表明，税制能够增加目标类型资产的投资。然而，这种增加可能是以减少其他类型资产的投资与减少后期目标资产投资量为代价的，并不是真正的购买差异。

有关横截面分析的实证研究入手点之一是 2001 年 9 月 11 日红利折旧的

规定对投资的税收刺激作用。该规定允许在指定时间内企业高达一半的资产成本可以即时扣除。尽管这个规定看起来很有诱惑力，然而很少有证据表明"后911时代"的红利折旧准备刺激了投资总额（Desai & Goolsbee，2004）。然而豪斯和夏皮罗（House & Shapiro，2008）则指出，红利折旧准备对不同类型公司的投资税后成本的影响是不同的。他们采用资产数据进行研究后发现，那些受红利折旧规定影响最大的公司，是资产使用寿命最长以致加速折旧规定对其影响最大的公司。这类公司在政策支持下确实增加了企业投资。还有很多相关文献发现公司所得税与企业投资之间是负向关系（Auerbach et al.，1983；Auerbach & Hassett，1992；Devereux et al.，2002；Auerbach，2002；Hines，2007）。

也有文献采用国别数据研究税收改革对投资的影响。康明斯等（1996）采用14个OECD国家的公司层面面板数据检验税收改革如何影响以及多大程度上影响公司投资。结果发现，在检验的14个国家中，除两个国家（荷兰和西班牙）外，其他12个国家的投资都受税收改革的影响，并且这种影响在统计上和经济上都显著。劳伦斯（Lawrence，1980）发现旨在促进投资的税收政策能产生实际效果，但是效果的发挥时滞较长。例如，取消资本税这一举措从长期来看可以提高资本存量约29%的比例，但在近期五年内仅能增加约4%的资本存量。詹科夫等（Djankov et al.，2010）采用85个国家的数据实证研究了税收对公司投资的影响，发现公司有效税率对投资有显著的负作用。分行业来看，这种影响主要在生产行业而非服务行业。

林（Hayashi，1985）的研究发现直至1974年日本制造业的投资都与税收调整后的Q值有很强的相关关系。但由于影响Q值的最主要因素是股票价格的变化，并非税收的影响，所以资本的盈利水平是决定投资的主要因素。据此作者认为市场机会以及技术革新是导致战后日本较高投资水平的主要原因。布斯托斯等（Bustos et al.，2004）指出折旧免税额和贴息可以补偿由提高企业税所带来的回报率较低的情形。事实上，当折扣现值高于资本成本时，企业所得税率的提高反而会降低资本使用者的成本，刺激其增加所需的资本量。文章采用了83家较大的智利上市公司1985～1995年的数据为样本，研究发现，企业税对资本的使用者成本和所需的资本存量影响很小，并且没有发现个人所得税税率变化对公司所需的资本存量有影响。

5.1.1.2　增值税转型对企业固定资产投资的影响

自2004年增值税转型试点以来，围绕增值税转型的研究大多从宏观角度展开，如研究转型对于我国经济增长、财政收入、就业及社会福利的影响等方面。也有少量文献从微观角度研究了增值税转型对企业投资行为的影响。大部分研究认为由生产型增值税过渡到消费型增值税的增值税转型会刺激企业增加固定资产投资。钱璐（2013）以东北三省280家试点企业的微观数据为研究样本，实证检验增值税转型对企业投资的影响，研究发现增值税转型试点提高了企业的投资积极性，促进了固定资产投资。李嘉明和李苏娅（2007）发现，东北增值税转型试点促进了固定资产投资，东北地区的平均固定资产数量稳步增长，并形成一定程度的"良性洼地效应"。聂辉华等（2009）首先采用微观经济学分析的方法，通过推理得出增值税转型会导致企业增加固定资产投资，而后实证检验结果也支持了这一论断。万华林等（2012）则从公司投资价值相关性角度研究增值税转型的经济后果，发现在2009年的增值税转型中，公司投资补贴的正面效应大于所得税负面效应，在整体上增加了公司投资价值相关性，且所得税税率越低，增值税转型对投资价值相关性的促进作用越大。

还有一部分文献则认为增值税转型不能起到促进投资的作用。黑龙江省国家税务局课题组（2006）指出，投资者主要考虑的是市场因素和投资回收期、预期利润率等关键性问题，增值税转型所带来的税负减轻，并不能对投资起到决定性作用。陈晓和方保荣（2001）分别从微观经济学和宏观层次两个角度对增值税转型实际效果进行分析思考。从微观经济学角度来看，文章认为增值税转型的假设前提"生产型增值税增加了企业经营成本，抑制投资"站不住脚。首先，尽管税负是影响企业投资决策的重要因素之一，但盈利潜力和软环境更重要；其次，考虑到税负归宿的因素，生产型增值税实际上提高了投资效率，调整了投资方向并且加速了产业结构调整，而在转型后它对投资方向的调节作用消失，并可能会导致过度投资。

5.1.2 产权性质与企业投资

国外学者从控制权收益角度研究了大股东的过度投资倾向。在股权集中模式下，居于公司决策主导地位的大股东及其代理人，通常以中小投资者的资金投入为代价，通过金字塔式的股权投资和追求私有收益而非价值最大化的资源性投资扩张，取得了大量的超过现金流价值的控制性资产（La Porta et al.，1999；Claessens et al.，2000），从而形成了控制权收益的重要来源。帕加诺和罗尔（Pagano & Roell, 1998）指出，投入到企业的实物资本是企业将来成长和发展的重要资源，也是大股东获得控制权收益的基本来源。奥拉夫和埃里（Olaf & Eri, 2003）的研究认为，非现金等实物资产收益是大股东获得控制权私有收益的重要组成部分，并且，规模较大的公司能为大股东带来较高的声誉，因此控制性大股东有动机扩大企业规模，从而增加控制权的价值。阿尔布奎鲁和王（Albuquerue & Wang, 2008）通过构建随机动态模型，分析了控制权私有收益水平、财务决策与公司业绩的关系，认为控制权私有收益水平与公司规模正相关，因而大股东有较强的动机进行过度投资。而埃尔万和王（Erwan & Wang, 2004）则基于大股东对控制权私有收益获得时间的视角，通过构建随机动态模型发现，为了更早获得控制权私有收益，大股东可能将新增投资的时间提前。

从国外文献可以看出，国外学者主要从控制权收益的角度出发，认为控股股东存在过度投资倾向。国内也有文献从控制权收益角度研究股东的过度投资倾向。如郝颖和刘星（2009）发现大股东不仅通过资本投资形成了控制权收益，而且资本投资规模越大，增加等量资本投资所攫取的控制权收益越低；尽管通过股权投资攫取控制权收益的隐秘性较高成本较低，但由于增加了控制链的代理层级，控制性股东的收益占有程度也较低；大股东的自利性资本投资行为不仅挤占了中小投资者的共享利益，还形成了从增加资本投资形成更高控制权收益到损害企业价值的传导机制。

以上文献都是研究了控制权收益对企业过度投资的影响。也有学者结合中国特殊的产权制度，研究了国有企业的过度投资倾向。有文献指出，国有企业内部代理问题会引发过度投资行为（郝颖等，2007；郝颖和刘星，2010）。郝颖等（2007）在两层代理框架下构建了国有上市公司部门经营者寻租所导致的扭曲性过度投资行为模型。模型研究和扩展分析表明企业内部生产部门的低效性直接驱动了其经营者的寻租行为；在国有股权虚置和内部人控制下，国有代理人采用股权融资资金补偿经营者寻租的外部选择权，引发了企业的过度投资行为；经营者寻租和国有代理人补偿行为的相互作用，使得资金在企业高效和低效部门之间的配置产生结构性扭曲，容易形成越低效越寻租，越寻租越过度投资，越过度投资越低效的恶性循环机制。郝颖和刘星（2010）指出在国有股权虚置和内部人控制显著的治理结构下，实际控制人和部门经营者私利的一致性、股权激励机制的弱有效性以及薪酬管制的制度刚性，使得上市公司实际控制人更多采用融资资金对经营者攫取私利的收益选择权进行补偿，引发了企业的过度投资行为。

除国有企业代理问题会导致企业过度投资之外，政府将其社会目标内化至其控制的国有企业也会引发过度投资问题。张洪辉和王宗军（2010）指出国有企业过度投资并不一定是由代理问题引起的。政府控制的上市公司的过度投资能够帮助政府实现一些目标，如就业、税收等。林毅夫和李志赟（2004）认为，中国的国有企业普遍承担着两方面的政策性负担，即战略性政策负担和社会性政策负担，目前考核地方官员政绩的重要指标之一就是GDP 和财政收入（周黎安，2004；Li & Zhou，2005）。于是利用投资来追求公司的扩张就成为增加 GDP 或财政收入增长的重要途径，这在财政赤字较高、经济发展较落后的地区动机更强烈。

民营企业中控股股东与中小股东的利益冲突，会导致控股股东做出侵占中小股东利益的行为（王鹏和周黎安，2006）。过度投资是其中一个重要方式（Bae & Goyal，2010；Pindado et al.，2011）。控股股东不愿将企业内部现金流以股利的形式分配给中小股东，而是将大部分收益截留在公司内部（Holmén & Högfeldt，2009），将其用于对自身有利的投资项目中，迫使中小股东分摊其投资成本。因此，为了攫取控制权私利，民营企业控股股东同样存在利用内部现金流进行过度投资的倾向。

5.1.3　国企层级与企业投资

相对于中央国企，地方国企表现出更强的过度投资倾向（安灵等，2008）。郝颖等（2012）指出就中央国有上市公司而言，一方面，国家层面的新型产业投资和监管治理措施，不仅将率先在中央国有上市公司中示范性实施与执行，而且在项目投资和运作过程中，中央政府对其决策程序和经营状况的监控力度较大，制度规范和内控建设相对较好。另一方面，随着中央国企国际化与开拓海外市场战略的实施，中央国企的投资与并购肩负着代表中国参与全球范围内资源优化配置的国家重任，将直接面对国际与多边的激烈竞争，这客观上对中央国企的投资效率和结构改进提出了更高的要求。

针对地方国企过度投资问题，郝颖等（2012）指出基于就业、稳定与政绩目标的综合权衡，地方政府更倾向于利用上市公司的投融资平台完成可视性好、易宣传、见效快的项目。终极股东可以利用在生产经营领域的行业经验和信息优势，深度介入上市公司具体的生产管理和投资选择，特别是在固定资产专用资产购置和基建投资中可以深入专营并更大程度地获取收益。程仲鸣等（2008）发现地方国有上市公司存在着因政府干预而导致的过度投资现象，仅有微弱的证据表明政府干预与投资不足存在正相关关系。金字塔结构作为法律保护的替代机制可以保护公司行为免受政府干预的影响。唐雪松等（2010）也发现，为了实现当地地区生产总值的增长，地方政府会干预企业进行过度投资。

5.2　理论分析与研究假设

5.2.1　增值税转型与企业投资

公司税对投资的影响是公共财政发展的重要问题。国外少数文献探讨了不同类型增值税的税收中性问题。国内相关增值税转型文献从两个角度展开研究，即考察增值税转型对公司投资规模与投资效率的影响。在投资规模方面，大多数研究发现增值税转型刺激了企业固定资产投资。毛捷等（2014）通过分行业研究发现，增值税转型促进了石油化工业、电力业和装备制造业等行业的投资，但对汽车制造业和采掘业企业的投资有抑制作用。在投资效率方面，研究发现增值税转型增加了公司投资的价值相关性。

我国从 2004 年开始探索由生产型增值税向消费型增值税的增值税转型，2009 年以后增值税转型推广至全国所有地区所有行业。企业外购固定资产所支付价款包括采购价格和因外购固定资产而应纳的增值税税额。在生产型增值税下，增值税税额不允许抵扣，直接计入固定资产购置成本。增值税转型后，只要企业当期销项税额大于进项税额，即可抵扣外购固定资产的进项税额，就间接降低了企业购买固定资产的成本，会刺激企业加大投资。基于此，我们提出如下假设。

假设 5 - 1：增值税转型会刺激企业增加投资规模。

5.2.2　增值税转型、产权性质与企业投资

国有企业过度投资现象较为普遍的原因主要有两个：第一，国有企业管

理层薪酬契约的激励不足导致管理者倾向于通过货币薪酬以外的其他方式获取私利。过度投资能为管理层带来更高的未来货币薪酬，在管理层激励水平较低时，管理层更可能通过过度投资来提高未来货币薪酬。第二，国有企业所有者缺失与预算软约束使国企承担过度投资后果的可能性降低。首先，国有企业中所有者缺失，剩余索取权和剩余控制权的不对称性使得管理层无法受到有效的内部约束。其次，在外部监督方面，科尔奈（Kornai，1979）首先观察到了预算软约束的存在。若管理层以透支公司长期价值为代价进行无节制的过度投资的方式获取私利，后果却不需要自己承担，这可能会导致过度投资的现象愈演愈烈。此外，由于预算软约束的存在，国有企业隐形地受到政府信用的担保，在向国有银行等金融机构为投资项目进行融资时，门槛较低，这为国有企业过度投资提供了大量资金支持。康尼翁等（Conyon et al.，2000）发现，追求规模扩张为经营者获得更多在职消费提供了可能性，因此过度投资与扩张规模成为国有企业管理层的理性选择。国内学者发现国企高管倾向于采用过度投资来实现私人利益最大化。罗党论等（2012）发现与民营企业相比，银行授信会明显刺激国有企业增加过度投资。

在民营企业中，控股股东与中小股东的利益冲突会导致利益侵占行为的出现，而过度投资是其中一个重要方式。控制股东不愿将企业内部现金流以股利的形式分配给中小股东，而是将大部分收益截留在公司内部用于投资。尽管如此，一般认为民营企业的过度投资倾向仍小于国有企业。与国有企业的预算软约束不同的是，民营企业自负盈亏，独立承担运营风险，更少获得政府支持。因而民营企业控股股东侵占行为的"可持续性"更低，因此在谋取私利时相对更注重兼顾公司经营的稳健性，不太可能以严重透支公司长期价值为代价来进行无节制的过度投资。翟胜宝等（2015）发现在环境不确定情况下，国有企业投资过度行为比投资不足行为更加严重，而非国有企业更可能出现投资不足情况。

增值税转型后，企业外购固定资产的进项税额由不可抵扣变为可抵扣，这会刺激企业增加固定资产投资。在此背景下，原本过度投资倾向更强的国有企业增加固定资产投资的动机可能会更强。因此我们预期，与民营企业相比，国有企业在此次增值税转型中固定资产投资规模更大。由此我们提出第二个假设。

假设 5 - 2：在 2009 年增值税转型中，国有企业的投资规模大于民营企业。

5.2.3 增值税转型、国企层级与企业投资

国有企业按照终极控制人的不同，可以进一步分为中央国企和地方国企。已有文献表明，这两类企业在财务行为特征上存在着很大差异。地方国企因受地方政府干预较多通常会存在过度投资的倾向。具体原因有两个：第一，国有银行对地方国企的照顾与支持为助长其过度投资行为提供了资金支持。分税制改革后地方政府普遍面临更大的财政收支压力。金融部门成为政府干预的重要工具，尤其表现在对当地国有企业在贷款资金上的干预和照顾方面。黎凯和叶建芳（2007）发现地方政府对长期借款的影响明显比中央政府强。第二，地方政府通常将刺激投资作为拉动经济增长的重要手段，以刺激地方经济发展。曹春方等（2014）发现财政压力和晋升压力均能导致地方国企过度投资。同样，中央国企也存在过度投资倾向。一方面，中央国企的融资约束较小，为其过度投资提供了较多的资金支持。另一方面，即便中央国企出现经营困境，也经常会由于其资产规模庞大而受到国家的补贴和优惠政策的支持。

然而，相对于中央国企，地方国企过度投资倾向更强。首先，地方政府掌握的资源更少，也更依赖地方国企。干预地方国企是地方政府推动投资增长的重要途径。其次，相对于地方国企，中央国企往往受到更多监督。郝颖等（2012）指出由于中央政府对中央国企的监控以及实施海外市场战略带来的激烈竞争，中央国企的投资效率更高。最后，相对于中央国企，地方国企的代理人属性更明显。

增值税转型刺激了企业投资。在此背景下，原本过度投资倾向更强的地方国有企业增加固定资产投资的动机更强。因此我们预期，与中央国企相比，地方国企在此次增值税转型中固定资产投资规模更大。由此，我们提出第三个假设。

假设 5 - 3：在 2009 年增值税转型中，地方国企的投资规模大于中央国企。

5.3 模型与变量定义

5.3.1 样本选择和数据来源

以 2006～2011 年度沪深两市所有 A 股上市公司为初始样本，在此基础上

我们按照以下程序对样本进行了筛选：（1）剔除金融行业的上市公司；（2）剔除最终控制人界定困难、不能识别以及在样本期间最终控制人发生变化的样本；（3）剔除 2006 年及以后年度上市的样本；（4）剔除样本期间内所有者权益为负或为 0，或者相关财务指标缺失的样本。由于平衡面板通常保留的都是好公司，不具有普遍性，可能会存在幸存者偏差（survival bias）的问题，因此采用非平衡面板进行检验。最终获得 2809 个观测值。所有财务数据均来自 CSMAR 和 CCER 数据库。数据处理均在 Stata12.0 中进行。表 5 - 1 为样本分布表。可以看出，国有控股公司在样本中所占的比重较高。

表 5 - 1　　　　　　　　　各年样本分布情况

年份	国有企业		民营企业		合计	
	数量	百分比（%）	数量	百分比（%）	数量	百分比（%）
2006	420	68. 97	189	31. 03	609	100
2007	405	69. 23	180	30. 77	585	100
2008	235	71. 65	93	28. 35	328	100
2009	301	64. 59	165	35. 41	466	100
2010	228	71. 70	90	28. 30	318	100
2011	329	65. 41	174	34. 59	503	100
总观测数	1918	68. 28	891	31. 72	2809	100

5.3.2　研究模型及变量定义

相对于普通 OLS 模型，双重差分模型能较好地避免政策作为解释变量所存在的内生性问题，还能控制不可观测的个体异质性对因变量的影响。我们以 2009 年前已开展增值税转型试点的地区（试点地区）的公司为参照样本，以 2009 年开始实施增值税转型的地区（转型地区）的公司为研究样本，考察增值税转型对企业投资规模的影响。参考万华林等（2012）的研究，建立回归模型（5-1）考察增值税转型对上市公司固定资产投资规模的影响。

$$\text{Invest} = \alpha + \beta_1 \text{Reform} + \beta_2 \text{Post} + \beta_3 \text{Reform} \times \text{Post} + \beta_4 \text{Size}$$
$$+ \beta_5 \text{Leverage} + \beta_6 \text{Listage} + \beta_7 \text{Tb} + \beta_8 \text{Fcf} + \beta_9 \text{Ebitda}$$
$$+ \beta_{10} \text{Exp} + \sum \text{Indu} + \sum \text{Year} + \varepsilon \qquad (5-1)$$

模型中变量的含义如下：因变量 Invest 为上市公司当期的新增投资支出，采用现金流量表中"构建固定资产、无形资产和其他资产支付的资金"除以期初流通市价的比例衡量。转型地区（Reform）为 1 时表示 2009 年开始增值税转型的地区样本，取 0 表示 2009 年以前进行增值税转型试点地区样本。若样本年为 2009 年、2010 年及 2011 年，Post 取值为 1，否则为 0。我们重点关注 Reform × Post 的系数，若系数显著为正，表明增值税转型促进了企业增加投资规模，反之则降低了投资规模。既有文献表明，公司规模、资产负债率和企业经营现金流量等因素会影响企业投资行为，故而对这些变量进行了控制。各变量含义见表 5 - 2。并且控制了行业及年份效应。由于公司治理对于投资行为的影响往往会有滞后，因此控制变量均采用滞后项。

表 5 - 2   主要变量定义

分组	变量名称	变量符号	变量定义
被解释变量	投资规模	Invest	"本年度购进固定资产、无形资产和其他资产支付的现金"除以期初市价
解释变量	政策年	Post	样本年是 2009 年、2010 年或 2011 年，取值为 1，否则为 0
	转型地区的虚拟变量	Reform	如果样本于 2009 年开始增值税转型，Reform 为 1，否则为 0
	关键变量	Reform × Post	衡量增值税转型政策效应的变量
控制变量	公司规模	Size	期末总资产的对数
	资产负债率	Leverage	总负债/总资产
	上市年限	Listage	= 样本年 - 上市年份
	增长机会	Tb	= （每股价格 × 流通股份数 + 每股净资产 × 非流通股份数 + 负债账面价值）/总资产
	自由现金流量	Fcf	= （息税前利润 + 折旧 - 资本性支出总额）/总资产
	经营现金流量	Ebitda	= （本年度税后利润 + 利息费用 + 折旧费 + 摊销费）/总资产
	管理费用率	Exp	= 管理费用/总资产
	行业	Indu	行业哑变量
	年份	Year	年份哑变量

假设 5 - 2 是检验增值税转型对国有企业与民营企业投资规模影响的差异。我们首先将样本分为国有企业与民营企业两个分样本，对分样本分别采

用模型（5-1）进行检验。然后采用邹检验（Chow test）考察关键变量 Re-form×Post 的系数与显著性差异。同理，对假设 5-3 的检验，我们首先按照国企层级将国有企业样本分为中央国企与地方国企，分别采用模型（5-1）进行检验。然后采用邹检验考察这两组分样本关键变量 Reform×Post 的系数与显著性差异。所有连续变量均进行了 winsorize 处理。

5.4　实证分析

5.4.1　描述性统计

主要变量的描述性统计结果见表 5-3。投资规模（Invest）均值为 0.044，最小值为 0.000，最大值为 0.286，表明标准化处理后样本公司间投资规模差异不大。Reform 均值为 0.546，说明转型地区公司样本较多。Post 均值是 0.458，说明超半数的样本年为转型前年度。反映国企层级的变量 Central 均值低于 0.5，意味着地方国有企业样本多于中央国有企业样本。公司规模（Size）、资产负债率（Leverage）均值为 21.695 和 0.503，Listage 均值为 8.236，均与窦欢等（2014）的研究结果接近，表明选用样本具有一定的代表性。

表 5-3　　主要变量的描述性统计

变量	样本量	均值	中位数	最小值	最大值
Invest	2809	0.044	0.027	0.000	0.286
Reform	2809	0.546	1.000	0.000	1.000
Post	2809	0.458	0.000	0.000	1.000
State	2809	0.683	1.000	0.000	1.000
Central	1918	0.327	0.000	0.000	1.000
Size	2809	21.695	21.565	19.403	25.247
Leverage	2809	0.503	0.517	0.074	0.884
Listage	2809	8.236	8.000	1.000	18.000
Tb	2809	1.732	1.253	0.240	8.883
Fcf	2809	0.006	0.002	-0.630	0.701
Ebitda	2809	0.095	0.018	-0.011	1.973
Exp	2809	0.044	0.039	0.004	0.152

5.4.2 相关性分析

表5－4为相关系数情况。主要变量相关性均低于多重共线性问题的临界标准0.4，说明变量间不存在严重的多重共线性问题。

表5－4　　　　　　　　主要变量 Pearson 相关系数情况

变量	Invest	Reform	Post	Size	Leverage	Listage	Tb	Fcf	Ebitda	Exp
Invest	1									
Reform	−0.028	1								
Post	−0.076*	−0.061*	1							
Size	0.249*	0.087*	0.197*	1						
Leverage	0.044	−0.060*	0.051*	0.320*	1					
Listage	−0.130*	−0.078*	0.369*	0.165*	0.135*	1				
Tb	−0.229*	0.044	0.141*	−0.177*	−0.328*	0.062*	1			
Fcf	0.036	−0.019	0.017	0.051*	−0.028	0.003	0.002	1		
Ebitda	0.105*	0.018	0.004	0.348*	0.051*	−0.011	−0.088*	0.186*	1	
Exp	−0.091*	−0.020	−0.024	−0.270*	−0.141*	−0.011	0.221*	0.018	−0.135*	1

注：*、**、*** 分别表示在0.1、0.05 和0.01 水平上显著。

5.4.3 回归分析

为检验增值税转型对不同企业投资行为影响的差异，本章根据模型（5－1）进行了检验，检验结果见表5－5。列（1）为全样本检验结果，Reform × Post 系数为正向显著，说明增值税转型明显提高了企业投资规模，假设5－1得到了验证。按照产权性质，将全样本分为国有企业和民营企业，检验结果见列（2）和列（3）。可以看出，国有企业样本 Reform × Post 系数显著为正，但民营企业样本 Reform × Post 系数为正但不显著，邹检验结果在5% 的水平上拒绝原假设，表明两个系数间存在显著差异。这表明增值税转型显著刺激了国有企业的投资，对民营企业投资影响不明显，增值税转型对国有企业投资的影响显著大于民营企业，假设5－2得到验证。按照国企层级将国有企业样本分为中央国企和地方国企，检验结果见列（4）和列（5）。可以看出无论是中央国企还是地方国企样本，Reform × Post 系数均显著为正，且邹检验结果不能拒绝原假设，表明增值税转型显著刺激了中央国企和地方国企的投资，但两者却没有显著差异。假设 5 – 3 没有得到验证。公司规模（Size）系数均显著为正，说明公司规模越大，新增投资越多；公司价值（Tb）系数均显著为负，说明公司价值越高，新增投资越少。

表 5 – 5　　　　　　　增值税转型、产权特征与企业投资的回归结果

变量	全样本	全样本		国有企业样本	
		国有企业样本	民营企业样本	中央国企样本	地方国企样本
	（1）	（2）	（3）	（4）	（5）
Intercept	− 0. 205 *** （− 8. 440）	− 0. 209 *** （− 9. 263）	− 0. 112 ** （− 3. 025）	− 0. 245 *** （− 7. 787）	− 0. 189 *** （− 5. 476）
Reform	− 0. 009 （− 1. 705）	− 0. 011 * （− 2. 016）	− 0. 003 （− 0. 839）	− 0. 008 ** （− 2. 620）	− 0. 012 （− 1. 713）
Post	− 0. 001 （− 0. 708）	− 0. 015 *** （− 4. 752）	0. 001 （0. 140）	− 0. 002 （− 0. 165）	− 0. 014 ** （− 2. 639）
Reform × Post	0. 008 ** （2. 523）	0. 011 *** （3. 266）	0. 002 （0. 681）	0. 011 * （2. 102）	0. 010 ** （2. 656）
Size	0. 012 *** （10. 370）	0. 013 *** （12. 459）	0. 007 *** （3. 657）	0. 014 *** （8. 518）	0. 012 *** （6. 926）
Leverage	− 0. 010 （− 1. 714）	− 0. 001 （− 0. 171）	− 0. 028 *** （− 4. 701）	− 0. 004 （− 0. 289）	− 0. 004 （− 0. 382）
Listage	− 0. 001 *** （− 4. 911）	− 0. 001 *** （− 3. 418）	− 0. 002 ** （− 2. 486）	− 0. 002 （− 1. 347）	− 0. 001 ** （− 2. 471）
Tb	− 0. 006 *** （− 9. 667）	− 0. 006 *** （− 9. 686）	− 0. 005 *** （− 6. 463）	− 0. 005 *** （− 3. 372）	− 0. 007 *** （− 5. 397）
Fcf	0. 004 （0. 534）	0. 001 （0. 095）	0. 009 （0. 997）	0. 013 （0. 754）	− 0. 005 （− 0. 423）
Ebitda	− 0. 001 （− 0. 287）	− 0. 001 （− 0. 403）	− 0. 002 （− 0. 235）	− 0. 015 *** （− 6. 068）	0. 005 （1. 320）
Exp	0. 003 （0. 117）	− 0. 007 （− 0. 207）	− 0. 013 （− 0. 397）	− 0. 097 （− 1. 059）	0. 026 （0. 892）

续表

变量	全样本	全样本		国有企业样本	
		国有企业样本	民营企业样本	中央国企样本	地方国企样本
	(1)	(2)	(3)	(4)	(5)
行业	控制	控制	控制	控制	控制
年份	控制	控制	控制	控制	控制
样本量	2809	1918	891	628	1290
R^2	0.183	0.180	0.193	0.219	0.170
Chow test	$\text{Reform} \times \text{Post}_{(2)} - \text{Reform} \times \text{Post}_{(3)} = 0$ $\quad \text{chi2}(1) = 5.35^{**}$				
	$\text{Reform} \times \text{Post}_{(4)} - \text{Reform} \times \text{Post}_{(5)} = 0$ $\quad \text{chi2}(1) = 0.01$				

注：*、**、*** 分别表示在 0.1、0.05 和 0.01 水平上显著。括号中列示了依据行业层面聚类的标准误计算的 t 值。

5.5 进一步研究与稳健性检验

5.5.1 进一步研究

5.5.1.1 增值税转型、政府干预与企业投资

除产权特征外，外部治理环境也会影响企业投资。林毅夫和李志赟（2004）指出干预企业过度投资已成为地方政府增加地区生产总值或财政收入增长的重要途径，并且在财政赤字较高和经济发展较落后的地区更强烈。章卫东和赵琪（2014）的研究也证明了这一点。赵静和郝颖（2014）发现，政府干预会加剧企业的过度投资。吕峻（2012）发现，地方政府干预程度越大，公司过度投资的可能性越高。增值税转型刺激企业增加固定资产投资。我们预期与地方政府干预程度较低的地区相比，干预程度较高地区的地方国企在此次增值税转型中固定资产投资规模增加更明显。

为此，我们将地方国企按政府干预程度的高低分组进行检验，结果见表 5-6。政府干预程度采用樊纲等（2011）的政府干预指数衡量。可以看出，在干预指数较高的地方国企样本中，Reform × Post 系数为正且在 1% 水平上显

著，而在干预指数较低的地方国企样本中 Post 系数为负但不显著，邹检验结果在1%的水平上拒绝原假设，说明增值税转型对政府干预程度较高地区的地方国企投资规模的影响明显大于政府干预程度较低地区。

表5-6　　　　　增值税转型与企业投资：基于政府干预程度的分析

变量	政府干预指数较低的样本组 (1)		政府干预指数较高的样本组 (2)	
	系数	T 值	系数	T 值
Intercept	-0.224	-2.840**	-0.161	-3.866***
Reform	-0.009	-2.487**	-0.012	-1.883*
Post	-0.010	-1.681	-0.008	-0.890
Reform × Post	-0.000	-0.046	0.017	5.125***
Size	0.013	2.925**	0.012	6.637***
Leverage	-0.019	-1.527	0.008	0.517
Listage	-0.001	-0.298	-0.002	-1.280
Tb	-0.006	-2.914**	-0.00704	-3.291***
Fcf	-0.000	-0.020	-0.004	-0.173
Ebitda	-0.008	-1.953*	0.013	1.619
Exp	0.149	2.930**	-0.068	-1.850*
行业	控制		控制	
年份	控制		控制	
样本量	599		691	
R²	0.184		0.204	
Chow test	Reform × Post$_{(1)}$ - Reform × Post$_{(2)}$ = 0　chi2(1) = 22.45***			

注：*、**、***分别表示在0.1、0.05和0.01水平上显著。

5.5.1.2　增值税转型中国有企业增加投资的经济后果

前面研究发现，增值税转型显著刺激了国有企业的投资，它对国有企业投资的影响显著大于民营企业。那么国有企业更多的投资为其带来实际收益了吗？换言之，资本市场反应如何？下面将分析增值税转型中国有企业新增投资对其长期持有回报的影响。建立如下模型（5-2）。

$$Bhar = \alpha + \beta_1 State + \beta_2 Post + \beta_3 State \times Post + \beta_4 Size + \beta_5 Leverage + \beta_6 Btm + \beta_7 Turnover + \varepsilon \qquad (5-2)$$

对于股票长期持有回报的计算，选用"买入并持有超额回报"（Bhar）衡量长期持有超额收益率。借鉴王化成等（2010）的研究结果，我们采用市场调整法来计算 Bhar，并将 Bhar 定义为长期持有目标公司的累计收益除以同样期间内指数的累计收益。计算公式如下所示：

$$Bhar = \prod_{t=1}^{T}(1 + R_t)/\prod_{t=1}^{T}(1 + R_{index}) \qquad (5-3)$$

其中，Bhar 为个股在 T 期间的买入并持有超额收益率，R_t 为个股日收益率，R_{index} 为市场指数收益率。

State 是表示企业性质的哑变量，若国有企业取值为1，则民营企业为0。重点观测变量为 State×Post，它衡量相对于民营企业，国有企业在增值税转型后是否有更高的长期市场回报。其他控制变量为公司规模（Size）、杠杆率（Leverage）、账面市值比（Btm）、总资产周转率（Turnover）。表5-7为检验结果。可以看出 State×Post 系数为负，且在1%水平上统计显著，说明增值税转型中国有企业较高的投资规模反而使得其长期回报率的增长显著低于民营企业，这意味着市场并不认同其投资行为。

表5-7　　　　　　　增值税转型、产权性质与长期持有回报

变量	因变量：Bhar	
	系数	T 值
Intercept	0.257	0.453
State	0.027	0.947
Post	0.146	1.730
State×Post	-0.178	-4.519***
Size	-0.020	(-0.748)
Leverage	0.233	2.386**
Btm	0.086	4.464***
Turnover	0.124	2.102*
样本量	1507	
R^2	0.143	

注：*、**、***分别表示在0.1、0.05和0.01水平上显著。

5.5.2　稳健性检验

研究发现增值税转型显著提高了企业尤其是国有企业的投资规模，那么

这种现象确实是由增值税转型政策引起的吗？借鉴聂辉华等（2009）、王跃堂和倪婷婷（2015）的做法，只保留增值税转型前样本，即 2006 年、2007 年及 2008 年，检验企业尤其是国有企业的投资规模在增值税转型前（2008 年）是否已明显增加。若在 2008 年已明显增加，说明并非为增值税转型影响的结果。我们构建如下模型（5 - 4）。

$$
\begin{aligned}
\text{Invest} = {} & \alpha + \beta_1 \text{Reform} + \beta_2 \text{Year}_{2008} + \beta_3 \text{Reform} \times \text{Year}_{2008} + \beta_4 \text{Size} \\
& + \beta_5 \text{Leverage} + \beta_6 \text{Listage} + \beta_7 \text{Tb} + \beta_8 \text{Fcf} + \beta_9 \text{Ebitda} \\
& + \beta_{10} \text{Exp} + \sum \text{Indu} + \sum \text{Year} + \varepsilon \qquad (5 - 4)
\end{aligned}
$$

对于解释变量 Year_{2008}，当样本处于 2008 年时取 1，否则为 0。我们更关心的是 $\text{Reform} \times \text{Year}_{2008}$。其他控制变量与模型（5 - 1）一致。检验结果见表 5 - 8。可以看出，无论是全样本还是国有企业样本，$\text{Reform} \times \text{Year}_{2008}$ 均不显著，这说明增值税转型确实刺激了企业尤其是国有企业投资。

表 5 - 8　　　　　　　　　　　稳健性检验

变量	因变量：Invest	
	全样本	国有企业样本
	（1）	（2）
Intercept	- 0. 169 *** （ - 4. 603）	- 0. 210 *** （ - 4. 958）
Reform	- 0. 010 * （ - 1. 811）	- 0. 013 * （ - 1. 968）
Year_{2008}	- 0. 018 *** （ - 7. 322）	- 0. 020 *** （ - 5. 804）
$\text{Reform} \times \text{Year}_{2008}$	0. 004 （1. 494）	0. 002 （0. 538）
Size	0. 013 *** （6. 727）	0. 014 *** （7. 665）
Leverage	- 0. 016 * （ - 2. 182）	- 0. 005 （ - 0. 539）
Listage	- 0. 002 *** （ - 3. 683）	- 0. 001 ** （ - 2. 930）

续表

变量	因变量：Invest	
	全样本	国有企业样本
	（1）	（2）
Tb	− 0.004 ***	− 0.005 ***
	（− 6.663）	（− 6.183）
Fcf	0.007	0.003
	（0.565）	（0.211）
Ebitda	− 0.006	− 0.007 *
	（− 1.305）	（− 2.013）
Exp	− 0.071 *	− 0.105 *
	（− 2.059）	（− 2.156）
行业	控制	控制
年份	控制	控制
样本量	1522	1060
R^2	0.181	0.180

注：*、**、*** 分别表示在 0.1、0.05 和 0.01 水平上显著。括号内为 t 值。

5.6　本章小结

目前增值税转型与企业投资的相关研究，大多为笼统地分析增值税转型对企业投资的整体影响。产权特征是影响企业投资行为的重要因素，很少有文献深入分析在增值税转型背景下，不同类型企业投资所受影响是否存在差异。本章采用双重差分法检验了增值税转型对不同产权特征企业投资规模的影响及差异。研究发现：增值税转型刺激了企业加大投资规模；国有企业投资规模显著高于民营企业；考虑到国企层级，发现中央国企和地方国企投资均明显增加，但两者没有显著差异。细分地方国企样本发现，政府干预程度较高地区的地方国企投资规模显著高于干预程度较低地区。此外，增值税转型使得国有企业长期回报率明显低于民营企业，这意味着市场并不完全认同其投资行为。

本章具有重要的理论与现实意义。首先，研究表明在检验宏观经济政策对微观企业行为影响的过程中，不能忽视企业异质性这一核心要素。以往研究发现总体而言增值税转型提高了企业投资规模，这似乎隐含了一个假定，即所有企业受增值税转型政策的影响是同质的。但本章发现增值税转型对不同企业投资规模的影响差异较大，国有企业尤其是在政府干预程度较高的地方国企投资规模增加更明显，而民营企业投资规模则增加不明显。其次，在政策选择上，相同政策对不同企业具有不同效应。与民营企业相比，增值税转型显著提高了国有企业投资规模，尤其是政府干预程度较高的地方国企。并且通过对国有企业增值税转型中投资的经济后果进行研究发现，资本市场并不认可其投资行为。这表明地方政府应避免干预地方国有企业的投资行为，切实保护中小投资者利益。

第6章 增值税转型、集团控制
与企业投资规模*

6.1 文献回顾

在当前有关增值税转型对投资影响的研究中，除少量文献认为增值税转型对企业投资的影响有限（陈晓和方保荣，2001），大多数研究发现转型刺激了企业固定资产投资（聂辉华等，2009；王素荣和蒋高乐，2010）。且这些文献大多以2004年的增值税转型试点为研究对象，然而当增值税转型于2009年推广至全国时，宏观经济环境及改革范围发生了很大变化：一方面，2008年美国次贷危机爆发，全球经济发展受到冲击；另一方面，2009年的转型范围由2004年的东北老工业基地变为全国，由资本密集型行业扩展到所有行业，辐射范围更广，影响也更大（王跃堂和倪婷婷，2015）。

外部环境对公司行为的影响有赖于企业产权特征与产权控制主体的利益取向（郝颖和刘星，2010）。企业集团在新兴市场的经济增长中扮演着重要的角色。由于新兴市场相对不发达且对产权保护较弱，企业集团作为一种介于市场与企业间的经济组织，通过运用其内部资本市场降低了市场交易的成本并缓解了企业的融资约束（Hoshi et al.，1991；Gertner et al.，1994；Kaplan & Zingales，1997）。增值税转型通过间接地降低企业购进固定资产的成本，刺激了企业投资。然而因融资约束的普遍存在，并不是所有固定资产投资项目都能获得资金。那么附属于企业集团的上市公司所具有的融资优势，是否会使其在此次增值税转型中固定资产投资的规模大于独立上市公司呢？

---

* 倪婷婷、王跃堂：《增值税转型、集团控制与企业投资》，载于《金融研究》2016年第1期。

此外尽管附属于企业集团有助于缓解融资约束问题，但却可能导致过度投资，损害投资效率（Shin & Park，1999），或者成为控股股东"掏空"中小投资者利益的一种工具（Bae et al.，2006）。那么在控制权与现金流权两权分离的集团上市公司中，随着分离程度的增大，控股股东是侵占动机增强，更倾向于持有现金等流动性资产，从而引起投资相对不足，还是更倾向于追逐控制权私利，从而扩大固定资产投资，甚至导致过度投资呢？增值税转型为研究这一问题提供了很好的研究契机。

6.2   理论分析与研究假设

6.2.1   增值税转型与企业投资：基于融资约束视角的分析

公司税对投资的影响是公共财政发展的重要问题。它的重要性不仅体现在税收政策的评估与设计方面，还对探讨经济发展有重要意义（Barro，1991）。由于税收制度的差异性，国外对于税收与投资关系的研究主要集中在所得税对投资的影响方面，发现公司所得税会影响公司投资（Devereux et al.，2002）。少量探讨不同类型增值税中性问题的文献指出消费型增值税比生产型增值税更能刺激投资。国内相关文献从两个角度展开研究，即增值税转型对公司投资规模与投资效率的影响。在投资规模方面，除少量文献认为增值税转型对企业投资的影响有限（陈晓和方保荣，2001），大多数研究发现增值税转型刺激了企业固定资产投资（聂辉华等，2009；王素荣和蒋高乐，2010）。在投资效率方面，万华林等（2012）发现增值税转型增加了公司投资的价值相关性。但现有增值税转型对企业投资的研究，大多局限于探讨改革对企业的一般影响，很少有文献区分不同类型企业投资行为的影响差别。

罗宏和陈丽霖（2012）指出增值税转型会通过影响企业整体现金流进而缓解融资约束。具体来说，增值税从生产型转为消费型，允许抵扣企业外购固定资产的进项税额，直接增加了企业当期的经营现金净流量，相当于增加了企业的可支配收入，从而降低了企业的融资约束。尽管增值税转型通过降低折旧计提的基数减少折旧，而折旧的减少会减少未来经营期间的经营现金流（万华林等，2012），但总体而言，增值税转型还是会增加企业现金流，进而缓解融资约束。他们的实证结果也证明了这一点。然而尽管增值税转型可以缓解企业融资约束，但不同组织形式的企业融资约束缓解的程度可能会有所差异。相对于非集团公司，集团内部资本市场运作可以通过融资约束与代理冲突这两条路径影响成员企业的现金持有量（刘星等，2014），进而影响企业投资，因此应当分别从融资约束和代理冲突两个角度分析增值税转型对集团公司和非集团公司融资约束的影响，以及由此导致的对公司投资的影响。

从融资约束角度来看，内部资本市场可以充分利用与配置集团内部所有自有资金，并且成员企业可以通过集团内关联交易和资金拆借等方式规避外部资金融通的限制（李焰等，2007）。已有文献普遍证明与独立企业相比，附属于企业集团的企业融资约束更小（Hoshi et al.，1991；邵军和刘志远，2007）。坎纳和帕莱普（Khanna & Palepu，1997）提出与独立企业相比，企业集团可以利用其所有权纽带，通过模仿市场机制，用"看得见的手"增进成员企业之间的合作期限、信息分享程度及利益分享补偿机制等进行内部资源配置，这就在集团内部形成了内部资本市场。需要资金的成员企业可以通过内部资本市场获得资金，从而避免了外部银行贷款中因信息不对称引起的较高交易成本以及外部贷款不易得的困境（Gertner et al.，1994；Kaplan & Zingales，1997）。并且企业集团内部市场支持行为可以降低银行信贷风险，进而增加企业的银行贷款。潘红波和余明桂（2010）发现集团化可以使公司获得更多的银行贷款及更长的贷款期限，同时集团化会导致公司过度投资。因此从融资约束维度来看，集团内部资本市场的运作可以放大增值税转型对融资约束的缓解作用，从而集团公司固定资产投资规模显著高于非集团公司。此外，就实务层面而言，增值税转型对企业投资的影响主要体现在公司对未来可抵扣外购固定资产进项税额的预期上。尽管改革于2009年1月1日才正式实施，部分企业在2008年底或2009年初制订固定资产购买计划时，已经可以预期购买固定资产中的进项税额可以抵扣，这一抵扣的进项税额会增加经营活动现金流。在这一合理预期的前提下，企业可能会加大固定资产投资。而不同类型企业增加固定资产的规模与幅度更多地与企业本身资金管理能力有关。因此集团内部资本市场能够更有效地放大增值税转型对企业融资约束的影响，其固定资产投资规模可能会高于非集团公司。

然而根据代理理论可知，企业集团的多层级组织结构和内部复杂的产权关系增长了委托代理链的长度，使得集团内部的代理冲突比非集团公司更为严重，因此增值税转型背景下企业集团这一组织结构对企业固定资产投资的影响方向难以确定。一方面，内部资本市场运作所带来的融资优势会使得大股东也更倾向于采用固定资产投资扩张来形成控制性资源，在固定资产的配置、使用和置换等过程中完成控制权私利的攫取并且往往也会激发管理层"帝国构建"的热情，从而增加固定资产投资；另一方面，由于内部资本市场已成为控股股东用来掏空上市公司和侵占中小股东利益的重要途径，大股东可能会通过集团内部资本市场实施的非公允关联交易等手段的掏空行为来挤占上市公司的资本投资①（刘星等，2010），从而使得增值税转型背景下固定资产投资规模不高于甚至低于非集团公司。

对于这两种不同的理论预期结果，我们认为尽管集团公司中控股股东对上市公司的掏空行为会挤占固定资产投资，但其内部资本市场"光明面"更有助于缓解成员企业融资约束，且即便是代理成本导致的过度投资，也都会使得增值税转型背景下集团公司固定资产投资规模显著高于非集团公司。基于此，本章提出第一个假设。

假设6-1：增值税转型后附属于企业集团的上市公司的固定资产投资规模显著大于非集团上市公司。

6.2.2 增值税转型与企业投资：基于代理成本视角的分析

前述分析表明，增值税转型背景下集团内部资本市场运作在缓解融资约束的同时加剧了代理冲突，并且这两者都会影响企业固定资产投资。尤其是在不同代理冲突下，其对固定资产投资规模的影响相反。那么这两类不同的代理冲突究竟谁占主导？

20世纪90年代以前，很多学者都研究了美国式的"强管理者，弱股东"的第一类代理问题。随后人们逐渐发现，集中是大部分国家的公司所有权和控制权结构的主导形态，上市公司的终极股东会通过各种"杠杆工具"使其控制的表决权超过现金流量权，从而获得"同股不同权，小股有大权"的效应，偏离传统的"一股一票"的假设，这为其关联交易、利润转移、掏空上市公司等不规范运作提供了许多的便利（马磊和徐向艺，2010）。因此通过

---

① 企业的营运资本和资本投资之间存在着一种对资金的竞争关系（Fazzari et al.，1993）。

追溯公司终极产权所有者的现金流所有权和投票权，才能更好地理解现代公司治理问题。

按照终极控制权的传导机制，终极控制人才是实际掌握上市公司财务政策的主体（王化成等，2007）。控制性股东可以从上市公司中获得收益的重要来源就是现金流权。现金流权所占比例越高，它们越有动机促使公司正常经营，从而提高自己的财富，降低其损害公司价值以获取私有收益的动机（Yeh，2005）。若控制性股东的现金流权与控制权一致，它便没有明显的动机来故意损害公司价值（Bozec & Lauri，2008）。但现实情况是终极控股股东会通过金字塔结构、交叉持股等方式来增强控制权，造成控制权大于现金流权（La Porta et al.，1999；Claessens et al.，2000）。由于终极控股股东攫取个人私利动机的存在，两权分离程度越大终极控股股东越有可能通过掏空、过度投资等方式，牺牲其他投资者的利益去获取个人私利（Dyck & Zingales，2004）。

很多学者认为，集团总部与成员企业之间，尤其是集团的控股股东与外部中小投资者之间存在的代理问题，会降低内部资本市场配置资源的效率，并造成价值减损。一般认为，所有权和控制权分离程度越大，代理问题越严重。那么在增值税转型背景下，控制权与现金流权两权分离的集团上市公司中，随着分离程度的增大，是更追逐控制权私利，从而使其固定资产投资规模更显著高于非集团公司，甚至导致过度投资呢，还是侵占动机增强，更倾向于持有现金等流动性资产，引起投资相对不足，从而其固定资产规模不会显著高于非集团公司呢？本章将这两种理论分别概括为大股东掏空假说和过度投资假说。

6.2.2.1　大股东掏空假说

大股东掏空假说认为，上市公司大股东自身的微观特征决定了其特定时期的目标函数。这些目标函数的实现，要求大股东在上市公司与其他关联企业之间进行各种利益输送。控股股东与上市公司在重要经营环节上建立密切的业务关系和各种内部交易渠道是掏空动机实现的主要方式（郑国坚和魏明海，2007）。很多研究也证实了大股东掏空假说。克莱森等（Claessens et al.，2000）发现控股股东对其控股的成员企业的利益侵占所带来的成本超过了集团内部资本市场所带来的收益，且附属于集团的公司的业绩要低于非集团附属公司业绩三个百分点。

　　在大股东掏空理论的支持下，很多学者探讨了"掏空"的方式。约翰逊等（Johnson et al.，2000）指出金字塔结构等控制模式引起的控制权和现金流权的分离，使得终极控制人通过金字塔结构进行"隧道挖掘"，将处于底层公司的资源以资产转移、转移定价及现金侵占等方式转移到终极控股股东手中，以谋取控制权的私人收益。裴等（Bae et al.，2002）发现在集团内部各成员企业之间存在通过并购进行利益输送的现象，而且往往是将资源从效益好的成员企业向效益差的成员企业的转移，以保证大股东价值的最大化。刘峰等（2004）采用案例分析的方法研究了控股股东的掏空效应。

　　我国企业集团的上市成员企业被大股东占用了更多的资金（李增泉等，2004）。所有权与控制权分离程度越大的成员企业，大股东更倾向于利用集团内部资本市场进行掏空（邵军和刘志远，2007）。企业的营运资本和资本投资之间存在着一种对资金的竞争关系（Fazzari et al.，1993）。若大股东掏空假说成立，大股东通过集团内部资本市场实施的掏空行为可能会对上市公司的资本投资形成挤占效应，降低其资本投资规模（刘星等，2010）。由此可以推出增值税转型中随着两权分离程度的提高，集团上市公司固定资产规模不会显著高于独立上市公司。

6.2.2.2　过度投资假说

　　尽管掏空或"隧道挖掘"在发展中国家普遍存在，但在瑞典和一些欧洲发达国家该现象并没有得到证实。霍尔曼和赫格费尔（Holmén & Högfeldt，2009）针对因两权分离而引起的控股股东控制权私利问题，提出过度投资假说。该文献认为，金字塔控股的折价不仅是由于控股股东可能会侵占公司资源而对中小股东的补偿，同时也是控股股东因高度杠杆化的控制权获得了相对外部资本市场成本更低、要求回报率更低的内部资本来源，从而导致的过度投资决策的补偿机制。戴克和津加雷斯（Dyck & Zingales，2004）的研究证实了固定资产专用资产奢华办公设施以及通过股权投资并购的控制性资源，不仅是集团大股东从上市公司谋取控制权收益的重要来源，而且随着大股东终极控制权与现金流权的分离程度增大，大股东将更倾向于增加上述资产的投资规模。

　　国内学者郝颖等（2010）基于资本投资形成控制权收益的理论，以国有上市公司为样本，实证检验发现投资规模与控制权收益正相关。同时，地方企业集团控制的上市公司的控制权收益对固定资产和股权投资规模的敏感性最高，但其资本投资在形成高控制权收益的同时，侵害了公司价值。潘红波和余明桂（2010）发现尽管集团化对成员企业获得贷款有正向影响，但却存在过度投资倾向。窦欢等（2014）发现相比独立上市公司，隶属于企业集团的上市公司过度投资程度更加严重。陈胜蓝等（2014）则发现集团公司可以通过关联资金往来减少上市公司的过度投资，并且终极控股股东与上市公司利益协同度越高，这种降低上市公司过度投资的作用越明显。因此若过度投资假说成立，则可以推出在增值税转型背景下，随着两权分离程度的提高，受控股股东过度投资倾向的影响，固定资产投资更显著高于非集团公司。基于此，本章提出如下假设。

假设6-2：增值税转型后两权分离程度越高，集团上市公司固定资产投资规模高于非集团公司的程度越大。

6.2.3 增值税转型与企业投资行为：融资约束还是代理成本？

根据信息不对称理论可知，增值税转型通过影响企业的可支配收入缓解了融资约束，而集团内部资本市场有效运作本身也可以缓解融资约束，因此集团控制这一组织形式可以将这一影响放大。而根据代理理论，集团成员企业的代理冲突比非集团公司更严重，大股东也更倾向于采用固定资产投资扩张来形成控制性资源，或者掏空上市公司。那么在增值税转型背景下这两种理论对集团公司和非集团公司投资行为的解释力孰强孰弱？换言之，融资约束和代理成本谁对企业投资更具解释能力？

国外很多学者针对这一问题进行了研究，但没有达成一致结论。迈尔斯和马伊卢夫（Myers & Majluf，1984）提出资本市场中的信息不对称将导致部分公司面临融资约束，从而致使投资支出对现金流的变动非常敏感。很多实证研究支持了这一理论预期。而卡普兰和津加雷斯（Kaplan & Zingales，1997）却发现融资约束轻的公司现金流敏感性反而更高。目前国内学者对这一问题也有不同发现。冯巍（1999）发现投资—现金流敏感性仅存在于低股利公司中，并认为这是融资约束所致。何金耿和丁加华（2001）发现上市公司的投资—现金流敏感性主要源于代理成本。罗琦等（2007）和蔡吉甫（2012）均发现我国上市公司的非效率投资是融资约束和代理问题共同作用的结果。还有文献探讨了融资约束和代理问题发挥作用的路径。连玉君和程建（2007）发现融资约束程度轻的公司倾向于过度投资，代理问题是导致现金流敏感性的主要原因；而融资约束程度较为严重的公司则表现为投资不足，信息不对称是导致现金流敏感性的主要原因。张宗益和郑志丹（2012）发现融资约束的存在使得上市公司的投资支出较最优水平低了 37.5%，而代理成本导致上市公司的投资支出超出其最优水平 30.6%。

本章拟从增值税转型视角进行考察，究竟是融资约束还是代理成本为影响集团公司与非集团公司投资行为的主要因素。并且考察在不同的两权分离度下，这一结论是否有所变化？为考察两种不同理论的解释力，本章首先将所有公司分为集团公司和非集团公司两大类，而后按照是否存在两权分离分成四组，分别是两权不分离集团公司、两权分离集团公司、两权不分离非集团公司以及两权分离非集团公司。一般认为，集团公司的融资约束低于非集团公司，因此我们预期信息不对称理论对非集团公司的投资行为更具解释力，而代理理论则对集团公司的投资行为更有解释力。随着两权分离度的加大，企业代理成本会提高，代理理论的解释力增强。基于此，本章提出假设 6 - 3。

假设 6 - 3：增值税转型背景下，融资约束是影响非集团公司投资现金流敏感性的主要因素，而代理成本则是影响集团公司投资现金流敏感性的主要因素。无论是集团公司还是非集团公司，随着两权分离度的提高，代理成本对投资的影响增强。

6.3 模型与变量定义

6.3.1 样本选择和数据来源

本章选取的初始样本为 2006 ~ 2011 年全部 A 股上市公司，共 10788 家。筛选步骤如下：（1）剔除金融行业的上市公司 188 家，金融类公司财务数据与非金融类公司存在较大差异，故剔除此类样本；（2）剔除先行进行增值税转型试点地区的样本：即剔除地区为黑龙江、吉林、辽宁、山西、安徽、江西、河南、湖北、湖南、内蒙古、四川、甘肃和陕西的上市公司 3167 家。增值税改革在 2009 年 1 月全国推广前已在多个地区试点，为保证样本窗口的一致性，故剔除此类公司；（3）剔除样本期间内任何一年所有者权益为负或为

0 的公司；（4）剔除最终控制人无法识别与最终控制人在 2006 ~ 2011 年发生变化的公司 3061 家，本章考量集团公司与非集团公司投资行为的差异，最终控制人发生变化会引起其投资行为的变化，保留这部分样本可能会使研究结论产生偏误，因此剔除此类公司；（5）剔除 2006 年及以后年度上市的公司 47 家；（6）剔除回归所需其他数据缺失的公司 225 家；（7）剔除非平衡面板数据的公司，共计 2030 个样本。经过上述步骤，获得最终样本见表 6 - 1，共计 1914 个观察值，其中 247 家为集团公司，72 家为非集团公司。

表 6 - 1 样本选取

步骤	公司							描述
	2006 年	2007 年	2008 年	2009 年	2010 年	2011 年	合计	
初选样本	1457	1458	1611	1773	2128	2361	10788	2006 ~ 2011 年全部 A 股上市公司
剔除：								
（1）步	(21)	(29)	(30)	(32)	(37)	(39)	(188)	金融类上市公司
（2）步	(451)	(476)	(493)	(529)	(599)	(619)	(3167)	已先行增值税转型试点地区的上市公司
（3）步	(34)	(30)	(30)	(25)	(21)	(16)	(156)	所有者权益为负或为 0 的上市公司
（4）步	(255)	(317)	(356)	(475)	(736)	(922)	(3061)	最终控制人无法识别与样本期有变化的公司
（5）步	(5)	(6)	(6)	(8)	(10)	(12)	(47)	2006 年及以后年度上市的公司
（6）步	(65)	(29)	(31)	(38)	(36)	(26)	(225)	回归所需其他数据缺失的公司
（7）步	(307)	(252)	(346)	(347)	(370)	(408)	(2030)	非平衡面板数据的公司样本
最终样本	319	319	319	319	319	319	1914	2006 ~ 2011 年每年各 319 家公司

本章所有财务数据来自 CSMAR 数据库和 WIND 数据库，最终控制人数据及公司治理数据来自 CCER 数据库。对于有关上市公司是否附属于企业集

团的判断，本章借鉴辛清泉等（2007）的做法，即如果第一大股东为集团公司或者实际上充当集团公司职能的公司，则认为上市公司附属于企业集团；如果第一大股东为各级国资委、国有资产经营公司、财政局或其他政府机构，或者其他自身不从事任何实业经营、只从事投资控股业务的公司或个人，则认为上市公司是非集团控制企业。数据是通过各年公司年报手工收集整理而成。

6.3.2 研究模型及变量定义

6.3.2.1 假设 6 –1 的检验模型

参考辛清泉等（2007）与潘红波和余明桂（2010）等人的研究，本章建立回归模型（6 –1）考察增值税转型对企业固定资产投资的影响是否会因集团控制而存在差异。

$$\mathrm{Invest} = \alpha + \beta_1 \mathrm{Group} + \beta_2 \mathrm{Post} + \beta_3 \mathrm{Group} \times \mathrm{Post} + \beta_4 \mathrm{Size} + \beta_5 \mathrm{Leverage}$$
$$+ \beta_6 \mathrm{Tb} + \beta_7 \mathrm{Fcf} + \beta_8 \mathrm{Ebitda} + \beta_9 \mathrm{Exp} + \sum \mathrm{Indu} + \sum \mathrm{Year} + \varepsilon$$
$$(6 - 1)$$

借鉴辛清泉等（2007）的做法，采用现金流量表中"构建固定资产、无形资产和其他资产支付的资金"并以企业期初总资产为分母进行标准化，作为公司固定资产投资支出（以下简称投资）的衡量，表示为 Invest。集团控制变量 Group 为虚拟变量，当上市公司附属于某集团时，Group 取值为 1，否则为 0。衡量增值税政策效应的变量为 Post，若样本处于增值税转型后，即样本年为 2009 年、2010 年及 2011 年取值为 1，否则为 0。观测变量为交互项 Group × Post，当企业为集团控制且样本处于增值税转型后时取值为 1，否则为 0。我们关心的是 Group × Post 的系数，若增值税转型后，附属于集团的上市公司的固定资产投资规模大于独立上市公司，符号为正，否则为负。

我们还分别控制了滞后一期的公司规模、资产负债率和企业经营现金流量等变量。公司规模（Size）为企业总资产的自然对数，资产负债率（Leverage）是总负债与总资产的比值，我们预期公司规模越大、杠杆率越高，固定资产投资规模越大，符号为正；Tb 衡量企业的增长机会，其计算公式为：Tb =（每股价格 × 流通股份数 + 每股净资产 × 非流通股份数 + 负债账面价值）/总资产。借鉴程仲鸣等（2008）的做法，自由现金流量（Fcf）的计算公式为：Fcf ＝（息税前利润 ＋ 折旧 － 资本性支出总额)/期初总资产，预期其符号为正。企业经营现金流量（Ebitda）的计算公式为：Ebitda ＝（本年度税后利润 ＋ 利息费用 ＋ 折旧费 ＋ 摊销费)/期初总资产。企业经营现金流越多，公司投资规模越大，因此预期其系数符号为正。考虑到内部人控制的影响，本章将管理费用率也作为控制变量予以控制。管理费用率（Exp）为管理费用与总资产的比值。此外，还对行业及年份效应①进行了相应的控制。本章所有模型都进行了豪斯曼检验（Hausman test），并根据检验结果发现本章所有模型均采用固定效应。

6.3.2.2 假设 6 - 2 的检验模型

为检验增值税转型背景下两权分离度是否影响集团公司与非集团公司投资行为，在模型（6 - 1）中加入两权分离度变量 Separation 以及两权分离度变量与其他解释变量的交互项（具体如模型（6 - 2）所示）。拉波尔塔等（La Porta et al.，1999）开创的计算最终控制权和现金流权的方法被认为是分析终极控股股东与中小股东之间代理问题的一把钥匙（陈德球等，2011）。拉波尔塔等（1999）将现金流权和控制权界定为：现金流权等于每条控制链条上持股比例乘积之和，控制权是每条控制链条上最低的持股比例之和。具体地讲，现金流权以控股股东通过各种控制链累积持有的上市公司的所有权权益比例来计算。其中，每条控制链顶端对底端的上市公司现金流权（所有权）比例为该条控制链上各层股东持股比例的乘积；控制权比例为控制链上最弱的投票权比例，即每条控制链顶端对底端的上市公司控制权比例为该条控制链上最低的持股比例。借鉴马磊和徐向艺（2010）、陈德球等（2011）的做法，采用控制权与现金流权的差额来衡量两权分离度。重点观测变量为 Separation × Group × Post，如系数为正向显著，则表明增值税转型背景下两权分离度越大，集团公司投资规模越显著高于非集团公司。

---

① 尽管 Post 控制了增值税转型政策前后年份效应，但无法控制增值税转型以前各年度之间（即 2006 年、2007 年以及 2008 年这三个年份)，以及增值税转型以后各年度之间（即 2009 年、2010 年以及 2011 年这三个年份）年度因素对公司投资行为的影响。因此我们在模型中加入五个年度哑变量进一步控制年度效应。当 Post 与其中一个或几个哑变量高度相关时，STATA 软件会自动将高度相关的哑变量剔除，以避免模型高度相关性问题的存在。

$$Invest = \alpha + \beta_1 Group + \beta_2 Post + \beta_3 Group \times Post + \beta_4 Separation$$
$$+ \beta_5 Separation \times Post + \beta_6 Separation \times Group$$
$$+ \beta_7 Separation \times Group \times Post + \beta_8 Size + \beta_9 Leverage + \beta_{10} Tb$$
$$+ \beta_{11} Fcf + \beta_{12} Ebitda + \beta_{13} Exp + \sum Indu + \sum Year + \varepsilon$$
$$(6-2)$$

6.3.2.3　假设 6 – 3 的检验模型

（1）动因模型。为检验增值税转型背景下信息不对称理论与代理理论对两类公司投资行为的相对解释力，本章在连玉君和程建（2007）模型的基础上进行了拓展，建立如下动因模型（6 – 3）。

$$Invest = \alpha + \beta_1 Growth + \beta_2 Fcf + \beta_3 Fcf \times Post + \beta_4 Fcf \times Post \times De$$
$$+ \beta_5 Leverage + \eta + \gamma + u \qquad (6-3)$$

其中，销售收入增长率（Growth）为衡量成长机会的代理变量[①]（李云鹤，2014）。De 为反映公司经营效率的虚拟变量，若公司经营效率指数 Me（下面将详细说明其估算方法）大于样本中位数，则 De 取值为 1，反之则为 0。Fcf × Post 衡量增值税转型前后低效率公司的现金流敏感性变化[②]，Fcf × Post × De 则反映增值税转型前后高效率与低效率公司之间的现金流敏感性变化的差异[③]。Leverage 为公司资产负债率，用于反映公司外部融资情况。η 和 γ 分别为不可观测的公司个体效应和时间效应，u 为随机干扰项。

根据模型（6 – 3）可知，若增值税转型中公司投资现金流敏感性主要由代理问题引起，那么经营效率的提高（代理成本降低）会抑制经理人的过度

[①] 连玉君和程建（2007）指出山前人研究中 Tobin's Q 衡量偏误可能会影响结论，因此他们基于面板 VAR 模型采用营业利润和主营业利润构造了基准 FQ，以避免 Tobin's Q 的缺陷。然而张宗益和郑志丹（2012）则指出营业利润和主营业利润之间所固有的多重共线性问题，导致 FQ 指标存在着更为严重的衡量偏误。为稳健起见，本章参考以往过度投资文献中通常所采用的销售收入增长率（Growth）作为衡量企业投资机会的代理变量。

[②] 对低效率公司（De = 0）而言，增值税转型前投资现金流敏感性为 β_2，增值税转型后投资现金流敏感性为 $\beta_2 + \beta_3$，因此 β_3 衡量了低效率公司增值税转型前后现金流敏感性的变化。

[③] 对高效率公司（De = 1）而言，增值税转型前投资现金流敏感性为 β_2，转型后投资现金流敏感性为 $\beta_2 + \beta_3 + \beta_4$，因此 $\beta_3 + \beta_4$ 衡量了高效率公司增值税转型前后投资现金流敏感性的变化。而 β_4 则衡量了增值税转型前后高效率公司与低效率公司投资现金流敏感性变化的差异。

投资，从而使投资现金流敏感性下降，即 β_4 符号显著为负。并且由于这类公司拥有丰富的现金流，债务的融资功能居于次要地位，致使负债的增加并不会显著影响其投资支出，因此 β_5 应当不显著。反之，若投资现金流敏感性主要由融资约束引起，那么内部经营效率提高不会改变投资—现金流敏感性。因为单个公司经营效率的提高并不能改变整个资本市场的结构性缺陷。但外部融资数量的增加却能缓解融资约束进而增加投资支出。因此预期这类公司 β_4 不显著而 β_5 显著为正。

（2）经营效率指数 Me 的估算。借鉴连玉君和程建（2007）的做法，公司经营效率指数 Me 的估算过程如下：代理成本和外部干扰的存在致使公司的实际经营效率 Me_{it} 往往低于其最大值 Me_{it}^*，偏离部分可视为无效率经营，建立如下随机边界模型（6-4）进行描述。

$$Me_{it} = Z_{it}'\beta + v_{it} - u_{it} \qquad (6-4)$$

其中，Me_{it} 用 Tb 衡量，Z 为一组影响经营效率的变量，包括资产负债率（Leverage）、公司规模（Size）、投资支出（Invest）、流通股比例（Tshr）和个股收益率（Return），β 为相应的系数向量。模型的干扰项包括 v_{it} 和 u_{it} 两个部分：$v_{it} \sim N(0, \delta_v^2)$ 为通常意义上的随机干扰项；$u_{it} \sim N+(0, \sigma_u^2)$，本章采用巴特塞和科埃利（Battese & Coelli, 1992）的设定方式 $u_{it} = u_t e^{\eta(t-T)}$，η 和 T 分别为时滞参数和样本区间。采用最大似然法获得参数估计值后，便可以计算出"经营效率指数"即实际经营效率 Me_{it} 与最大值 Me_{it}^* 的比值。表6-2列示了相关变量的定义及计量。

表6-2 变量定义与计量

分组	变量名称	变量符号	定义
因变量	投资规模	Invest	"本年度购进固定资产、无形资产和其他资产支付的现金"除以期初总资产的账面价值
解释变量	是否附属于集团	Group	如果附属于企业集团，Group 为1，否则为0
	政策年	Post	如果样本年是2009年、2010年或2011年，Post 为1，否则为0
	交互项	Group × Post	附属于企业集团，且样本年是2009年、2010年或2011年时为1，否则为0
	两权分离度	Separation	控制权与现金流权的差额

续表

分组	变量名称	变量符号	定义
控制变量	公司规模	Size	期末总资产的自然对数
	资产负债率	Leverage	总负债/总资产
	增长机会	Tb	=（每股价格×流通股份数＋每股净资产×非流通股份数＋负债账面价值）/总资产
	自由现金流量	Fcf	=（息税前利润＋折旧－资本性支出总额）/期初总资产
	经营现金流量	Ebitda	=（本年度税后利润＋利息费用＋折旧费＋摊销费）/期初总资产
	管理费用率	Exp	=管理费用/总资产
	行业	Indu	采用2001年4月中国证监会颁布的《上市公司行业分类指引》，将所有上市公司分为13个行业（本章剔除了金融类上市公司）
	年份	Year	年度虚拟变量

6.4 实证分析

6.4.1 描述性统计

表6-3为回归变量的描述性统计结果。投资规模（Invest）的均值为0.073，最大值和最小值分别为0.385和0.000。集团控制变量（Group）均值为0.774，说明在样本中集团控制的上市公司占较大比例。由于研究选用的样本是平衡面板数据，因而Post均值为0.5，即税制改革前后样本各占一半。公司两权分离度（Separation）区别较大，最小值为0，最大值则高达32.086。企业规模（Size）介于19.537～25.585之间，平均规模在21.845左右。公司价值（Tb）也存在较大差异，最小值不到0.232，最大值则超过8。

6.4.2 相关性分析

表6-4为相关系数情况。主要变量相关性均低于多重共线性问题的临界

标准 0.6，说明变量间不存在严重的多重共线性问题。

表 6-3   主要变量的描述性统计

变量	样本量	均值	下四分位数	中位数	标准差	上四分位数	最小值	最大值
Invest	1914	0.073	0.020	0.049	0.076	0.099	0.000	0.385
Group	1914	0.774	1.000	1.000	0.418	1.000	0.000	1.000
Post	1914	0.500	0.000	0.500	0.500	1.000	0.000	1.000
Separation	1914	6.307	0.000	0.000	8.769	12.602	0.000	32.086
Size	1914	21.845	21.049	21.695	1.129	22.432	19.537	25.585
Leverage	1914	0.494	0.371	0.507	0.182	0.633	0.069	0.884
Tb	1914	1.814	0.744	1.319	1.595	2.327	0.232	8.813
Fcf	1914	-0.003	-0.044	0.013	0.103	0.052	-0.362	0.249
Ebitda	1914	0.096	0.057	0.086	0.062	0.126	-0.059	0.311
Exp	1914	0.045	0.022	0.038	0.030	0.061	0.005	0.155

表 6-4   主要变量相关系数

变量	Invest	Group	Post	Seperation	Size	Leverage	Tb	Fcf	Ebitda	Exp
Invest	1	0.013	-0.067*	0.047	0.162*	-0.127*	0.118*	-0.051	0.351*	0.110*
Group	0.016	1	0.001	0.062*	0.157*	0.082*	-0.104*	0.002	0.014	0.008
Post	-0.094*	0.001	1	0.014	0.209*	0.023	0.068*	-0.022	-0.058	-0.024
Separation	0.022	0.111*	0.006	1	-0.051	-0.002	0.005	0.019	0.038	0.058
Size	0.171*	0.146*	0.205*	-0.033	1	0.307*	-0.256*	-0.042	0.091*	-0.402*
Leverage	-0.073*	0.072*	0.026	0.007	0.314*	1	-0.511*	-0.065*	-0.312*	0.233*
Tb	0.078*	-0.114*	0.044	-0.037	-0.210*	-0.444*	1	0.012	0.338*	0.304*
Fcf	-0.112*	0.007	-0.016	0.047	-0.049	-0.043	0.040	1	0.212*	0.056
Ebitda	0.268*	0.006	-0.045	0.042	0.088*	-0.316*	0.390*	0.174*	1	0.139*
Exp	0.029	-0.023	-0.026	0.013	-0.345*	-0.218*	0.281*	0.080*	0.158*	1

注：a. 下三角为 Pearson 相关系数，上三角为 Spearman 相关系数；b. *、**、*** 分别表示在 0.1、0.05 和 0.01 水平上显著。

6.4.3 回归分析

表 6-5 是对假设 6-1 和假设 6-2 检验的结果。从假设 6-1 结果可以

看出，交互项 Group × Post 系数为正，且在 10% 水平上统计显著。这表明在控制其他因素的影响后，附属于企业集团的上市公司在增值税转型后固定资产的投资规模显著大于独立上市公司，支持了假设 6 – 1。杠杆率 Leverage 系数为负向显著，表明企业杠杆率越高，受债权人约束越多，因此固定资产投资规模越小。增长机会 Tb 系数为正，且在 1% 水平上显著，说明企业增长机会越多，固定资产投资规模越大，这与前人研究发现一致。从假设 6 – 2 结果可以看出，Separation × Group × Post 系数为正向显著，表明增值税转型背景下两权分离度越高，附属于企业集团上市公司的投资规模高于独立上市公司的程度越大，支持了假设 6 – 2 的过度投资假说。

表 6 – 5　增值税转型与企业投资：基于集团控制与两权分离度的检验

变量	Invest	
	假设 6 – 1	假设 6 – 2
Intercept	0.307 ** (2.483)	0.312 ** (2.520)
Group	0.028 (0.463)	0.028 (0.472)
Post	−0.011 * (−1.648)	−0.005 (−0.707)
Group × Post	0.010 * (1.680)	0.004 (0.497)
Separation		−0.000 (−0.182)
Separation × Post		−0.001 * (−1.654)
Separation × Group		−0.000 (−0.020)
Separation × Group × Post		0.002 * (1.713)
Size	−0.011 ** (−2.140)	−0.011 ** (−2.167)

续表

变量	Invest	
	假设 6 – 1	假设 6 – 2
Leverage	− 0. 076 *** (− 4. 123)	− 0. 076 *** (− 4. 110)
Tb	0. 006 *** (3. 765)	0. 006 *** (3. 649)
Fcf	− 0. 050 *** (− 3. 595)	− 0. 050 *** (− 3. 559)
Ebitda	0. 021 (0. 686)	0. 023 (0. 741)
Exp	0. 177 (1. 410)	0. 165 (1. 313)
控制行业	控制	控制
控制年份	控制	控制
样本量	1914	1914
Within-R^2	0. 075	0. 077
F test	9. 851	7. 715

注: * 、 ** 、 *** 分别表示在 0. 1、0. 05 和 0. 01 水平上显著。

对假设 6 – 3 检验分两步进行。首先估计模型（6 – 4）进而估算出经营效率指数 Me，结果见表 6 – 6。随机边界模型估计结果显示，变量的系数估计值都有比较合理的符号。从 Panel B 的统计结果来看，样本公司平均经营效率为 0. 511，低于连玉君和程建（2007）的 0. 744。

表 6 – 6　　　　　　随机边界模型估计结果与经营效率指数描述性统计

Panel A：随机边界模型估计结果						
Leverage	Size	Invest	Tshr	Return	Intercept	chi2 (5)
− 0. 552 *** (− 13. 13)	− 5. 684 *** (− 11. 51)	0. 058 *** (4. 515)	− 0. 236 *** (− 4. 866)	0. 108 *** (8. 489)	20. 84 *** (12. 30)	536. 30 P = 0. 000

Panel B：经营效率指数描述性统计						
Mei	均值	标准差	最小值	最大值	偏度	峰度
	0. 511	0. 413	0. 085	2. 056	1. 746	6. 188

注: *** 表示在 0. 01 水平上显著。

其次对全样本和分样本（6-3）进行动因检验，检验结果见表6-7。从全样本检验结果来看，增值税转型前后经营效率较低的公司的平均现金流敏感系数为0.023，而高经营效率公司的现金流敏感系数在10%显著水平上降低了0.050。并且随着外部融资（Leverage）的增加公司的投资支出也会显著增加。说明我国上市公司的投资—现金流敏感性可能是融资约束和代理问题共同作用的结果，与连玉君和程建（2007）的发现一致。

表6-7　　　　　增值税转型与企业投资行为：融资约束还是代理成本

变量	Invest						
	全样本	集团公司	集团公司分组检验		非集团公司	非集团公司分组检验	
			两权不分离	两权分离		两权不分离	两权分离
	(1)	(2)	(3)	(4)	(5)	(6)	(7)
Intercept	0.041*** (4.342)	0.043*** (3.877)	0.040** (2.562)	0.041** (2.498)	0.033** (1.982)	0.0181 (0.669)	0.048** (2.310)
Growth	0.009*** (3.906)	0.008*** (2.777)	0.010** (2.392)	0.007* (1.783)	0.012*** (2.976)	0.00752 (1.612)	0.020** (2.027)
Fcf	-0.139*** (-6.877)	-0.144*** (-6.001)	-0.163*** (-4.815)	-0.113*** (-3.318)	-0.127*** (-3.433)	-0.111** (-1.983)	-0.107** (-2.202)
Fcf×Post	0.023 (0.776)	0.032 (0.954)	0.097** (2.007)	-0.055 (-1.160)	0.001 (0.018)	0.045 (0.531)	-0.067 (-0.847)
Fcf×Post×De	-0.050* (-1.727)	-0.037 (-1.111)	0.021 (0.377)	-0.082* (-1.905)	-0.085 (-1.565)	-0.087 (-1.073)	-0.048 (-0.671)
Leverage	0.060*** (3.232)	0.056** (2.557)	0.063** (2.052)	0.059* (1.887)	0.073** (2.102)	0.101* (1.863)	0.044 (0.965)
样本量	1914	1481	776	705	433	229	204
Wald[a]	0.41	0.01	2.50	4.00**	1.15	0.12	1.23
R^2	0.059	0.053	0.056	0.063	0.088	0.058	0.109

注：*、**、***分别表示在0.1、0.05和0.01水平上显著。Wald[a]表示通过Wald检验得到的F值。

分样本结果显示，集团公司样本中Fcf×Post×De的系数为负但不显著，而Leverage的系数正向显著。表明增值税转型中融资约束是导致集团公司投资—现金流敏感性的主要原因。Wald检验得到的F值为0.41，不能拒绝原假设。说明在集团公司中经营效率的提高并没有表现出投资—现金流敏感性，即内部现金流多并不必然导致过度投资，只有在代理成本较高、经理人的行为得不到有效监督的情况下才会出现过度投资。这一点也得到了分样本检验的支持。依据是否存在两权分离将集团公司进行分组后，发现两权不分离的集团公司 Leverage 的系数正向显著，Fcf×Post×De 的系数不显著，而两权不分离的集团公司 Leverage 的系数正向显著，Fcf×Post×De 系数在 10% 水平上负向显著。说明尽管融资约束是造成集团公司投资—现金流敏感性的主要原因，但随着两权分离度的提高，代理成本增加，企业投资现金流敏感性也受到代理成本的影响。因此可以推出在集团公司投资行为中信息不对称理论解释力较强，但当代理成本（本章指两权分离度）提高，代理理论解释力增强。非集团公司样本结果显示，Fcf×Post×De 的系数为负但不显著，而 Leverage 的系数正向显著。表明融资约束也是导致非集团公司投资—现金流敏感性的主要原因。此外，依据是否存在两权分离将非集团公司进行分组后，发现两权不分离的集团公司 Leverage 的系数正向显著，Fcf×Post×De 的系数不显著，而两权不分离的集团公司的两个系数均不显著。可能的原因是随着两权分离度的提高，企业代理成本增加削弱了融资约束对投资的影响。

因此我们可以得出以下结论：（1）我国上市公司的投资—现金流敏感性可能是融资约束和代理问题共同作用的结果。（2）对集团公司和非集团公司这两个整体进行考察时，融资约束是影响其投资行为的主要原因，此时信息不对称理论解释力更优。（3）对于集团公司而言，随着两权分离度的提高，代理成本也逐步成为影响其投资行为的主要原因之一，代理理论的解释力增强；对于非集团公司而言，随着两权分离度的提高，代理成本对企业投资行为的影响变大，一定程度上削弱了融资约束对其投资行为的影响，但它也并没有成为影响其投资行为的重要因素。可能的原因是与集团公司相比，非集团公司产权结构更简单，产权链条更短，代理成本对其投资的影响要小于集团公司。

6.5　进一步研究与稳健性检验

6.5.1　进一步研究

我们发现增值税转型背景下集团上市公司固定资产投资规模显著高于独

立上市公司。而前人研究发现相比非集团公司，隶属于企业集团的上市公司的过度投资更严重（窦欢等，2014）。那么与非集团公司相比，增值税转型是否进一步加剧了集团公司的过度投资呢？我们拟对这一问题进行研究。

借鉴理查森（Richardson，2006）和李云鹤（2014）的做法，本章建立以下回归模型（6-5）来估计企业正常的资本投资水平：

$$Invest_t = \alpha + \beta_1 Invest_{t-1} + \beta_2 Growth_{t-1} + \beta_3 Cash_{t-1} + \beta_4 Listage_{t-1}$$
$$+ \beta_5 Size_{t-1} + \beta_6 Return_{t-1} + \sum Indu + \sum Year + \varepsilon \quad (6-5)$$

其中，$Invest_{t-1}$ 为上一年投资，销售收入增长率（$Growth_{t-1}$）作为公司第 t 年年初成长机会的代理变量，$Cash_{t-1}$ 为期初货币资金持有量，$Size_{t-1}$ 为期初公司规模，$Return_{t-1}$ 为上一年股票回报，Year 和 Indu 分别为控制年份与行业效应的哑变量。

用样本公司的数据对模型（6-5）进行回归估计出各个公司第 t 年的预期投资额，而回归残差则表示公司的非正常投资额。其中，当残差 >0 时，其数值表示过度投资额，用 Overinvest 表示；当残差 <0 时，则用其数值的绝对值表示投资不足程度，用 Underinvest 表示。

在此基础上，我们借鉴窦欢等（2014）的做法建立模型（6-6）考察增值税转型对上市公司过度投资倾向的影响：

$$Overinvest = \alpha + \beta_1 Group + \beta_2 Post + \beta_3 Fcf + \beta_4 Group \times Post$$
$$+ \beta_5 Group \times Fcf + \beta_6 Post \times Fcf + \beta_7 Group \times Post \times Fcf$$
$$+ \beta_8 Size + \beta_9 Leverage + \beta_{10} Listage + \beta_{11} Roa + \beta_{12} Exp$$
$$+ \beta_{13} Tunnel + \sum Indu + \sum Year + \varepsilon \quad (6-6)$$

在模型（6-6）中，我们重点关注变量 Group × Post × Fcf 的系数，若系数为正，则表明增值税转型后与非集团公司相比，集团公司的过度投资现象更严重。Listage 为上市年限，Roa 为衡量资产收益率的变量，Tunnel 是衡量大股东占款的变量，为其他应收款占总资产的比重。结果见表6-8，Group × Post × Fcf 系数为正且在统计上显著，表明增值税转型使得集团上市公司过度投资行为加重。根据是否存在两权分离度进行分组检验后，发现 Group × Post × Fcf 的系数在两权不分离样本组中不显著，而在两权分离样本组中为正向显著，说明增值税转型中代理成本的提高也进一步刺激了过度投资，从而降低了投资效率。

表 6 - 8   增值税转型、集团控制与企业过度投资

变量	Overinvest		
	全样本	两权不分离样本	两权分离样本
	（1）	（2）	（3）
Intercept	0.853 ***	0.955 **	0.627 **
	(3.993)	(2.478)	(2.375)
Group	− 0.051	− 0.003	− 0.141
	(− 0.602)	(− 0.030)	(− 1.648)
Post	− 0.030 *	− 0.029	0.040 *
	(− 1.963)	(− 0.995)	(1.653)
Fcf	− 0.123 **	− 0.164 **	− 0.135 *
	(− 2.506)	(− 2.193)	(− 1.943)
Group × Post	0.013	0.017	0.025
	(1.201)	(1.005)	(1.547)
Group × Fcf	0.046	0.090	0.075
	(0.847)	(1.059)	(0.987)
Post × Fcf	− 0.108 *	− 0.043	− 0.245 ***
	(− 1.781)	(− 0.481)	(− 2.816)
Group × Post × Fcf	0.119 *	0.001	0.313 ***
	(1.683)	(0.007)	(3.167)
Size	− 0.033 ***	− 0.044 **	− 0.021 *
	(− 3.303)	(− 2.474)	(− 1.674)
Leverage	− 0.035	− 0.038	− 0.027
	(− 1.114)	(− 0.712)	(− 0.679)
Listage	− 0.005	0.010	− 0.017 ***
	(− 1.156)	(1.479)	(− 3.082)
Roa	0.201 ***	0.185 *	0.216 ***
	(3.444)	(1.824)	(3.035)
Exp	− 0.040	− 0.341	− 0.013
	(− 0.179)	(− 0.891)	(− 0.046)
Tunnel	0.082	0.067	0.176
	(0.729)	(0.375)	(1.205)

续表

变量	Overinvest		
	全样本	两权不分离样本	两权分离样本
	(1)	(2)	(3)
控制行业	控制	控制	控制
控制年份	控制	控制	控制
样本量	702	342	360
Within-R^2	0.167	0.155	0.243
F 值	5.434	2.202	4.298

注：*、**、*** 分别表示在 0.1、0.05 和 0.01 水平上显著。

6.5.2 稳健性检验

本章进行了如下稳健性检验：（1）匹配倾向得分模型（propensity score matching）能从更广泛的维度、更准确地选择匹配对象，进而解决自我选择偏误和小样本选择偏误等问题，减轻内生性问题。配对结果与前面一致。（2）借鉴聂辉华等（2009）的做法，剔除样本年为 2009 年、2010 年及 2011 年的样本，构建样本年为 2006 年、2007 年及 2008 年的非平衡面板数据，检验集团公司与非集团公司，以及不同两权分离度下这两类公司固定资产投资规模在增值税转型前（2008 年）是否有显著差异。检验结果发现 2008 年并不存在显著差异，研究结论稳健。（3）对于因变量 Invest 的衡量，本章还借鉴了万华林等（2012）的方法，即将它表示为现金流量表中"构建固定资产、无形资产和其他资产支付的资金"除以期初流通市价的比例。而后根据新的衡量方法验证本章假设，检验结果基本一致。

6.6 本章小结

本章以沪深两市 A 股上市公司为样本，考察集团控制对增值税转型与企业固定资产投资关系的影响。研究结果发现：（1）增值税转型中附属于企业集团的上市公司的固定资产投资规模显著大于独立上市公司。（2）两权分离度越高，集团公司与非集团公司的投资规模差距越大。（3）通过对这两类公司投资行为的动因研究发现，融资约束是影响集团公司与非集团公司投资行为的主要因素；随着两权分离度的提高，代理成本对其投资行为的影响也有所提高。(4) 增值税转型后集团公司过度投资显著高于非集团公司。

　　本章的研究具有重要的理论与现实意义。理论上，本章首次基于集团控制视角分析增值税转型背景下集团公司与非集团公司投资行为的差异，并且通过对两类企业投资行为进行动因分析，发现融资约束与代理成本对企业投资行为的影响机理，拓展了增值税转型对企业投资行为的影响以及集团控制对企业投资影响的相关研究。在政策启示上，本章研究结论表明，监管机构应当进一步规范和引导企业制定合理的投资决策，降低代理成本，避免过度投资，提高企业投资效率，从而促进我国资本市场健康发展。

第7章　增值税转型、集团控制与企业投资效率 *

7.1　文献回顾

税收对投资的影响是公共财政发展的重要问题（Barro，1991）。由于税收制度的差异，国外学者主要从所得税角度研究税收对投资的影响，发现公司所得税会影响公司投资（Cummins et al.，1996；Devereux et al.，2002）。自 2004 年我国开始推广增值税转型试点开始，很多学者从宏观视角探讨了增值税转型对政府财政收入（杨抚生和蔡军，2006）、社会就业（陈烨等，2010）以及社会福利（Zhai & He，2008）的影响。少量文献从微观视角探讨增值税转型与企业行为的关系，如探讨增值税转型对企业固定资产投资规模（陈晓和方保荣，2001；聂辉华等，2009；王素荣和蒋高乐，2010；倪婷婷和王跃堂，2016）、融资约束（罗宏和陈丽霖，2012）以及劳动力需求（毛捷等，2014）等方面的影响。

然而现有增值税转型与企业投资相关关系的文献则主要集中于分析改革对投资规模的影响。增值税转型旨在促进企业转变经济发展方式，那么增值税转型下大量新增固定资产的投资效率如何？从我们掌握的文献来看，目前只有万华林等（2012）对此进行了研究，他们的研究表明增值税转型提升了企业投资价值相关性。但是不同类型企业的投资效率有较大差异（翟胜宝等，2015）。以集团公司与非集团公司为例，一般认为相对于非集团公司，

　　* 倪婷婷、王跃堂：《增值税转型与企业投资价值相关性——基于集团控制与产权视角的分析》，载于《经济学动态》2016 年第 7 期。

集团公司融资约束更小（Hoshi et al.，1991；Deloof，1998；邵军和刘志远，2007）。增值税转型允许企业抵扣外购固定资产的进项税额，会刺激企业加大投资，融资约束程度相对较小的集团公司的投资规模可能会更高。但集团公司复杂的组织结构和产权链条使得集团公司的代理成本高于非集团公司（刘星等，2014）。那么增值税转型下集团公司新增投资的效率究竟如何，与非集团公司有何不同？目前从企业投资效率角度研究集团公司与非集团公司差异的文献的研究结论，依然存有争议（窦欢等，2014；计方和刘星，2014；陈胜蓝等，2014）。并且既有文献对于不同产权性质集团公司投资效率研究的结果并不一致（邵军和刘志远，2008；刘星等，2010），那么增值税转型对不同产权性质集团公司投资效率的影响是否又存在明显差异？

之所以研究结论存在较大差异，一个重要原因是，此类文献基本都是在常态经济运行环境下考察的，这种分析方法难以清晰地描述集团公司内外部资本市场的作用（马永强和陈欢，2013），也很难区分研究结论究竟是因企业集团这一组织形式的影响，还是受其他因素的影响。宏观经济政策是微观企业行为与产出的先行指标，是微观企业决策不可控的外部环境因素（徐光伟和孙铮，2015）。增值税转型这一外生事件为深入研究这些问题提供了很好的契机。增值税转型会刺激企业加大投资。当所有类型企业在增值税转型政策刺激下同时加大投资时，此时各企业投资价值相关性可比性增强。因此我们拟基于集团控制与产权的视角考察增值税转型前后不同公司（集团公司与非集团公司，以及不同产权特征集团公司之间）投资价值相关性的变化与差异，检验集团内部资本市场配置效率及其对公司价值的影响。

7.2　理论分析与研究假设

7.2.1　增值税转型与企业投资价值相关性：基于集团公司与非集团公司的分析

企业集团内部资源配置效率可能具有两面性：一方面，集团内部资产市场能增加公司价值。由于新兴市场相对不发达且对产权保护较弱，企业集团内部资本市场的运作可以缓解其融资约束（Kaplan & Zingales，1997；Deloof，

1998；王琨和陈晓，2007）。并且集团总部可以通过"挑选胜者"的机制，提高资源利用效率（Gertner et al.，1994）。很多研究证明了这一点（Hoshi et al.，1991；Gertner et al.，1994）。另一方面，集团公司较高的代理成本会降低资源配置效率，减少公司价值（辛清泉等，2007）。首先，从控股股东与外部中小投资者之间代理问题来看，企业集团经常被认为是一种侵占中小投资者利益的装置，表现形式主要有过度投资与掏空。国外学者发现控股股东会通过过度投资来攫取私利（Dyck & Zingales，2004；Holmén & Högfeldt，2005）。国内学者也发现集团公司更倾向于过度投资（窦欢等，2014；陈胜蓝等，2014）。其他文献则提供了企业集团最终控制人利用金字塔结构进行"隧道挖掘"进而掏空上市公司的证据（Johnson et al.，2000；Dyck & Zingales，2004；Cheung et al.，2006；邵军和刘志远，2007）。其次，集团公司在资源分配上存在"社会主义"现象（Scharfstein & Stein，2000）。国内学者的研究结论也不尽相同。王蓓和郑建明（2010）发现金字塔控股对公司价值的影响具有双向性；辛清泉等（2007）则发现，集团公司投资模式更正常，但市场价值却更低。

可以看出，既有文献关于集团控制对公司价值影响的研究结论不一致，既有效率促进，又有价值减损效应。有学者指出，出现这一差异的原因在于研究视角的不同。我们不应当从总体分析集团控制的价值效应，而应该从具体的路径探寻集团内部资本市场的效率（刘星等，2013）。企业投资效率是其中一个重要的研究视角。

但从企业投资效率角度研究集团公司与非集团公司差异的文献，依然存有争议。例如，窦欢等（2014）发现集团公司过度投资程度比非集团公司更严重；计方和刘星（2014）却发现集团控制对成员企业投资效率的影响具有两面性，一方面会缓解投资不足，另一方面却加剧过度投资；而陈胜蓝等（2014）的研究结果则表明集团公司可以通过关联资金往来减少上市公司的过度投资。此类文献大都是在常态经济运行环境下进行考察（马永强和陈欢，2013），很难区分研究结论究竟是因企业集团这一组织形式的影响，还是受其他因素的影响。宏观经济政策是微观企业行为与产出的先行指标，是微观企业决策不可控的外部环境因素（徐光伟和孙铮，2015）。增值税转型这一外生事件为研究这一问题提供很好的契机。增值税转型间接地降低了外购固定资产的成本，从而刺激企业加大投资。当所有类型企业在增值税转型政策刺激下同时加大投资时，此时各企业投资价值相关性可比性增强。因此我们拟分析增值税转型对不同类型企业投资价值相关性的影响与差异。

罗宏和陈丽霖（2012）指出增值税转型会通过影响企业整体现金流来缓解融资约束。学者发现集团公司的融资约束小于非集团公司（Hoshi et al.，1991；Deloof，1998；邵军和刘志远，2007）。对于融资约束更高的非集团公司而言，由于融资约束得到缓解，原来的投资不足可能会有所缓解。即便少数企业甚至可能会出现会过度投资，但总体而言可以预期其投资价值相关性有所提高。对于集团公司而言，其因融资约束与控股股东掏空行为而导致的投资不足现象可能会得到缓解，但集团内部资本市场"黑暗面"表明，控股股东采用固定资产投资扩张来形成控制性资源、完成控制权私利的攫取的动机则会增强，过度投资则可能会加剧。预期到控股股东的过度投资行为，资本市场上的中小投资者将会通过"用脚投票"的方式降低集团公司的市场股价。总体而言，增值税转型缓解了企业融资约束，集团公司内部资本市场会使得这一效应放大，其投资规模会高于非集团公司，甚至过度投资。预期到集团公司这一行为，市场会给予集团公司更低的市价。因此相对于非集团公司而言，集团公司在增值税转型背景下新增投资的价值相关性可能会更低。基于此，本章提出假设 7-1。

假设 7-1：与非集团公司相比，增值税转型显著降低了集团公司的投资价值相关性。

7.2.2 增值税转型与企业投资价值相关性：基于企业集团产权异质性的分析

在我国股票市场建立之初，上市公司国有股权处于绝对控制地位，并且主要采用了分拆和捆绑两种改制模式，进而形成了以中央企业集团和各级地方企业集团两种形式为主的金字塔控制方式。另外，民营控股的上市公司日益成为中国股票市场的重要组成部分，因此最终形成了中央国有集团、地方国有集团和民营集团三大主导企业集团。

一般认为，中央国有集团投资价值相关性较高。首先，隶属于垄断行业的中央国有集团的投资经济收益更高（辛清泉等，2007）；其次，与地方国企相比，中央国企面临的监督更严格。郝颖等（2012）指出由于中央政府对中央国企的监控以及实施海外市场战略带来的激烈竞争，中央国企的投资效率更高。当然，中央国有集团也有过度投资冲动。中央国企的融资约束较小，其投资扩张资金较为充裕，可能会导致过度投资。尽管如此，由于其受监督更多，其过度投资程度有限。那么中央国有集团由于过度投资引起的价值减损就较少。

相对于中央国有集团，地方国有集团更容易出现投资效率低的情况。一方面，与中央国企相比，地方国企更具有代理人属性（夏立军和方轶强，2005），更可能利用地方企业来获取私利（杨华军和胡奕明，2007）。另一方面，与中央政府相比，地方政府更依赖地方国有企业。在地方国有上市公司中，地方国有集团规模更大，因此地方国有集团受地方政府干预而过度投资的可能性更高，这又会造成价值减损更严重。

然而民营企业集团内部资本配置是企业集团内部资本配置的例外情况（邵军和刘志远，2008）。由于民营企业所处的外部融资环境对其十分不利，若其附属于企业集团，则可以利用内部资本市场缓解融资约束（Shin & Park，1999）。刘星等（2010）提出民营控股股东倾向于采用资金占用等方式掏空上市公司。增值税转型后企业外购固定资产成本下降，会增加投资。对于民营集团而言，这可以有效缓解投资不足，从而投资价值相关性提高。因此可以推出，增值税转型会显著降低国有集团尤其是地方国有集团的投资价值相关性。由此本章提出如下假设。

假设7-2：与民营集团相比，增值税转型显著降低了国有集团的投资价值相关性。

假设7-3：与中央国有集团相比，增值税转型显著降低了地方国有集团的投资价值相关性。

7.3　模型与变量定义

7.3.1　样本选择和数据来源

本章以2006～2014年度沪深两市所有A股上市公司为初始样本，筛选程序如下：（1）剔除金融行业样本。（2）剔除最终控制人界定困难、不能识别及在2006～2014年最终控制人发生变化样本。（3）剔除2006年及以后年度上市的样本。(4) 剔除所有者权益为负或为 0,或者财务数据有缺失值的样本。

这样,本章选取的最终样本为 4538 个观测值。本章数据主要来源于国泰安 CSMAR 数据库和 WIND 数据库。本章借鉴辛清泉等(2007)的做法,采用手工收集方式,判断上市公司是集团公司还是非集团公司。表 7 - 1 报告了研究样本分布情况,可以看出附属于集团公司的上市公司占总样本的比例很高。

表 7 - 1   研究样本分布

组织形式　　　产权性质	中央政府控制	地方政府控制	民营产权控制	合计
集团公司	782	1738	978	3498
非集团公司	83	398	559	1040
合计	865	2136	1537	4538

7.3.2　研究模型及变量定义

为检验假设,我们首先将总样本分为"集团公司"和"非集团公司"两大类;其次将集团公司样本分成"民营集团"和"国有集团"两类;最后根据国企层级将国有集团样本分为"中央国有集团"和"地方国有集团",以考察增值税转型对不同产权特征集团公司投资价值相关性的影响。

本章采用双重差分的方法,建立模型(7 - 1)。

$$
\begin{aligned}
\text{Lnexcess} = & \alpha + \beta_1 \text{Post} + \beta_2 \text{Reform} + \beta_3 \text{Invest} + \beta_4 \text{Reform} \times \text{Post} \\
& + \beta_5 \text{Post} \times \text{Invest} + \beta_6 \text{Reform} \times \text{Invest} + \beta_7 \text{Reform} \\
& \times \text{Post} \times \text{Invest} + \beta_8 \text{Size} + \beta_9 \text{Leverage} \\
& + \beta_{10} \text{Ebitda} + \sum \text{Indu} + \sum \text{Year} + \varepsilon
\end{aligned}
\tag{7 - 1}
$$

由于行业超额价值能够控制行业因素的影响,它比托宾 Q 更能代表公司价值(Walker,2006)。因此我们借鉴辛清泉等(2007)的做法建立模型(7 - 2)计算行业超额价值(Lnexcess)来衡量公司价值。Marketvalue$_i$ 和 Bookvalue$_i$ 表示样本公司 i 年末总资产的市场价值与账面价值,Marketvalue$_k$ 和

Bookvalue$_k$则表示样本公司 i 所在行业 k 年末资产市场价值和账面价值的中位数。

$$Lnexcess = \ln\left[Marketvalue_i \div \frac{Marketvalue_k}{Bookvalue_k} \times Bookvalue_i \right] \quad (7-2)$$

转型地区（Reform）为 1 时表示 2009 年开始增值税转型地区，取 0 表示 2009 年以前试点地区。借鉴万华林等（2012）的做法，公司投资水平（Invest）变量用"构建固定资产、无形资产和其他资产支付的资金"除以期初流通市价的比例衡量。政策年 Post，若样本处于增值税转型后取值为 1，否则为 0。交互项 Reform × Post × Invest 衡量了增值税转型以后（Post 取 1），转型地区（Reform 取 1）样本公司的投资——公司价值的系数。若 Reform × Post × Invest 的系数显著为正，表明在控制宏观因素可能的影响后，增值税转型提高了企业的投资价值相关性，反之则降低了投资价值相关性。我们还分别控制了公司规模（Size）、资产负债率（Leverage）和企业经营现金流量（Ebitda）等变量以及行业与年度效应。本章所有模型都进行了豪斯曼检验，表明均采用固定效应。表 7-2 报告了主要变量的定义与说明。

表 7-2　　　　　　　　　　主要变量的定义与说明

分组	变量名称	变量符号	变量说明
因变量	公司价值	Lnexcess	见前面模型（7-2）
自变量	增值税转型	Post	虚拟变量，若样本年为 2009 年及以后取 1，反之取 0
	转型地区	Reform	虚拟变量，若处于转型地区取 1，反之取 0
	公司投资	Invest	"构建固定资产、无形资产和其他资产支付的资金"除以期初流通市价
	投资价值相关性	Post × Reform × Invest	增值税转型前后转型地区投资价值相关性的变化
控制变量	公司规模	Size	期末总资产的对数
	资产负债率	Leverage	总负债/总资产
	经营现金流量	Ebitda	（本年度税后利润 + 利息费用 + 折旧费 + 摊销费）/总资产
	行业	Indu	行业虚拟变量
	年份	Year	年份虚拟变量

7.4 实证分析

7.4.1 描述性统计

描述性统计结果见表 7 - 3。超额价值（Lnexcess）的 T 检验结果显示，集团公司超额价值显著低于非集团公司，国有集团显著低于民营集团，地方国有集团显著低于中央国有集团。而变量 Invest 结果则显示，集团公司投资规模显著高于非集团公司，国有集团投资规模显著高于民营集团。综合这两个变量结果，说明尽管集团公司投资规模高于非集团公司，但这部分投资对公司价值的影响却是负向的，因此集团公司投资价值相关性低于非集团公司。同理尽管国有集团投资规模高于民营集团，但这部分投资对公司价值的影响却是负向的，因此国有集团投资价值相关性低于民营集团。这与本章预期基本一致。此外不同企业间公司规模（Size）有显著差异：集团公司规模大于非集团公司，国有集团规模大于民营集团，中央国有集团规模大于地方国有集团。在资产负债率方面，集团公司显著高于非集团公司，国有集团显著高于民营集团。

表 7 - 3　　　　　不同产权特征企业主要变量的描述性统计

变量	N	Lnexcess	Invest	Size	Leverage	Ebitda
Panel A：全样本公司						
均值	4538	− 0.026	0.047	22.275	0.514	0.084
Panel B：集团公司 vs. 非集团公司						
集团公司	3498	− 0.094	0.050	22.414	0.529	0.085
非集团公司	1040	0.204	0.035	21.804	0.466	0.083
差异		− 0.298 ***	0.015 ***	0.610 ***	0.063 ***	0.002
Panel C：国有集团 vs. 民营集团						
国有集团	2520	− 0.151	0.054	22.564	0.539	0.085
民营集团	978	0.053	0.038	22.030	0.503	0.085
差异		− 0.204 ***	0.016 ***	0.534 ***	0.036 ***	0.000

续表

变量	N	Lnexcess	Invest	Size	Leverage	Ebitda
Panel D: 中央国有集团 vs. 地方国有集团						
中央国有集团	782	-0.108	0.057	22.647	0.535	0.082
地方国有集团	1738	-0.171	0.053	22.527	0.541	0.086
差异		0.063**	0.004	0.120**	-0.006	-0.004

注：*、**、*** 分别表示在 0.1、0.05 和 0.01 水平上显著。

7.4.2 相关性分析

表 7-4 为本章主要研究变量的 Pearson 相关系数。可以看出相关系数均不超过 0.5，说明主要变量间不存在严重共线性问题。Lnexcess 系数与 Invest 负向显著，说明样本的投资价值相关性较低。对于本章假设的验证，有待于回归模型的进一步检验。

表 7-4 相关系数

变量	Lnexcess	Invest	Post	Reform	Size	Leverage	Ebitda
Lnexcess	1						
Invest	-0.330*	1					
Post	0.049*	0.029	1				
Reform	0.048*	0.019	0.060*	1			
Size	-0.481*	0.356*	0.218*	-0.003	1		
Leverage	-0.486*	0.175*	0.008	0.002	0.373*	1	
Ebitda	0.120*	0.087*	0.017	0.002	0.155*	-0.213*	1

注：*表示在 0.1 水平上显著。

7.4.3 回归分析

表 7-5 是回归检验结果。列（1）和列（2）列示了非集团公司和集团公司样本依据模型（7-1）的检验结果，可以发现关键变量 Reform × Post × Invest 在集团公司样本中显著为负，而在非集团公司样本中则不显著。这表明增值税转型显著降低了集团公司的投资价值相关性，没有降低非集团公司的投资价值相关性，假设 7-1"与非集团公司相比，增值税转型显著降低了

集团公司的投资价值相关性"得到验证；列（3）和列（4）显示的是民营集团和国有集团的检验结果，国有集团的 Reform × Post × Invest 系数负向显著，而民营集团不显著，说明增值税转型显著降低了国有集团的投资价值相关性，对民营集团投资价值相关性的影响不明显，假设7-2"与民营集团相比，增值税转型显著降低了国有集团的投资价值相关性"得到验证；列（5）和列（6）显示的是中央国有集团和地方国有集团的检验结果，两组样本的 Reform × Post × Invest 系数均为负向显著，对两组分样本的 Reform × Post × Invest 系数的进一步检验发现，两者没有显著差异（F 值为 0.99），因此增值税转型对两类国有集团投资价值相关性的影响不存在明显差异，假设7-3"与中央国有集团相比，增值税转型显著降低了地方国有集团的投资价值相关性"没有得到验证。所有样本中的公司规模（Size）和资产负债率（Leverage）系数均为负向显著，与辛清泉等（2007）发现一致。集团尤其是国有集团的企业经营现金流量（Ebitda）系数为正向显著，说明集团公司拥有的经营现金流量越高，可用于投资的资金越多，企业价值越高，而这一现象在非集团公司中不明显。

表 7-5 　　　　　　　　　　　增值税转型与企业投资价值相关性

变量	Lnexcess					
	全样本		集团公司样本		国有集团样本	
	非集团公司样本	集团公司样本	民营集团样本	国有集团样本	中央国有集团样本	地方国有集团样本
	(1)	(2)	(3)	(4)	(5)	(6)
Intercept	9.204 *** (12.385)	9.009 *** (16.996)	9.662 *** (13.264)	8.350 *** (14.872)	8.028 *** (8.479)	8.713 *** (12.205)
Post	0.436 *** (5.851)	0.554 *** (12.621)	0.556 *** (6.455)	0.541 *** (10.396)	0.0362 (0.329)	0.605 *** (9.718)
Reform	0.255 (0.394)	-0.494 (-1.072)	0.446 (0.884)	-0.846 (-1.536)	1.071 ** (2.260)	0.634 (1.127)
Invest	-1.213 (-1.083)	2.224 *** (6.274)	0.401 (0.368)	2.136 *** (5.488)	2.233 *** (3.326)	1.968 *** (4.023)
Reform × Post	0.070 (0.731)	0.367 *** (7.974)	0.409 *** (4.600)	0.367 *** (6.583)	0.373 *** (3.733)	0.405 *** (5.805)
Post × Invest	-0.006 (-0.005)	-2.242 *** (-5.260)	-0.304 (-0.258)	-2.254 *** (-4.729)	-1.320 (-1.441)	-2.258 *** (-3.881)

续表

变量	Lnexcess					
	全样本		集团公司样本		国有集团样本	
	非集团公司样本	集团公司样本	民营集团样本	国有集团样本	中央国有集团样本	地方国有集团样本
	(1)	(2)	(3)	(4)	(5)	(6)
Reform × Invest	1. 540	1. 234 *	0. 912	1. 417 *	− 0. 378	2. 667 ***
	(0. 906)	(1. 813)	(0. 531)	(1. 865)	(− 0. 307)	(2. 721)
Reform × Post × Invest	− 2. 991	− 2. 772 ***	− 1. 753	− 2. 950 ***	− 2. 653 *	− 3. 663 ***
	(− 1. 624)	(− 3. 902)	(− 0. 985)	(− 3. 716)	(− 1. 960)	(− 3. 613)
Size	− 0. 409 ***	− 0. 402 ***	− 0. 453 ***	− 0. 384 ***	− 0. 354 ***	− 0. 402 ***
	(− 11. 458)	(− 19. 820)	(− 13. 112)	(− 14. 884)	(− 7. 965)	(− 12. 306)
Leverage	− 0. 768 ***	− 0. 820 ***	− 0. 778 ***	− 0. 785 ***	− 0. 703 ***	− 0. 809 ***
	(− 4. 793)	(− 10. 829)	(− 5. 681)	(− 8. 256)	(− 3. 747)	(− 7. 085)
Ebitda	− 0. 312	0. 711 ***	0. 272	0. 787 ***	0. 900 ***	0. 851 ***
	(− 1. 096)	(4. 870)	(1. 035)	(4. 403)	(2. 863)	(3. 820)
行业	控制	控制	控制	控制	控制	控制
年份	控制	控制	控制	控制	控制	控制
样本量	1040	3498	978	2520	782	1738
Within-R²	0. 260	0. 386	0. 429	0. 382	0. 375	0. 395
F 值	23. 51	85. 39	27. 43	66. 77	20. 69	47. 94

注: * 、** 、*** 分别表示在 0. 1、0. 05 和 0. 01 水平上显著。

7.5　进一步研究与稳健性检验

7.5.1　进一步研究

有文献提出，民营集团已在某种程度上异化为利益输送的渠道（刘星等，2010）。而邵军和刘志远（2008）则认为民营集团通过缓解融资约束使得组建集团的收益大于成本。本章以增值税转型为契机，分析其对民营集团公司与民营非集团公司的投资价值相关性影响的差异，以考察集团这一组织形式在民营控股公司中究竟提升还是降低了投资效率。

表7-6中的结果表明增值税转型中民营非集团公司的投资价值相关性显著下降，民营集团下降不明显，这说明增值税转型中集团公司这一组织形式避免了民营企业投资效率的下降。而在验证假设7-1时发现，增值税转型显著降低了集团公司的投资价值相关性，没有显著降低非集团公司投资价值相关性。可以发现民营集团与其他集团的资本配置情形存在较大差异。增值税转型中集团这一组织形式为民营控股公司缓解融资约束而带来的正面作用，大于由于控股股东侵害而产生的负面影响。在增值税转型中，与民营非集团公司相比，民营集团公司非但没有加剧投资价值相关性的降低，反而避免了企业投资价值相关性的下降。公司规模和资产负债率均为负向显著，企业经营现金流量系数不显著，说明公司规模越大和杠杆率越高，企业价值越低。

表7-6　对民营企业的进一步检验：民营集团公司 VS. 民营非集团公司

变量	Lnexcess		
	民营企业 全样本	民营企业全样本	
		民营集团公司 样本	民营非集团公司 样本
	(1)	(2)	(3)
Intercept	7.860 *** (10.51)	8.068 *** (9.648)	7.715 *** (7.862)
Post	1.149 *** (11.99)	1.341 *** (11.13)	1.024 *** (6.299)
Reform	0.446 (0.893)	0.446 (0.884)	0.072 (0.216)
Invest	−0.072 (−0.0731)	0.401 (0.368)	−5.586 ** (−2.107)
Reform × Post	0.352 *** (4.673)	0.409 *** (4.600)	0.233 (1.547)
Post × Invest	−0.455 (−0.430)	−0.304 (−0.258)	2.920 (1.055)
Reform × Invest	1.759 (1.195)	0.912 (0.531)	7.846 ** (2.435)

续表

变量	Lnexcess		
	民营企业 全样本	民营企业全样本	
		民营集团公司 样本	民营非集团公司 样本
	（1）	（2）	（3）
Reform × Post × Invest	- 2. 149 （ - 1. 401）	- 1. 753 （ - 0. 985）	- 6. 585 * （ - 1. 924）
Size	- 0. 442 *** （ - 15. 93）	- 0. 453 *** （ - 13. 11）	- 0. 413 *** （ - 8. 895）
Leverage	- 0. 687 *** （ - 6. 240）	- 0. 778 *** （ - 5. 681）	- 0. 634 *** （ - 3. 247）
Ebitda	0. 156 （0. 746）	0. 272 （1. 035）	- 0. 052 （ - 0. 151）
行业	控制	控制	控制
年份	控制	控制	控制
样本量	1537	978	559
Within-R^2	0. 402	0. 429	0. 406
F 值	37. 51	27. 43	14. 06

注：*、**、*** 分别表示在 0. 1、0. 05 和 0. 01 水平上显著。

7.5.2 　稳健性检验

本章研究发现增值税转型显著降低了集团公司的投资价值相关性。然而这一关系可能存在内生性问题，即增值税转型中并不是集团化经营降低了企业投资价值相关性，而是投资价值相关性越低的公司更倾向于集团化的经营方式。为此，我们借鉴黄俊和陈信元（2011）的做法，采用赫克曼（Heckman）两阶段回归来控制这一内生性问题。

首先估计一个集团隶属关系的 Probit 方程。借鉴黄俊和陈信元（2011）的做法，影响企业集团构建的变量包括：地区财政赤字哑变量 Deficit，若地区年度财政支出与财政收入之比位于 31 个省份的 75% 分位数以上，取值为 1，否则为 0；市场发展变量 Market，来自《中国市场化指数》中的"价格由市场决定"指数；其他变量为公司规模（Size）、资产负债率（Leverage）和行业哑变量。Heckman 第一阶段回归结果见表 7 − 7。结果表明企业所在地区市场发展越差、企业自身规模和杠杆率越高，越易组建企业集团。

表 7 − 7　　　　　　Heckman 第一阶段：集团隶属关系的 Probit 回归

变量	因变量：Group	
	系数	T 值
Intercept	− 3.800	− 8.595 ***
Deficit	− 0.001	− 0.009
Market	− 0.097	− 6.159 ***
Size	0.196	9.738 ***
Leverage	0.418	3.577 ***
行业	控制	
N	4538	
Pseudo R^2	0.071	

注：*** 表示在 0.01 水平上显著。

基于第一阶段的回归，计算出"逆米尔斯比率"（inverse Mill's ratio，Imr），并将其作为控制变量放入模型（7 − 1）中分样本重新进行检验，检验结果见表 7 − 8。可以发现，关键变量 Reform × Post × Invest 系数在集团公司样本、国有集团样本以及地方国有集团样本中都为负向显著，而在其他样本中则不显著，与前面研究结论基本一致。有意思的是，在控制内生性问题后，中央国有集团的 Reform × Post × Invest 系数不再显著，这与本章预期一致，假设 7 − 3 得到验证。另外，Imr 在各样本检验结果中均显著为负，说明控制样本内生性是必要的。

表 7 − 8　　　　Heckman 第二阶段：增值税转型与企业投资价值相关性

变量	Lnexcess					
	全样本		集团公司样本		国有集团样本	
	非集团公司样本	集团公司样本	民营集团样本	国有集团样本	中央国有集团样本	地方国有集团样本
	（1）	（2）	（3）	（4）	（5）	（6）
Intercept	14.74 ***	14.97 ***	11.92 ***	13.02 ***	17.99 ***	14.28 ***
	（8.565）	（15.10）	（8.647）	（14.33）	（10.01）	（10.11）
Post	0.486 ***	0.993 ***	1.260 ***	0.278 ***	0.121	0.956 ***
	（5.468）	（17.92）	（10.35）	（4.824）	（1.093）	（12.12）

续表

变量	Lnexcess					
	全样本		集团公司样本		国有集团样本	
	非集团公司样本	集团公司样本	民营集团样本	国有集团样本	中央国有集团样本	地方国有集团样本
	(1)	(2)	(3)	(4)	(5)	(6)
Reform	-0.910	-0.480	0.211	-0.760	0.739	0.0958
	(-1.479)	(-1.055)	(0.418)	(-1.395)	(1.598)	(0.168)
Invest	0.301	2.010***	-0.0169	1.985***	1.784***	1.840***
	(0.292)	(5.718)	(-0.016)	(5.149)	(2.726)	(3.787)
Reform × Post	0.305***	0.322***	0.357***	0.325***	0.329***	0.365***
	(3.390)	(7.006)	(3.991)	(5.850)	(3.381)	(5.231)
Post × Invest	-1.389	-2.135***	0.024	-2.270***	-1.152	-2.263***
	(-1.171)	(-5.061)	(0.0206)	(-4.816)	(-1.297)	(-3.919)
Reform × Invest	1.646	0.958	1.796	0.914	-0.802	2.143**
	(1.064)	(1.421)	(1.042)	(1.210)	(-0.671)	(2.190)
Reform × Post × Invest	-2.558	-2.252***	-2.300	-2.187***	-1.889	-2.881***
	(-1.529)	(-3.190)	(-1.298)	(-2.757)	(-1.434)	(-2.826)
Size	-0.587***	-0.567***	-0.617***	-0.548***	-0.679***	-0.540***
	(-10.99)	(-19.45)	(-10.61)	(-15.54)	(-10.04)	(-12.34)
Leverage	-0.918***	-1.124***	-1.075***	-1.113***	-1.477***	-1.063***
	(-5.175)	(-13.31)	(-6.709)	(-10.51)	(-6.709)	(-8.466)
Ebitda	0.008	0.681***	0.219	0.762***	0.850***	0.828***
	(0.032)	(4.716)	(0.841)	(4.312)	(2.789)	(3.746)
Imr	-1.443***	-1.960***	-1.681***	-2.163***	-4.302***	-1.779***
	(-3.001)	(-7.804)	(-3.497)	(-6.736)	(-6.234)	(-4.693)
行业	控制	控制	控制	控制	控制	控制
年份	控制	控制	控制	控制	控制	控制
样本量	1040	3498	978	2520	782	1738
Within-R²	0.416	0.400	0.439	0.396	0.414	0.405
F 值	25.91	86.02	27.09	67.09	22.96	47.30

注：**、***分别表示在 0.01、0.05 水平上显著。

此外，本章还进行了如下稳健性检验：（1）国内关于公司价值的实证研究文献普遍是以年末的托宾 Q 作为企业价值的替代变量，而没有使用超额价值（辛清泉等，2007）。为与前人一致，本章用期末托宾 Q 作为因变量重新进行回归，回归结果与前人基本一致。（2）在本章的样本分布中，改革后样本包括 2009～2014 年共 6 年数据，改革前为 2006～2008 年共 3 年数据，为降低样本不对称性的影响，我们剔除 2012 年、2013 年以及 2014 年样本后重新对模型（7-1）进行检验。结果与前面基本一致，限于篇幅，未列示相关结果。

7.6　本章小结

增值税转型从试点、全国推广到现在，已历时十多年，只有个别文献探讨了增值税转型对企业投资效率的整体影响。目前没有文献深入研究增值税转型对不同类型公司投资效率影响的区别。本章从集团控制与产权视角对这一问题进行了分析与检验。研究发现与非集团公司相比，增值税转型显著降低了集团公司的投资价值相关性；另外，根据产权特征将集团公司进行分类后发现，与民营集团相比，增值税转型显著降低了国有集团公司的投资价值相关性；与中央国有集团相比，增值税转型对地方国有集团的投资价值相关性的降低更为显著。

本章的研究具有重要的理论与现实意义。首先，本章研究表明应注重宏观经济政策对微观企业行为影响中企业异质性的作用。以往研究发现总体而言增值税转型提高了企业投资价值相关性，而本章基于集团控制与产权视角则发现增值税转型对不同企业投资价值相关性的影响差异较大，国有集团尤其是地方国有集团投资价值相关性明显下降。因此在检验宏观经济政策对微观企业行为影响的过程中，不能忽视企业异质性这一核心要素。其次，在政策上，相同政策对不同企业具有不同效应：（1）与非集团公司相比，增值税转型显著降低了集团公司的投资价值相关性。企业集团在带来更多融资便利的同时，也会提高代理成本，降低投资效率，而这会进一步导致其在资本市场中的折价效应。因此集团公司一方面应充分利用内部资本市场的"光明面"，另一方面应努力降低代理成本，避免过度投资，提高企业投资效率。（2）增值税转型显著降低了国有集团尤其是地方国有集团的投资价值相关性，对民营集团的影响不明显。这表明地方政府应减少对企业投资行为的干预，切实保护中小投资者利益，作为地方国有集团则应使用将投资效率纳入到企业控制人业绩评价框架等方式促进其附属企业投资效率的提高。对于民营集团，政府应进一步缓解其外部融资约束，民营集团自身则可以通过提高企业透明度、降低两权分离度等方式降低代理成本。

第8章 增值税转型与企业劳动力需求*

8.1 文献回顾

8.1.1 增值税转型与企业劳动力需求

8.1.1.1 税收改革对劳动力的影响

很多实证研究以 20 世纪 80 年代的税收改革为研究对象,研究税改对劳动供给行为的影响。在这类文献中影响力较大的当属豪斯曼于 1981a 年发表的相关论述(Bosworth & Burtless,1992)。豪斯曼的相关论述预测了 1981 年税收法案的经济后果,他提出税率降低 30% 可能会促使中年男子增加约 2.7 个百分点的工作时间,会促使中年女子增加约 9.4 个百分点的工作时间。此外,他还通过估算得出税率每下降 10%,男子增加劳动供给的比例增加 1.1 个百分点,女子增加劳动供给的比例增加 4.1 个百分点(Hausman,1981b;Hausman,1983)。豪斯曼和波特巴(Hausman & Poterba,1987)预期 1986 年的税收改革法案会增加劳动供给,尽管增加的数量会比 1981 年税收改革法案增加的数量少很多。

伯特莱斯(Burtless,1991)研究了里根改革后劳动力供给的情况。研究发现,与 1980 年前相比,1987 年年龄在 25 ~ 54 岁的男子样本组的平均工作

---

* 王跃堂、倪婷婷:《增值税转型、产权特征与企业劳动力需求》,载于《管理科学学报》2015 年第 4 期。

时间增加了 2.3~4.1 个百分点，中年女子的平均工作时间则提高了约 3.5 个百分点。此外，改革对年龄大于 55 岁人群的劳动供给激励大于那些年龄低于 55 岁的人群。

博斯沃思和伯特莱斯（Bosworth & Burtless, 1992）研究了 1980 年税收改革对劳动力供给的影响。他们发现 1968~1988 年期间和 1968~1990 年期间，已婚女性劳动力供给趋势与 1981 年相比有显著突破。作者认为，这是 1981 年经济复苏法案（the Economic Recovery Act of 1981）的结果。艾萨（Eissa, 1995）研究了 1986 年税收改革法案对已婚妇女劳动供给的影响。研究表明高收入的已婚妇女劳动力供给随着这项改革而有所增加。克莱文和克赖纳（Kleven & Kreiner, 2007）则研究了当一个二人家庭面临明确的劳动力参与决策时，最佳征税方案的选择问题。凯古苏兹（Kaygusuz, 2010）以 1981 年的经济复苏法案和 1986 年的税收改革法案为背景，发现在已婚女性劳动力供给增加的份额中有 20%~24% 的比例应当归功于所得税结构的改变，工资收入的改变的作用则占 62%~64%。

也有部分文献采用跨国比较的方法探讨税收在劳动力供给中的角色。普雷斯科特（Prescott, 2004）的著作中指出美国人现在的工作时间比德国人、法国人以及意大利人高出 50%。然而在 20 世纪 70 年代初期西欧的工作时间超过美国人，因此作者探讨了税收尤其是有效边际税率对劳动供给的影响，研究发现边际税率对于相对劳动供给的作用很大。

以上文献都是从劳动力供给角度研究税收的影响，也有少量文献研究了税收改革对劳动力需求角度的影响。卡罗尔等（Carroll et al., 1996）以 1986 年税收改革法案为研究对象，研究了企业家个人边际所得税税率的降低是否会促使其增加劳动力雇佣。实证结果表明个人所得税税率无论在统计上还是在经济意义上都显著影响企业家雇佣劳动力的概率。企业家边际税率每降低 6%，其雇佣劳动力的概率可以提高 11.8%。此外，税收也会影响对这部分新增劳动力的支付工资数，其弹性值约为 0.397。埃本斯坦等（Ebenstein et al., 2011）以美国改革为对象，发现资本品价格下降会导致劳动力数量下降。伯克等（Birk et al., 2002）发现通过增加工资税来削减资本收入税能够增加就业和经济增长速度；削减资本进项税并结合较高的工资税能够促进经济增长，但对就业的效果则是模棱两可的。

此外，也有文献探讨了税收激进度与就业的关系。传统观点认为税收激进度会减少就业，这是因为较高的边际税率会抑制劳动力供给。但富斯特和胡伯（Fuest & Huber, 2000）则指出这个推论是基于劳动力市场完全竞争的假设而得出。富斯特和胡伯（2000）发现如果消费和闲暇之间的效用是可分的，那么税务激进度的提高能降低工资和提高就业。但若放松了可分性的假设，那么税收激进度的提高可能会提高工资并减少雇佣人数。

8.1.1.2 增值税转型与企业劳动力需求

由于在 20 世纪 90 年代中期，几乎所有的 OECD 国家都进行了增值税减税，在这一背景下，有大量的文献讨论了税制改革对劳动力雇佣的影响。这些研究基本以理论研究为主，以一般均衡分析为通用的工具，考察企业所面对的实际所得税率或资本税率的变动对企业劳动力需求的影响（Jochen & Angela, 2006；Bohringer et al., 2005；Dutta et al., 1998），或者是劳动力市场对税率变动的反应（Hutton & Ruocco, 1999）。这些研究都认为税制改革对劳动力的影响是不确定的，它取决于很多因素，包括资本的初始存量、增值税税率与其他所得税税率的对比以及经济发展的速度。

国内已有文献分别从宏观和微观角度对增值税转型的经济后果进行了研究。宏观方面的研究集中于转型对经济增长、财政收入、就业及社会福利的影响等方面（Fan Ming tai et al., 2002；Zhai & He, 2008；陆炜和杨震，2002；安体富，2007）。也有少量文献从微观角度研究增值税转型对企业具体行为——投资、融资及经营的影响。黑龙江省国家税务局课题组（2006）认为，投资者主要考虑的是市场因素和投资回收期、预期利润率等关键性问题，增值税转型所带来的税负减轻，并不能对投资起到决定性作用。李长春（2006）通过分析上市公司增值税转型前后净资产收益率的变化以说明转型对配股融资的影响，发现转型后企业的融资能力会提高，投资活动增加。王素荣和蒋高乐（2010）发现增值税转型中受益较大的行业有采掘业、电力煤气及水生产供应业和制造业，增值税转型对企业的经营和投资将会产生直接重大的影响。

但是增值税转型对就业的负面影响却大都被理论界忽视了（陈烨等，2010）。汉斯－沃纳·辛（Hans-Werner Sinn, 1987）指出，由于消费型增值税仍将劳动工资作为计税依据之一，因此，在鼓励资本和科技投入的同时还对劳动就业有负效应，同时也会影响投资决策。蔡和哈里森（Cai & Harrison, 2011）实证检验了中国增值税转型试点的实际经济效果，认为尽管增值税转型的目的是鼓励企业加大投资进行技术更新，但研究结果却表明改革并没有达到预期的效果。具体地讲，转型试点在减少了企业税负的同时，也显著地减少了国内企业与外资企业的员工总数，就业人数下降幅度为 6% ~ 8%，因此对就业形势有较大冲击。杨抚生和蔡军（2006）认为，实行增值税转型后，劳动密集型企业相对资本密集型企业的低税负优势将不复存在，这会使得劳动密集型企业投资减少，进而影响到就业。张欣（2008）认为，增值税转型使得固定资产相对劳动力价格会降低，从而会使企业进一步减少劳动力的雇佣，更多地使用机器，最终使得中国的就业状况雪上加霜。陈烨等（2010）设置了一个凯恩斯和剩余劳动力状况下的宏观闭合的可计算的一般均衡（computable general equilibrium，CGE）模型来模拟增值税转型对于宏观经济与就业的政策效应，发现增值税转型对于实际 GDP 的刺激非常有限，却可能造成多至 444 万人数的新增失业。研究还发现，在同样的减税成本下，如果采取无歧视减税政策，即将原生产型增值税税率向下普调 2%，会同时增加就业、更大程度地刺激整体经济和提高居民福利水平。因此在中国国情下，无歧视减税政策比增值税转型更优。

聂辉华等（2009）研究了东北地区增值税转型试点的经济后果，发现与非试点地区相比，试点地区企业显著增加了固定资产投资，减少了企业的雇员人数，提高了资本劳动比和生产率；但企业效率的提高主要是通过用资本替代劳动的方式，而不是通过自主技术创新的方式。如前所述，改革范围及宏观经济环境的变化使该结论的推广受限。

8.1.2　产权性质与企业劳动力需求

政府对于企业活动的严重干预是新兴市场的共同特征。政府通过税收、监管和政府所有权影响和控制着企业从劳动力、土地、能源、基础设施、矿产和融资等各项投入到产出的诸多方面。20 世纪 90 年代，就有学者研究了政府干预企业雇佣劳动力的行为。具有代表性的有，博伊科等（Boycko et al.，1996）认为，政府官员往往倾向于让企业雇佣冗员，因为企业雇佣更多的工人对政府是有利的，为了让企业雇佣更多的工人，政府就向企业提供补贴，这就形成了预算软约束；弗莱德曼（Frydman et al.，1998）发现政治压力阻止了企业裁员。

也有文献从产权性质角度出发，研究不同产权性质企业劳动力需求的差异。多纳休（Donahue，1989）发现在公共公司提供的市政服务中，每单位产出的员工比率更高。德温特和马拉泰斯塔（Dewenter & Malatesta, 2001）发现国有企业的员工数量相对资产的比率以及员工数量相对销售收入的比率均高于私有企业，并发现国有企业私有化后公司的劳动密集度有所下降。博伊科等（1996）针对私有企业的冗员问题没有国有企业严重的现象给出了理论解释：政府官员同样有迫使私有企业雇佣更多劳动力的动机，但是私有化使政府官员的干预成本变得高昂以至于阻止了私有企业冗余雇员。与上述观点不一致的是，林毅夫等（2004）认为企业的产权性质与企业的预算软约束之间并不存在必然的因果关系。

随着我国国企改革的不断推进，国有企业经理人员的自主权不断扩大，然而国有企业的控制权仍掌握在政府官员手中。因此在关键决策中，政府仍能施加实质的影响，尤其是当涉及诸如就业等政治问题时（Boycko et al., 1996）。曾庆生和陈信元（2006）发现国家控股公司比非国家控股公司雇佣了更多的员工，并且国家控股公司的超额雇员主要源自上市初的历史遗留冗员，超额雇员和高工资率共同导致国家控股公司承担了比非国家控股公司更高的劳动力成本。薛云奎和白云霞（2008）发现高失业地区的国有企业承担了更多的冗余雇员，作为补偿，政府对冗余雇员多的国有企业给予了更多的财政补贴，而冗余雇员对国有企业的绩效产生了显著的负面效应。

8.1.3　国企层级与企业劳动力需求

2003 年 5 月国务院发布《企业国有资产监督管理暂行条例》，文件规定对于关系国民经济命脉、国家安全、重要基础设施和重要自然资源等领域的国有及国有控股企业、国有参股企业，由中央政府代表国家履行出资人职责；其余国有企业由地方政府代表国家履行出资人职责。因此，国有企业按照终极控制人层级的不同，可以分为中央部委最终控制和地方政府（省级、市县级）最终控制两类，简称中央国企和地方国企。

对于中央国企而言，它所具有的中央政府背景有助于其不受地方政府的干预，并且央企对地方政府政治影响力的潜在提升作用使得其可能获得地方政府的青睐。此外，高行政级别的终极股东所控制的企业与国家核心利益的联系更为紧密，如国资委控制的中央国企关系到国家的经济命脉，使得地方政府对其行为影响较小（Chen et al., 2010；郝颖等，2010）。因此地方政府干预中央国企雇佣劳动力行为的动机和可能性很小。

与中央政府不同的是，分税制改革大大减少了税收来源中由地方政府控制的比重，却基本没有改变中央和地方财政支出格局，扩大了地方政府的财政收支缺口，强化了地方政府的预算约束（朱恒鹏，2004）。由于各级地方政府具有社会管理者与地方国企终极控股股东的双重身份，因此地方国有企业就成为地方政府实现其公共目标的工具。尽管改制上市在一定程度上剥离了原国有企业的社会性负担，同时信息透明度的提高也增加了政府干预上市公司的难度和成本；然而控制失业、促进就业仍是地方政府最重要的目标之一，当地方政府面临就业压力时，它有动机让其控股的上市公司分担就业压力，或者限制地方国企裁员。曹书军等（2009）发现，与地方政府关系最为密切的地方国企的管理层雇佣政策和纳税行为相对而言最易受地方政府影响。吕伟（2006）发现，地方政府控制的企业雇员人数和劳动力成本都显著高于中央控制企业和非政府控制企业。

8.2   理论分析与研究假设

8.2.1   增值税转型与企业劳动力需求

增值税转型对劳动力需求的影响取决于两种效应——收入效应与替代效应。收入效应是指增值税转型作为一项减税政策，使企业生产成本降低，刺激其扩大生产，这会增加对资本和劳动两要素的需求；而替代效应是指消费型增值税仅对资本要素投入免税而对劳动要素投入继续征税，扭曲了生产要素投入的劳动与资本的相对价格，使资本要素价格相对劳动要素价格而言下降，那么企业在这种政策信号下会更多地用资本来替代劳动的投入，劳动力需求减少。这两种效应对劳动力需求的影响截然相反。若收入效应大于替代效应，劳动力需求增加；反之，若收入效应小于替代效应，劳动力需求减少。那么此次增值税转型中收入效应与替代效应究竟孰大孰小？基于此，我们提出如下假设。

假设 8-1：增值税转型刺激固定资产投资，若收入效应大于替代效应，那么在转型后上市公司劳动力需求会增加，反之则会减少。

8.2.2 产权性质与企业劳动力需求

按照拉波尔塔等（La Porta et al.，1999）的终极产权论，股权性质可以划分为国家（政府）控制与私人控制。国家控制企业的现象在世界上很多国家都普遍存在。政府对于企业活动的严重干预是新兴市场的共同特征。政府通过税收、监管和政府所有权来影响和控制企业从劳动力、土地、能源、基础设施、矿产和融资等各项投入到产出的诸多方面。

在中国证券市场上，上市公司大部分由国有企业改制而来。为保持国家对上市公司的控制力，国有股权在上市公司中占据了很大比例，并且这些国有股权在股权分置改革前不能上市流通。兼具社会管理者与终极控股股东双重身份的政府出于地方经济、就业和社会稳定等多重目标，有动机也有能力影响上市公司的决策（李丹蒙和夏立军，2008）。

此次增值税转型降低了资本相对于劳动的价格，政府为防止就业环境进一步恶化，可能会干预国有企业，限制其减少员工数。与国有经济不同的是，我国非国有经济特别是私营经济，是在市场化的条件下成长起来的，非国有部门基本上依照市场经济的规律来使用生产要素（陈钊和陆铭，2003）。当企业现有劳动力数量偏离其利润或价值最大化目标时，非国有企业可以自主调整劳动力的雇佣数量。增值税转型后，部分对生产要素价格敏感的民营企业会因此增加对资本要素的投入，减少对劳动要素的投入，减少劳动力需求。另外，即便政府有动机将其就业目标内化至民营上市公司，相对于国有企业，民营企业受到其干预的可能性和程度更小。基于上述分析，我们提出第二个假设。

假设 8－2：增值税转型后，民营企业的劳动力需求减少，而国有企业的劳动力需求不会减少。

8.2.3 国企层级与企业劳动力需求

国有企业按照终极控制人层级的不同，又可以进一步分为中央部委和地方政府（省级、市县级）最终控制两类。这两类上市公司在政府的外部联系和监督激励体制上有着明显的不同，从而导致它们对政府行为的反应存在差异（夏立军和方轶强，2005；Cheung et al.，2009）。

地方国企作为当地政府解决就业问题的重要渠道，此次增值税转型后，地方政府为防止就业问题恶化，可能会干预它所控制的地方国企雇佣员工行为，避免其劳动力需求大幅度下降。与地方国企不同的是，分税制改革使中央政府财政收入扩大，财政支出比重基本不变，因此，中央政府利用中央国企增加财政收入及将自身的社会性目标（如就业）内部化到其控制的上市公司中的动机较弱。此外，高行政级别的终极股东所控制的企业与国家核心利益的联系更为紧密（Chen et al.，2010），如国资委控制的中央企业关系到国家的经济命脉，使得地方政府对其行为影响较小。吕伟（2006）发现，地方政府控制的企业雇员人数和劳动力成本显著高于非政府控制企业和中央控制企业。基于上述分析，我们提出第三个假设。

假设 8 - 3：增值税转型后，中央国企的劳动力需求减少，而地方国企的劳动力需求不会减少。

8.3   模 型 与 变 量 定 义

8.3.1   样本选择和数据来源

本章选择 2006 ~ 2010 年沪深两市非金融类 A 股上市公司作为研究对象，共 3083 个初始样本（分别为 2006 年 593 个，2007 年 681 个，2008 年 681 个，2009 年 679 个，2010 年 449 个）。我们执行如下样本筛选程序：（1）作为一项给纳税人减负的改革，增值税改革在 2009 年 1 月全国推广前已在多个地区试点。为保证样本的一致性，本章剔除先行进行增值税转型试点地区的样本：即剔除地区为黑龙江、吉林、辽宁、山西、安徽、江西、河南、湖北、湖南、内蒙古、四川、甘肃和陕西的 749 个样本。（2）剔除披露职工数 200人（含）以下的及未披露职工数的 496 个样本。[①]（3）剔除出现财务困境或无正常运营能力的 255 个样本。（4）剔除最终控制人界定困难及不能识别的样本 70 个。（5）剔除有数据缺失值的 283 个样本。这样，共得到有效研究样

---

① 取 200 人作为分界线是为了剔除那些只披露总部员工数的公司，一个上市公司一般不太可能低于 200 人（曾庆生和陈信元，2006）。

本 1230 个（分别为 2006 年 153 个，2007 年 216 个，2008 年 304 个，2009 年 324 个，2010 年 233 个），具体见表 8 - 1。本章员工数据来自 WIND 数据库，地区人均工资水平数据来自中经网，其他财务数据、最终控制人数据及公司治理数据均来自 CCER 数据库。

表 8 - 1   样本选取

样本	公司数（个）	描述
初选样本	3083	全部 A 股非金融业公司
第（1）步剔除样本	（749）	注册地为 2009 年前进行增值税转型试点地区的样本
第（2）步剔除样本	（496）	职工数 200 人（含）以下的样本及未披露职工数的样本
第（3）步剔除样本	（255）	出现财务困境或无正常运营能力的样本
第（4）步剔除样本	（70）	最终控制人界定困难及不能识别的样本
第（5）步剔除样本	（283）	数据缺失的样本
有效样本	1230	国家控股公司：697 个；非国家控股公司：533 个

表 8 - 2 列示了样本公司的最终控制人结构。无论是总体样本还是分年度子样本，国家控股的公司都占了大多数。另外，自 2008 年始，国有企业数量占总样本比重有所下降。

表 8 - 2   各年样本分布情况

年份	国有企业		民营企业		合计	
	数量（个）	百分比（%）	数量（个）	百分比（%）	数量（个）	百分比（%）
2006	99	64.71	54	35.29	153	100
2007	132	61.11	84	38.89	216	100
2008	172	56.58	132	43.42	304	100
2009	173	53.40	151	46.60	324	100
2010	121	51.93	112	48.07	233	100
总观测数	697	56.67	533	43.33	1230	100

8.3.2 研究模型及变量定义

为检验假设 8 - 1，我们建立如下多元回归模型（8 - 1）：

$$\text{Lstaff} = \alpha + \beta_1 \text{Post} + \beta_2 \text{Mkt} + \beta_3 \text{Size} + \beta_4 \text{H5} + \beta_5 \text{Capital} + \beta_6 \text{Growth}$$

$$+ \beta_7 \text{Wage} + \beta_8 \text{Prclevel} + \sum \text{Indu} + \sum \text{Year} + \varepsilon \qquad (8-1)$$

企业劳动力需求通常用企业每年的员工数表示，为消除异方差问题，我们借鉴聂辉华等（2009）以职工数的对数来衡量劳动力需求（Lstaff）。观察变量为 Post，若样本年为 2009 年或 2010 年取 1，否则为 0，用于考察增值税转型对企业劳动力需求的影响。根据假设 8-1 可知，若增值税转型使资本对劳动的收入效应大于替代效应，企业的劳动力需求增加，则 Post 的系数为正，反之 Post 的系数为负。

模型（8-1）中的其他变量为控制变量，它们被用来控制影响企业劳动力需求的其他相关因素。具体说明如下：首先，曾庆生和陈信元（2006）发现市场化进程指数、公司规模、股权集中度及资本密集度对企业员工数有显著影响。因此本章依次对这四个变量进行控制：市场化进程指数 Mkt 的数据来自樊纲、王小鲁等编制的《中国市场化指数——各地区市场化相对进程 2009 年报告》，本章预测其符号为负，即市场化水平越高的地区，公司受政府干预越小，从而劳动力需求越小；公司规模（Size）采用公司总资产的对数度量。本章预测其符号为正，即公司规模越大，其劳动力需求越大；股权集中度（H5）用前五大股东的赫芬达指数（Herfindal index）衡量，本章预期其符号为正，即股权集中度越高，表明大股东对上市公司的控制能力越强，因而政府向上市公司转移社会负担的能力可能越强，劳动力需求越大；资本密集度（Capital）用固定资产占公司总资产的比例衡量，当总资产规模一定时，收入效应会使得公司机器设备越多，劳动力需求越大，而替代效应会使得资本密集度越高，劳动力需求越小，故其符号难以预测。

其次，公司利润增长率（Growth）、企业人均薪酬水平（Wage）及地区人均工资水平（Prclevel）也会影响企业劳动力需求，我们也进行了相应的控制：企业利润增长率（Growth）越大，劳动力需求会越大，本章预测其符号为正；企业人均薪酬水平（Wage）及地区人均收入水平（Prclevel）对劳动力需求的影响方向难以确定。不同行业的企业劳动力需求存在差异，本章用行业虚拟变量（Indu）控制行业因素的影响。尽管模型中已经定义了变量 Post，但由于样本期间宏观环境变化较大如美国次贷危机的爆发等，因此本章也引入了年度虚拟变量（Year）控制年份的影响。本章中所有模型都进行了豪斯曼检验，并根据检验结果相应采用固定效应或随机效应。

为检验假设 8 - 2，我们建立如下回归模型（8 - 2）：

$$Lstaff = \alpha + \beta_1 Post + \beta_2 State + \beta_3 Size \times Post + \beta_4 Mkt + \beta_5 Size$$
$$+ \beta_6 H5 + \beta_7 Capital + \beta_8 Growth + \beta_9 Wage + \beta_{10} Prclevel$$
$$+ \sum Indu + \sum Year + \varepsilon \qquad (8 - 2)$$

模型（8 - 2）在模型（8 - 1）的基础上增加了产权性质变量 State 和产权性质与政策效应变量的交互项 State × Post。样本公司为国有企业时，State 为 1，否则为 0。当企业为国有企业且样本年为 2009 年或 2010 年时，交互项 State × Post 取值为 1，否则为 0。我们关心的是两个虚拟变量的交叉项系数，根据假设 8 - 2 可知，增值税转型后民营企业劳动力需求比国有企业劳动力需求下降更多，因此预测其符号为正。其他控制变量与模型（8 - 1）相同。

为检验假设 8 - 3，我们在模型（8 - 1）的基础上建立了模型（8 - 3）：

$$Lstaff = \alpha + \beta_1 Post + \beta_2 Central + \beta_3 Central \times Post + \beta_4 Mkt + \beta_5 Size$$
$$+ \beta_6 H5 + \beta_7 Capital + \beta_8 Growth + \beta_9 Wage + \beta_{10} Prclevel$$
$$+ \sum Indu + \sum Year + \varepsilon \qquad (8 - 3)$$

与模型（8 - 2）不同的是，模型（8 - 3）在模型（8 - 1）的基础上引入反映国有企业层级的变量 Central 及交互项 Central × Post。样本公司为中央国企时，Central 为 1，否则为 0。当企业为中央国企且样本年为 2009 年或 2010 年时，交互项 Central × Post 取值为 1，否则为 0。依据假设 8 - 3 可知，转型后中央政府控制的国有企业劳动力需求比地方国企劳动力需求下降更多，因此预测其符号为负。本章的主要变量及定义见表 8 - 3。本章对所有连续变量均进行了 1% 的 winsorize 处理。

表 8 - 3 相关变量定义

分组	变量名称	变量符号	定义
因变量	劳动力需求数	Lstaff	职工数的对数
自变量	政策年	Post	如果样本年是 2009 年或 2010 年，Post 为 1，否则为 0
	产权性质的虚拟变量	State	如果是国有企业，State 为 1，否则为 0
	国企层级的虚拟变量	Central	如果是中央国企，Central 为 1，否则为 0

续表

分组	变量名称	变量符号	定义
控制变量	市场化指数	Mkt	樊纲《中国市场化指数——各地区市场化相对进程 2009 年报告》
	公司规模	Size	期末总资产的对数
	股权集中度	H5	=前五大股东持股比例的平方和
	资本密集度	Capital	=固定资产/公司总资产
	利润增长率	Growth	=（当期利润 - 前期利润）/前期利润
	人均薪酬	Wage	=现金流量表中"当期支付给职工以及为职工支付的现金"除以员工数后取对数
	地区人均工资水平	Prclevel	数据来自中经网
	行业	Indu	采用 2001 年 4 月中国证监会颁布的《上市公司行业分类指引》，将所有上市公司分为 13 个行业（本章剔除了金融类上市公司）
	年份	Year	年度虚拟变量

8.4　实证分析

8.4.1　描述性统计

在回归检验前，本章对模型中涉及的主要变量进行了描述性统计，结果见表 8-4。

表 8-4　　主要变量的描述性统计

变量	样本量	均值	下四分位数	中位数	标准差	上四分位数	最小值	最大值
Staff	1230	9273.000	819.000	1749.000	41492.630	3731.000	207.000	539168.000
Lstaff	1230	7.169	6.708	7.467	1.324	8.224	5.333	13.198
State	1230	0.567	0.000	1.000	0.496	1.000	0.000	1.000
Central	697	0.333	0.000	0.000	0.472	1.000	0.000	1.000
Post	1230	0.453	0.000	0.000	0.498	1.000	0.000	1.000

续表

变量	样本量	均值	下四分位数	中位数	标准差	上四分位数	最小值	最大值
Mkt	1230	10.083	9.550	11.040	1.762	11.040	0.330	11.710
Size	1230	20.835	19.957	20.819	1.386	21.673	13.922	25.485
H5	1230	0.150	0.061	0.119	0.110	0.209	0.019	0.517
Capital	1230	0.286	-0.017	0.141	1.781	0.339	-0.984	58.357
Growth	1230	3.6E+08	-0.505	0.099	1.28E+10	0.577	-93.994	4.5E+11
Wage	1230	23.736	26.367	27.254	10.022	28.107	-5.076	32.000
Prclevel	1230	36827	28666	33729	11995	40505	16590	71874

从表 8-4 中可以看出，样本公司平均员工数（Staff）约为 9273 人，而不同公司间差异较大，最少为 207 人，最多则高达 539168 人，标准差很大（41492.63）。在对员工数（Staff）取对数后，Lstaff 的标准差大幅度下降，降为 1.324，最大值（13.198）与最小值（5.333）之间的差距也有所减少。

样本中半数以上公司为国有企业和处于增值税转型前，并且中央国企数量少于地方国企数量。各地区间市场化程度差异很大，最差的为西藏地区（0.33），最好的为上海地区（11.71）。公司规模（Size）和资本密集度（Capital）的标准差较大，而所有变量中标准差最大的是利润增长率（Growth），表明在样本期间各公司盈利能力参差不齐。此外，样本间人均薪酬、地区人均工资水平的差异也较大。

8.4.2 相关性分析

表 8-5 是对模型涉及主要变量进行相关性分析的结果。

表 8-5   **主要变量相关系数**

变量	Lstaff	State	Central	Post	Mkt	Size	H5	Capital	Growth	Wage
Lstaff	1									
State	-0.03	1								
Central	0.03		1							
Post	0.11*	-0.07	0.01	1						
Mkt	-0.03	-0.00	0.08**	0.01	1					

续表

变量	Lstaff	State	Central	Post	Mkt	Size	H5	Capital	Growth	Wage
Size	0.02	0.23 *	0.16 ***	0.07	− 0.07 *	1				
H5	0.11 *	0.09 *	0.03	0.02	− 0.14 *	0.12 *	1			
Capital	0.01	− 0.02	0.05	0.02	0.02	0.16 *	0.08 *	1		
Growth	− 0.04	− 0.01	0.02	0.04	− 0.01	0.14 *	0.07	0.26 *	1	
Wage	0.07	− 0.03	0.03	0.34 *	− 0.03	0.14 *	0.07 *	0.04	0.01	1
Prclevel	0.21 *	− 0.25 *	0.05	0.39 *	0.32 *	− 0.06	− 0.00	0.02	0.02	0.28 *

注：*、**、*** 分别表示在 0.1、0.05 和 0.01 水平上显著。

主要变量间的相关系数均在 0.4 以内，表明各主要解释变量之间不存在严重的多重共线性。被解释变量与解释变量的相关系数显示，增值税转型后企业劳动力需求增加，但由于没有控制其他因素可能对劳动力需求产生的影响，这种关系是否成立还需要进行进一步的多元回归分析。

8.4.3　回归检验

8.4.3.1　增值税转型与劳动力需求：一般分析

表 8 - 6 是对假设 8 - 1 检验的结果。检验结果显示增值税政策实施效果的变量 Post 在 5% 水平上显著为负，说明在控制其他因素干扰后，增值税转型后上市公司劳动力需求显著减少。这说明增值税转型中资本对劳动的收入效应小于替代效应。本章的发现与聂辉华等（2009）的结论一致，表明由生产型增值税过渡为消费型增值税的转型不仅使东北地区资本密集行业的企业劳动力需求减少，也引起了全社会劳动力需求普遍减少。人均薪酬水平（Wage）系数为正向显著，表明企业人均薪酬水平越高，劳动力需求越大。此外，地区人均工资水平（Prclevel）系数在 10% 水平上负向显著，表明增值税转型后，人均工资水平越高的地区，劳动力需求减少的越多。

表 8 - 6　　　　　　**增值税转型与劳动力需求：一般分析**

变量名称	预测符号	系数	T 值
Intercept	?	7.048	7.86 ***
Post	?	− 1.127	− 2.15 **

续表

变量名称	预测符号	系数	T 值
Mkt	−	0.011	0.22
Size	+	0.021	0.65
H5	+	− 0.013	− 0.05
Capital	?	0.007	0.33
Growth	+	− 0.001	− 0.74
Wage	?	0.050	2.94 ***
Prclevel	?	− 0.000	− 1.81 *
控制行业		控制	控制
控制年份		控制	控制
样本量		1230	
Within-R^2		0.119	
F 值		71.41	

注：a：*、**、*** 分别表示在 0.1、0.05 和 0.01 水平上显著；b：豪斯曼检验（Hausman-test）结果显示全样本：chi2（16）= 58.80 ***，因此选用固定效应模型。

8.4.3.2 增值税转型与劳动力需求：基于产权性质的分析

表 8 − 7 是对假设 8 − 2 检验的结果。从国有企业样本回归结果可以发现，Post 系数为正向不显著，表明转型后国有企业的劳动力需求并没有显著减少。市场化指数 Mkt 系数为负，并且统计显著，说明市场化程度越高的地区国有上市公司的劳动力需求下降幅度越大，这与我们的预期一致。即在市场发育颇为成熟的地区，市场这一"无形的手"在经济生活中扮演了重要角色，政府干预企业尤其是国有企业雇佣劳动力行为的动机和能力较弱。地区人均工资水平（Prclevel）系数在 1% 水平上显著为正，即在人均收入水平越高的地区，国有企业劳动力需求越大。从民营企业样本回归结果可以发现，Post 系数为负且在 10% 水平上统计显著，表明增值税转型后民营企业的劳动力需求显著下降。该结果支持了假设 8 − 2。

为了进一步检验假设 8 − 2，本章用模型（8 − 2）检验转型后不同产权性质企业劳动力需求的变化差异在统计上是否显著。在该模型中，Post 衡量了增

表 8 – 7   增值税转型与劳动力需求：基于产权性质的分析

变量 名称	预测 符号	国有企业		民营企业		总体	
		系数	Z 值	系数	T 值	系数	T 值
Intercept	?	6.900	5.338 ***	7.162	4.786 ***	6.691	7.460 ***
Post	?	0.033	0.571	− 2.013	− 1.805 *	− 1.271	− 2.417 **
State	?					− 0.028	− 0.584
State × Post	+					0.244	2.913 ***
Mkt	−	− 0.0703	− 1.698 *	0.0691	0.811	0.015	0.281
Size	+	− 0.0073	− 0.204	0.0314	0.547	0.023	0.729
H5	+	0.297	0.757	− 0.360	− 0.789	− 0.076	− 0.265
Capital	?	0.036	1.324	− 0.011	− 0.265	0.008	0.339
Growth	+	− 0.002	− 1.076	− 0.001	− 0.313	− 0.001	− 0.830
Wage	?	0.038	2.184 **	0.085	2.263 **	0.050	2.898 ***
Prclevel	?	0.000	2.673 ***	− 0.000	− 2.283 **	− 0.000	− 0.263
控制行业		控制		控制		控制	
控制年份		控制		控制		控制	
样本量		697		533		1230	
Within-R^2		0.178		0.098		0.109	
F 值				43.88		70.56	

注：a. *、**、*** 分别表示在 0.1、0.05、0.01 水平上显著；b. 豪斯曼检验结果显示国有企业样本：chi2 (14) = 3.00，民营企业样本：chi2 (15) = 24.72 *，全样本：chi2 (18) = 47.79 ***，因此国有企业样本应采用随机效应模型[①]，而民营企业样本及全样本选用固定效应模型。

值税转型后民营企业劳动力需求变化，而交互项 State × Post 则衡量了转型后国有企业劳动力需求变化与民营企业劳动力需求变化的差异。检验结果显示，Post 系数为负向显著，表明民营企业在增值税转型后劳动力需求减少，而交互项 State × Post 系数为正向显著，表明增值税转型后国有企业劳动力需求减少的程度显著低于民营企业，检验结果进一步支持了假设 8 – 2。这说明增值税转型后民营企业中资本对劳动的替代效应大于收入效应，致使劳动力需求下降，而国有企业由于预算软约束的存在，承担了更多的社会责任，其下岗分流规模和速度受到政府控制，难以大幅度减员，对增值税改革的敏感度比民营企业低。

---

① 为稳健起见，本章对国有企业样本也采用了固定效应模型进行检验，主要结论一致。

8.4.3.3　增值税转型与劳动力需求：基于国有企业层级的分析

表 8 - 8 是对假设 8 - 3 检验的结果。在中央国企样本回归结果中，Post 系数为负且在 5% 水平上显著，表明中央国企的劳动力需求在增值税转型后显著减少；而在地方国企样本回归结果中，Post 系数为负但不显著，这与我们的推断一致，即尽管增值税转型减少了劳动力需求，但由于地方国有企业是地方政府解决就业等社会问题的一个重要渠道，其劳动力需求会因受到地方政府的干预而下降不明显，中央国企由于层级关系受地方政府干预较小，故其劳动力需求显著减少。此外，在地方国企样本回归结果中，衡量外部治理的 Mkt 系数为负向显著，说明市场化程度越高的地区，其上市公司劳动力需求越小。换句话说，市场化程度越低的地区，地方国有企业受地方政府干预越严重，更难以"裁员"。H5 的系数表明，股权集中度越高的地方国企，劳动力需求越大，与我们的预期一致。资本密集度（Capital）的系数正向显著，说明资本密集度越高的地方国企，劳动力需求越大。全部国有企业的样本检验结果显示 Central × Post 系数为负但不显著，表明增值税转型后，中央国企比地方国企劳动力需求有所下降，但两者差异在统计上不显著。

表 8 - 8　　　　增值税转型与劳动力需求：基于国有企业层级的分析

变量名称	预测符号	中央国企		地方国企		全部国有企业	
		系数	T 值	系数	Z 值	系数	T 值
Intercept	?	8.082	3.627 ***	7.535	5.189 ***	8.164	7.179 ***
Post	?	− 1.941	− 2.035 **	− 1.071	− 1.423	− 0.978	− 1.675 *
Central	?					− 0.071	− 0.870
Central × Post	−					− 0.004	− 0.093
Mkt	−	− 0.005	− 0.032	− 0.096	− 1.885 *	− 0.097	− 1.464
Size	+	− 0.039	− 0.605	0.029	0.618	0.008	0.190
H5	+	− 1.168	− 1.565	0.834	1.687 *	0.404	0.859
Capital	?	− 0.038	− 0.834	0.065	1.848 *	0.034	1.173
Growth	+	0.002	0.613	− 0.003	− 1.062	− 0.002	− 1.059
Wage	?	0.063	2.115 **	0.037	1.533	0.036	1.963 *
Prclevel	?	0.000	1.482	0.000	1.909 *	0.000	1.312
控制行业		控制		控制		控制	
控制年份		控制		控制		控制	

续表

变量名称	预测符号	中央国企		地方国企		全部国有企业	
		系数	T 值	系数	Z 值	系数	T 值
样本量		232		465		697	
Within-R^2		0.274		0.193		0.185	
F 值		89.55				83.76	

注：a. ＊、＊＊、＊＊＊ 分别表示在 0.1、0.05、0.01 水平上显著；b. 豪斯曼检验结果显示中央国企样本：chi2（12）= -8.53，地方国企样本：chi2（14）= 4.49，全部国企样本：chi2（16）= -1.42，因此中央国企与全部国企样本采用固定效应模型，而地方国企样本采用随机效应模型[1]。

8.4.3.4 增值税转型与劳动力需求：基于行业与资本有机构成的分析

在前面，我们使用了 A 股全部上市公司作为样本。然而由于本章的研究对象是增值税转型的政策影响，因此以增值税为主的企业与以营业税为主的企业受到影响的程度会有所不同。此外，在以增值税为主的企业中，不同固定资产拥有量的企业受增值税转型的影响也存在差异。基于以上分析，我们将样本进一步区分为：以增值税为主和以营业税为主的企业；拥有大量固定资产的增值税企业和拥有少量固定资产的增值税企业。

根据 2009 年 1 月 1 日起实施的《中华人民共和国营业税暂行条例》可知，营业税应税劳务是指属于交通运输业、建筑业、金融保险业、邮电通信业、文化体育业、娱乐业、服务业税目征收范围的劳务。因此我们根据证监会颁布的《上市公司行业分类指引》将被划分为"交通运输、仓储业""建筑业""金融、保险业""信息技术业""传播与文化产业""社会服务业"的行业中的企业，定义为以营业税为主的企业，其他行业中的企业则定义为以增值税为主的企业。此外，我们根据资本密集度（Capital）的高低将以增值税为主的企业分为两类：拥有大量固定资产的增值税企业和拥有少量固定资产的增值税企业。然后分别根据模型（8 - 1）检验增值税转型后不同类型企业的劳动力需求变化。[2]

---

① 为稳健起见，本章也对地方国企样本采用了固定效应模型进行检验，主要结论一致。

② 对于以营业税为主的企业，若其购买的固定资产并不用于增值税应税项目，那么该项进项税额就不得抵扣。因此，若仅按照固定资产拥有量将所有样本分为拥有大量固定资产的企业和拥有少量固定资产的企业，结果可能会产生一定的偏差。

　　表 8 - 9 是根据模型（8 - 1）分样本回归的结果。以增值税为主的企业
和固定资产较多的增值税企业的 Post 系数为负向显著，而以营业税为主的企
业和固定资产较少的增值税企业的 Post 系数均不显著，表明增值税转型政策
的影响范围主要集中在以增值税为主的企业，尤其是固定资产较多的增值税
企业。这与我们的预期一致，即增值税转型政策通过允许购进固定资产进项
税额抵扣，鼓励企业进行固定资产投资。固定资产投资再通过收入和替代作
用影响企业的劳动力需求。以缴纳营业税为主的企业的固定资产拥有量通常
低于以缴纳增值税为主的企业，因此受到的影响会相对较小。同理，在以增
值税为主的企业中，固定资产较多的企业受增值税转型的影响会大于固定资
产较少的企业。

表 8 - 9　　增值税转型与劳动力需求：基于行业与资本有机构成的分析

变量 名称	以营业税为主的 企业样本		以增值税为主的 企业样本		固定资产较少的 增值税企业样本		固定资产较多的 增值税企业样本	
	系数	Z 值	系数	Z 值	系数	Z 值	系数	Z 值
Intercept					- 6. 376	- 7. 880 ***		
Post	- 0. 667	- 0. 478	- 2. 771	- 4. 714 ***	0. 066	1. 232	- 3. 886	- 5. 190 ***
Mkt	- 0. 112	- 2. 097 **	0. 010	0. 569	0. 043	2. 183 **	0. 005	0. 253
Size	0. 381	6. 836 ***	0. 337	14. 95 ***	0. 378	9. 852 ***	0. 317	8. 741 ***
H5	- 0. 163	- 0. 268	0. 113	0. 700	0. 414	1. 433	- 0. 034	- 0. 184
Capital	- 0. 078	- 2. 632 ***	- 0. 078	- 4. 907 ***	- 0. 132	- 1. 538	- 0. 041	- 1. 850 *
Growth	- 0. 000	- 0. 073	- 0. 001	- 0. 502	- 0. 002	- 0. 745	- 0. 001	- 0. 469
Wage	- 0. 723	- 19. 56 ***	- 0. 712	- 46. 75 ***	- 0. 803	- 37. 69 ***	- 0. 749	- 38. 25 ***
Prclevel	0. 000	1. 942 *	0. 000	5. 318 ***	0. 000	1. 152	0. 000	4. 375 ***
控制行业	控制		控制		控制		控制	
控制年份	控制		控制		控制		控制	
样本量	185		1045		463		582	
Within-R^2	0. 680		0. 646		0. 569		0. 751	

　　注：a. * 、 ** 、 *** 分别表示在 0. 1、0. 05、0. 01 水平上显著；b. 豪斯曼检验结果显示营业税
企业样本：chi2（12）= 12. 36，增值税企业样本：chi2（14）= 6. 81，固定资产少的增值税样本：chi2
（15）= 16. 49，固定资产多的增值税样本：chi2（14）= 13. 13，因此均采用随机模型。

8.5　进一步研究与稳健性检验

8.5.1　进一步研究

博伊科等（1996）认为，政府官员往往倾向于让企业雇佣冗员，因为企业雇佣更多的工人对政府是有利的，为了让企业雇佣更多的工人，政府就向企业提供补贴，这就形成了预算软约束。国内也有学者发现高失业区的国有企业承担了更多的冗余雇员，作为补偿，政府对冗余雇员多的国有企业给予了更多的财政补贴（薛云奎和白云霞，2008）。如前所述，本章发现由于预算软约束的存在，增值税转型后国有企业尤其是地方国企劳动力需求没有显著减少。那么，国有企业尤其是地方国企是否会因此而获得更多的政府补贴呢？为研究上述问题，我们建立了差分模型（8-4）、模型（8-5）及模型（8-6），如下所示：

$$\Delta \text{Subsidies} = \alpha + \beta_1 \Delta \text{Lstaff} + \beta_2 \text{Capital} + \beta_3 \text{Roa} + \beta_4 \text{Size}$$
$$+ \beta_5 \text{Unemploy} + \sum \text{Indu} + \varepsilon \qquad (8-4)$$

$$\Delta \text{Subsidies} = \alpha + \beta_1 \Delta \text{Lstaff} + \beta_2 \text{State} + \beta_3 \text{State} \times \Delta \text{Lstaff} + \beta_4 \text{Capital}$$
$$+ \beta_5 \text{Roa} + \beta_6 \text{Size} + \beta_7 \text{Unemploy} + \sum \text{Indu} + \varepsilon \qquad (8-5)$$

$$\Delta \text{Subsidies} = \alpha + \beta_1 \Delta \text{Lstaff} + \beta_2 \text{Central} + \beta_3 \text{Central} \times \Delta \text{Lstaff} + \beta_4 \text{Capital}$$
$$+ \beta_5 \text{Roa} + \beta_6 \text{Size} + \beta_7 \text{Unemploy} + \sum \text{Indu} + \varepsilon \qquad (8-6)$$

借鉴薛云奎和白云霞（2008）的做法，本章以公司利润表中披露的补贴收入除以期末总资产来衡量企业获得的政府补贴（Subsidies）。补贴收入主要包括财政补贴收入（为各类贴息）、出口补贴收入、软件补贴收入等。在此基础上，$\Delta \text{Subsidies}$ 的计算公式如下：

$$\Delta \text{Subsidies} = \frac{(\text{Subsidies}_{2009} + \text{Subsidies}_{2010})}{2} -$$
$$\frac{(\text{Subsidies}_{2006} + \text{Subsidies}_{2007} + \text{Subsidies}_{2008})}{3}$$

其中 Subsidies$_{2006}$、Subsidies$_{2007}$、Subsidies$_{2008}$、Subsidies$_{2009}$ 及 Subsidies$_{2010}$ 分别表示企业在 2006 年、2007 年、2008 年、2009 年、2010 年获得的政府补贴。

ΔLstaff 是企业劳动力需求的差量，其计算方法与 ΔSubsidies 一致，反映增值税转型后企业劳动力需求的变化。此外由于企业的资本密集度（Capital）、公司业绩（Roa）、公司规模（Size）及地区失业率（Unemploy）都是影响企业获得政府补贴的重要因素（薛云奎和白云霞，2008），本章也进行了控制：Roa ＝（利润总额 ＋ 财务费用）/平均总资产，公司规模（Size）以期末总资产对数来衡量，而失业率（Unemploy）是虚拟变量，当地区失业率高于样本中所有地区中位数时为 1，否则为 0。由于采用差分模型后，数据变为横截面数据，因此对模型（8 - 4）、模型（8 - 5）、模型（8 - 6）采用普通最小二乘法（OLS）进行检验。

表 8 - 10 是分别用国有企业样本、民营企业样本及全样本对模型（8 - 4）及模型（8 - 6）检验后的结果。分样本研究发现，只有国有企业样本中 ΔLstaff 系数正向显著，这说明增值税转型后，政府将就业这一社会目标内化于国有企业，避免其劳动力需求下降，与此同时，政府也为国有企业提供了更多的财政补贴作为补偿。在全样本中，State × ΔLstaff 的系数正向显著，说明增值税转型后，由于国有企业比民营企业吸纳了更多的社会就业，其劳动力需求没有显著减少，因此国有企业比民营企业获得了更多的政府补贴，且差异在统计上显著。此外，公司业绩（Roa）与补贴变化量显著正相关，说明企业业绩越好，企业获得的补贴越多。

表 8 - 10　　　　　　　　进一步检验：国有企业 VS. 民营企业

变量名称	预测符号	国有企业		民营企业		全样本	
		系数	T 值	系数	T 值	系数	T 值
Intercept	?	0.010	0.480	−0.018	−1.044	−0.001	−0.079
ΔLstaff	+	0.005	1.939*	−0.002	−0.970	−0.002	−0.841
State						0.001	0.606
State × ΔLstaff						0.007	2.025**
Capital	+	0.006	1.718*	0.001	0.709	0.002	1.381
Roa	+	0.033	1.607	0.030	1.621	0.036	2.644***
Size		−0.001	−1.235	0.001	1.030	−0.000	−0.298
Unemploy	+	−0.000	−0.087	−0.000	−0.207	−0.001	−0.341

续表

变量 名称	预测 符号	国有企业		民营企业		全样本	
		系数	T 值	系数	T 值	系数	T 值
控制行业		控制		控制		控制	
样本量		63		54		117	
Within-R²		0.085		0.157		0.053	
F 值		1.53		0.91		1.46	

注：*、**、*** 分别表示在 0.1、0.05 和 0.01 水平上显著。

表 8 – 11 是分别用地方国企子样本及国有企业全样本对模型（8 – 4）及模型（8 – 6）进行检验的结果。在分样本检验结果中，地方国企劳动力需求变化 $\Delta Lstaff$ 系数为正向不显著，全样本中 $Central \times \Delta Lstaff$ 的系数为负向显著，说明增值税转型后，相对于中央国企而言，地方国企为地方政府解决了更多的就业问题，与此同时地方政府也为其提供了更多补贴作为补偿。

表 8 – 11 　　　　　　　　　 **进一步检验：中央国企 VS. 地方国企**

变量 名称	预测 符号	地方国企		国有企业全样本	
		系数	T 值	系数	T 值
Intercept	?	0.007	0.375	0.013	0.672
$\Delta Lstaff$	+	0.003	1.189	0.003	1.250
Central				0.024	2.630 **
$Central \times \Delta Lstaff$				– 0.007	– 2.296 **
Capital	+	0.005	1.095	0.005	1.633
Roa	+	0.029	1.488	0.031	1.590
Size		– 0.000	– 0.074	– 0.000	– 1.100
Unemploy	+	0.002	0.541	– 0.000	– 0.118
控制行业		控制		控制	
样本量		48		63	
Within-R²		0.089		0.183	
F 值		1.46		2.07	

注：*、**、*** 分别表示在 0.1、0.05 和 0.01 水平上显著。由于在差分模型中，中央国企样本观测值仅有 15 个（N < 30），不满足多元回归中采用最小二乘法估计的前提，估计结果有偏，因此表 8 – 11 没有对中央国企样本进行分样本检验。

8.5.2 稳健性检验

8.5.2.1 以2009年增值税政策不发生变化的地区的企业作为对照样本

在样本筛选中，为保证样本的一致性，我们剔除了先行进行增值税转型试点地区的样本：即剔除地区为黑龙江、吉林、辽宁、山西、安徽、江西、河南、湖北、湖南、内蒙古、四川、甘肃和陕西的样本，仅保留2009年增值税政策发生变化地区的企业作为研究样本。为消除宏观经济的影响，我们以2009年增值税转型中增值税政策不发生变化的试点地区相应的公司作为对照样本，以实施增值税转型地区（即试点地区以外的其他地区，简称转型地区）的上市公司作为研究样本，采用双重差分的方法，检验本次增值税转型对企业劳动力需求的影响。这样，我们不仅将转型地区2009年之前的所有企业和2009年之后的所有企业进行了对比，而且也将转型地区和先行试点地区的企业进行了对比，综合考虑这两种差异，可以有效处理一些宏观层面因素对企业劳动力需求变化的影响，而且可以消除个体异质性对因变量的影响。为此，建立模型（8-7）：

$$Lstaff = \alpha + \beta_1 Post + \beta_2 Reform + \beta_3 Post \times Reform + \beta_4 Mkt + \beta_5 Size$$
$$+ \beta_6 H5 + \beta_7 Capital + \beta_8 Growth + \beta_9 Wage$$
$$+ \beta_{10} Prclevel + \sum Indu + \sum Year + \varepsilon \qquad (8-7)$$

变量 Post 的定义不变，若样本年为2009年或2010年取1，否则为0；新增虚拟变量 Reform，当上市公司处于转型地区时为1，否则为0。Post × Reform 用于考察增值税转型对企业劳动力需求的影响。根据假设8-1可知，若增值税转型中资本对劳动的收入效应大于替代效应，企业的劳动力需求增加，Post × Reform 的系数为正，反之则为负。检验结果见表8-12。从表8-12中可以看出，Post × Reform 系数在1%水平上负向显著，这与前面的结果一致，支持了假设8-1。

在表8-13中，我们分别以国有企业、民营企业、中央国企、地方国企为研究样本，试点地区相应类型企业为对照样本，采用模型（8-7）检验不同产权特征企业在2009年增值税转型后劳动力需求的变化结果发现：增值税转型后，与民营企业不同的是，国有企业劳动力需求没有显著下降；与中央国

表8-12 增值税转型与劳动力需求模型（8-7）：全样本检验

变量名称	预测符号	系数	Z值
Intercept	？	1.798	3.060 ***
Post	？	-0.014	-0.435
Reform	？	-0.649	-0.769
Post × Reform	-	-0.156	-4.848 ***
Mkt	-	-0.018	-1.014
Size	+	0.375	11.08 ***
H5	+	0.362	2.452 **
Capital	？	0.037	2.572 **
Growth	+	-0.000	-0.343
Wage	？	-0.661	-53.17 ***
Prclevel	？	0.001	5.418 ***
控制行业		控制	控制
控制年份		控制	控制
样本量		1631	
Within-R^2		0.664	

注：a. **、***分别表示在0.05、0.01水平上显著；b. 豪斯曼检验结果显示全样本：chi2 (20) = 27.81，因此选用随机效应模型。

企不同的是，地方国企劳动力需求没有显著下降。这与前面的结论一致，支持了假设8-2和假设8-3。

表8-13 增值税转型与劳动力需求模型（8-7）：基于产权性质与国企层级的检验

变量名称	国有企业		民营企业		中央国企		地方国企	
	系数	T值	系数	Z值	系数	Z值	系数	T值
Intercept	5.276	6.595 ***	-0.487	-0.438	-5.359	-2.852 ***	4.020	4.632 ***
Post	-0.026	-0.572	-0.193	-3.237 ***	0.100	0.809	-0.047	-1.002
Reform			1.015	0.660	2.005	0.859		
Post × Reform	-0.045	-0.999	-0.127	-1.982 **	-0.212	-1.740 *	-0.056	-1.180
Mkt	-0.034	-0.758	-0.018	-0.729	0.025	0.591	-0.032	-0.716
Size	0.284	6.382 ***	0.524	8.178 ***	0.505	5.284 ***	0.243	5.051 ***
H5	0.158	0.632	0.630	2.898 ***	0.377	0.754	0.399	1.459
Capital	0.056	3.066 ***	0.033	1.477	0.005	0.119	0.059	2.747 ***

续表

变量名称	国有企业		民营企业		中央国企		地方国企	
	系数	T 值	系数	Z 值	系数	Z 值	系数	T 值
Growth	0.000	0.116	0.001	0.441	− 0.000	− 0.113	− 0.001	− 0.616
Wage	− 0.669	− 33.84 ***	− 0.689	− 35.89 ***	− 0.697	− 21.78 ***	− 0.614	− 23.94 ***
Prclevel	0.000	0.564	0.001	2.560 **	0.001	2.306 **	− 0.000	− 0.068
控制行业	控制		控制		控制		控制	
控制年份	控制		控制		控制		控制	
样本量	933		698		265		668	
Within-R^2	0.696		0.649		0.653		0.657	
F 值	32.60						32.82	

注：a. *、**、*** 分别表示在 0.1、0.05、0.01 水平上显著；b. 豪斯曼检验结果显示国有企业样本：chi2 (18) = 29.59 **，民营企业样本：chi2 (19) = 26.81，中央国企样本：chi2 (18) = 422.36，地方国企样本：chi2 (19) = 37.18 ***，因此国有企业与地方国企样本采用固定效应模型，其他则采用随机效应模型。

8.5.2.2   增值税转型前转型地区企业劳动力需求的变化

本章发现，增值税转型后上市公司普遍减少了劳动力需求，其中，民营企业和中央国企劳动力需求显著减少，而国有企业尤其是地方国企由于预算软约束的存在，劳动力需求并没有显著减少。那么这种现象确实是由增值税转型政策引起的吗？尽管我们加入了一些解释变量或控制变量，如企业规模、利润增长率等，但仍然无法排除其他因素的影响，如 2008 年的次贷危机等。如前所述，聂辉华等（2009）研究了 2004 年东北地区增值税转型试点的政策效应，为了检验增值税试点地区企业与非试点地区企业在新增固定资产投资、劳均资本、职工人数、人均销售额和研发密度等方面的差异是否完全因试点政策产生，在稳健性检验部分选择了最靠近政策年份的 2002 年和 2003 年数据作为样本，考察试点地区企业与非试点地区企业的各种指标是否在 2003 年时就已经存在着显著差异。结果发现这两类企业的各指标在 2003 年并不存在显著差异，因此其认为研究的结果确实是由增值税转型试点引起的。

本章借鉴其做法，剔除 2009 年及 2010 年的观测值，构建由 2006 年、2007 年及 2008 年构成的增值税转型前样本，同时以先行试点地区企业为对照样本，检验转型地区企业尤其是民营企业与中央国企的劳动力需求在 2008 年是否已显著下降。解释变量 Post2，当样本处于 2008 年时，该值取 1，而样本处于 2006 年、2007 年时，为 0。我们更关心的是 Post2 × Reform，它衡量转型地区企业的劳动力需求在 2008 年前后的变化。检验结果见表 8 - 14。总样本中 Post2 × Reform 系数为负向不显著。分样本结果显示，民营企业样本中 Post2 × Reform 的系数为负向不显著，而中央国企样本中 Post2 × Reform 的系数为正向不显著，即转型地区企业劳动力需求在 2008 年没有发生显著下降。这说明本章的结果确实是由 2009 年增值税转型引起的。为稳健起见，本章也针对国有企业样本及中央国企样本进行了检验，发现这两类企业劳动力需求在 2008 年也没有显著变化。限于篇幅没有列示。

表 8 - 14　　　稳健性检验——2008 年前后企业劳动力需求变化情况

变量名称	总体		民营企业		中央国企	
	系数	Z 值	系数	Z 值	系数	Z 值
Intercept	- 0. 367	- 0. 427	- 4. 842	- 3. 231 ***		
Post2	0. 078	2. 647 ***	0. 229	2. 390 **	- 0. 016	- 0. 094
Reform	1. 456	1. 244	5. 040	2. 335 **	5. 456	1. 684 *
Post2 × Reform	- 0. 062	- 1. 499	- 0. 219	- 1. 463	0. 197	0. 764
Mkt	- 0. 005	- 0. 278	- 0. 014	- 0. 506	0. 061	1. 115
Size	0. 510	10. 43 ***	0. 769	8. 438 ***	0. 618	4. 356 ***
H5	0. 651	3. 597 ***	0. 425	1. 555	0. 176	0. 296
Capital	- 0. 016	- 0. 733	0. 037	1. 126	- 0. 140	- 3. 317 ***
Growth	- 0. 002	- 1. 243	- 0. 003	- 0. 932	- 0. 004	- 0. 916
Wage	- 0. 708	- 44. 61 ***	- 0. 721	- 28. 02 ***	- 0. 745	- 17. 63 ***
Prclevel	0. 001	1. 644	0. 001	2. 925 ***	0. 001	0. 856
控制行业	控制		控制		控制	
控制年份	控制		控制		控制	
样本量	901		354		149	
Within-R^2	0. 647		0. 682		0. 746	

注：a. * 、** 、*** 分别表示在 0.1、0.05、0.01 水平上显著；b. 豪斯曼检验结果分别为 chi2 (16) =20. 06，chi2 (15) =14. 31，chi2 (13) =9. 12，因此均采用随机效应模型。

8.5.2.3　以相对指标衡量劳动力需求

本章以员工数的对数这一绝对指标衡量企业劳动力需求。事实上，除绝对指标外，也有文献使用了相对指标——单位销售收入员工数、单位资产员工数衡量企业劳动力需求（曾庆生和陈信元，2006）。我们借鉴前人的研究，分别以这两个相对指标——单位销售收入员工数（Staffsale）、单位资产员工数

（Staffasset）衡量企业劳动力需求，对本章的三个假设进行检验。其中，变量计算公式分别为：单位销售收入员工数 Staffsale = 员工数/主营业务收入；单位资产员工数 Staffasset = 员工数/总资产。

表 8 – 15、表 8 – 16、表 8 – 17 及表 8 – 18 列示了检验结果。从表 8 – 15 中可以看出，无论是以单位销售收入员工数还是以单位资产员工数作为因变量，Post 系数均为负向显著，表明在增值税转型后，企业劳动力需求普遍下降。从表 8 – 16 中可以看出，国有企业劳动力需求没有显著下降，而在民营企业样本中 Post 系数均为负，尤其是以 Statffasset 为因变量进行衡量时，该系数在 5% 水平上显著。从表 8 – 17 中可以看出，中央国企样本 Post 系数均为负，且当因变量为 Statffasset 时在 5% 水平上显著为负。在表 8 – 18 中，我们检验了增值税转型后不同产权特征企业劳动力需求的差异是否在统计上显著，发现两个交互项 State × Post 与 Central × Post 系数的符号与我们预期一致，但在统计上并不显著。可能的原因是，与绝对数指标相比，相对指标的劳动力需求对企业间的差异更不敏感，因此在统计上不同企业的差异不易凸显。由于其符号与前面一致，因此我们认为本章的结论是比较稳健的。

表 8 – 15   增值税转型与劳动力需求（相对指标衡量）：全样本

变量名称	预测符号	Staffsale		Staffasset	
		系数	Z 值	系数	T 值
Intercept	?	0.650	1.461	− 2.659	3.549 ***
Post	?	− 0.045	− 2.282 **	− 0.015	− 3.098 ***
Mkt	−	− 0.013	− 0.971	0.004	0.612
Size	+	− 0.119	− 6.851 ***	0.003	0.736
H5	+	0.194	1.520	0.061	1.755 *
Capital	?	− 0.041	− 3.493	− 0.001	− 0.493
Growth	+	− 0.001	− 0.685	2.57e − 05	0.124
Wage	?	− 0.097	− 8.408 ***	− 0.016	− 4.749 ***
Prelevel	?	0.000	4.583 ***	0.000	3.521 ***
控制行业		控制		控制	
控制年份		控制		控制	
样本量		1223		1223	
Within-R^2		0.435		0.095	
F 值				121.60	

注：a. *、**、*** 分别表示在 0.1、0.05、0.01 水平上显著；b. 豪斯曼检验结果显示：以 Staffsale 为因变量时，chi2（17）= 11.43，以 Staffasset 为因变量时，chi2（16）= 32.18 **，因此分别采用随机模型和固定效应模型。

表 8 – 16　增值税转型与劳动力需求（相对指标衡量）：基于产权性质的分析

变量名称	国有企业				民营企业			
	Statffsale		Statffasset		Statffsale		Statffasset	
	系数	T 值	系数	Z 值	系数	Z 值	系数	Z 值
Intercept	− 2. 748	− 5. 950 ***	①		− 0. 659	− 2. 879 ***	0. 296	1. 262
Post	− 0. 017	− 1. 020	0. 249	1. 278	− 0. 041	− 1. 214	− 0. 044	− 2. 376 **
Mkt	− 1. 021	− 0. 372	− 0. 006	− 1. 100	− 0. 011	− 0. 556	− 0. 002	− 0. 226
Size	− 0. 076	− 4. 922 ***	0. 007	1. 107	− 0. 177	− 6. 124 ***	0. 007	0. 974
H5	0. 053	0. 354	0. 015	0. 279	0. 325	1. 708 *	0. 154	2. 946 **
Capital	− 0. 032	− 3. 411 ***	− 0. 003	− 0. 774	− 0. 052	− 2. 625 ***	− 0. 003	− 0. 638
Growth	0. 000	0. 164	0. 000	0. 524	0. 003	1. 859 *	0. 000	0. 056
Wage	− 0. 002	− 0. 192	− 0. 025	− 5. 601 ***	− 0. 128	− 7. 331 ***	− 0. 045	− 8. 567 ***
Prclevel	0. 000	0. 403	0. 000	3. 227 ***	0. 000	3. 195 ***	0. 000	3. 713 ***
控制行业	控制		控制		控制		控制	
控制年份	控制		控制		控制		控制	
样本量	690		690		533		533	
Within-R²	0. 464		0. 032		0. 297		0. 169	
F 值	201. 63							

注：a. ＊ 、＊＊ 、＊＊＊ 分别表示在 0. 1、0. 05、0. 01 水平上显著；b. 豪斯曼检验结果分别为：chi2（16）= 44. 64 *** ，chi2（16）= 8. 7，chi2（15）= 7. 9，chi2（16）= 21. 41，因此除第一个样本采用固定效应模型外，其他均采用随机效应模型。

表 8 – 17　增值税转型与劳动力需求（相对指标衡量）：基于国有企业层级的分析

变量名称	中央国企				地方国企			
	Statffsale		Statffasset		Statffsale		Statffasset	
	系数	Z 值	系数	Z 值	系数	T 值	系数	Z 值
Intercept			− 0. 112	− 0. 224	0. 088	0. 149		
Post	− 0. 012	− 0. 931	− 0. 026	− 2. 228 **	− 0. 013	− 0. 331	0. 173	1. 085
Mkt	− 0. 029	− 1. 332	− 0. 019	− 1. 343	− 0. 014	− 0. 520	− 0. 003	− 0. 616
Size	0. 001	0. 050	0. 024	1. 796 *	− 0. 126	− 5. 609 ***	0. 007	1. 143
H5	− 0. 050	− 0. 293	− 0. 023	− 0. 154	0. 273	1. 227	0. 083	1. 590
Capital	− 0. 011	− 1. 075	− 0. 001	− 0. 143	− 0. 045	− 3. 333 ***	− 0. 007	− 1. 746 *

---

① 运用 STATA 进行回归检验时，STATA 运行时为避免共线性将该变量自动予以删除，下同。

续表

变量名称	中央国企				地方国企			
	Statffsale		Statffasset		Statffsale		Statffasset	
	系数	Z 值	系数	Z 值	系数	T 值	系数	Z 值
Growth	0.001	0.907	0.000	0.110	-0.001	-0.687	0.000	0.180
Wage	-0.045	-3.438***	0.045	-3.981***	-0.005	-0.299	-0.019	-4.634***
Prclevel	0.000	1.813*	0.000	2.308**	-0.000	-0.047	0.000	2.378**
控制行业	控制		控制		控制		控制	
控制年份	控制		控制		控制		控制	
样本量	226		226		470		470	
Within-R²	0.094		0.037		0.280		0.031	
F 值					35.98			

注：a. *、**、*** 分别表示在 0.1、0.05、0.01 水平上显著；b. 豪斯曼检验结果显示：chi2(13) = 13.63, chi2(13) = 7.92, chi2(14) = 18.49, chii2(14) = 13.72, 因此除第三个样本采用固定效应模型外，其他均采用随机效应模型。

表 8-18 增值税转型与劳动力需求（相对指标衡量）：不同产权特征企业的比较

变量名称	国有企业 VS. 民营企业				中央国企 VS. 地方国企			
	Statffsale		Statffasset		Statffsale		Statffasset	
	系数	Z 值	系数	Z 值	系数	T 值	系数	Z 值
Intercept	0.623	1.376	0.270	1.746*	-2.728	-5.787***	0.399	2.234**
Post	-0.041	-3.054***	-0.011	-3.094***	-0.015	-0.808	0.001	0.078
State	0.026	1.064	-0.000	-0.003				
State×Post	0.084	1.495	0.013	0.950				
Central					0.007	0.263	0.002	0.186
Central×Post					-0.002	-0.164	-0.007	-1.205
Mkt	-0.014	-1.042	-0.004	-0.751	-0.007	-0.327	0.002	0.225
Size	-0.122	-6.969***	0.010	2.126**	-0.076	-4.879***	0.003	0.402
H5	0.192	1.500	0.087	2.478**	0.060	0.398	-0.013	-0.217
Capital	-0.040	-3.437***	-0.003	-1.006	-0.032	-3.370***	-0.001	-0.336
Growth	-0.001	-0.656	0.000	0.088	0.000	0.166	0.000	0.786
Wage	-0.098	-8.529***	-0.034	-10.08***	-0.002	-0.190	-0.006	-1.239
Prclevel	0.000	4.384***	0.000	4.197***	0.000	0.185	0.000	0.601

续表

变量 名称	国有企业 VS. 民营企业				中央国企 VS. 地方国企			
	Statffsale		Statffasset		Statffsale		Statffasset	
	系数	Z 值	系数	Z 值	系数	T 值	系数	Z 值
控制行业	控制		控制		控制		控制	
控制年份	控制		控制		控制		控制	
样本量	1223		1223		677		677	
Adj-R^2	0.434		0.084		0.809		0.056	
F 值					44.78		56.47	

注：a. ＊ 、 ＊＊ 、 ＊＊＊ 分别表示在 0.1、0.05、0.01 水平上显著；b. 豪斯曼检验结果显示：chi2 (20) = 16.53，chi2 (20) = 14.23，chi2 (18) = 48.1 ＊＊＊ ，chii2 (18) = 40.6 ＊＊＊ ，因此分别采用随机效应、随机效应、固定效应及固定效应模型。

8.6 本章小结

2009 年在全国推广施行的增值税转型为研究税收改革对企业劳动力需求的影响及不同产权特征的企业行为差异提供了一个契机。本章选择 2006～2010 年沪深两市中于 2009 年首次进行增值税转型地区的非金融类 A 股公司为研究对象，考察了产权特征对增值税转型与企业劳动力需求关系的影响。研究结果发现以下几点。

（1）不考虑产权特征，就总体而言，将生产型增值税转型为消费型增值税，使资本对劳动的替代效应大于收入效应，企业显著减少了劳动力需求。

（2）考虑产权性质，我们发现增值税转型后，民营企业相对于国有企业，其劳动力需求下降幅度更大。

（3）考虑国有企业的层级，我们发现，中央国企相对于地方国企，其劳动力需求下降幅度更大。

（4）考虑行业与资本有机构成的差异，我们发现，增值税转型对劳动力需求的影响主要集中在以缴纳增值税为主的行业中，并且在这类行业中，资本有机构成较高的上市公司劳动力需求的下降幅度大于资本有机构成较低的上市公司。

我们还进一步考察了产权特征对增值税转型与企业劳动力需求关系产生

影响的原因，发现一个重要原因是国有企业尤其是地方国有企业承担了更多的预算软约束，作为补偿它们也获得了更多的政府补贴。

本章在以下三个方面丰富了相关研究：第一，丰富了产权性质对企业劳动力需求影响的相关研究。有文献认为不同产权性质企业面临不同程度的政府干预，即政府会干预国有企业雇员行为，此外尽管政府同样有迫使私有企业雇佣更多劳动力的动机，但私有化使政府官员的干预成本变得高昂以至于阻止了私有企业冗余雇员。既然增值税转型会对企业劳动力需求产生影响，而不同产权性质企业面临的政府干预程度又不同，那么这是否会导致转型后不同产权性质企业的劳动力需求变化也不一致呢？然而目前没有文献研究这个问题。第二，丰富了不同层级国有企业行为差异的研究。以往文献表明，由于中央政府控制的企业与地方政府控制的企业面临的政府干预及目标不同，两类企业的行为存在较大差异。本章通过研究增值税转型对不同层级国有企业劳动力需求的影响，丰富了该领域文献。第三，丰富了增值税转型对劳动力需求影响的相关研究。尽管聂辉华等（2009）研究了2004年增值税转型试点对该地区企业雇员人数的影响，但由于2009年推广的全国增值税改革与东北试点在改革范围——区域和行业及宏观环境方面的差异，试点地区结论的推广可能受到限制，本章对其结论的外部性提供了证据。

第9章 增值税转型与企业研发投入 *

9.1 文献回顾

9.1.1 税收对企业研发投入的影响

现有研究普遍发现税收优惠政策能够有效地刺激公司增加研发投入（Hall & Reenen, 2000; Klassen et al., 2004; Russo, 2004; Brown & Krull, 2008; Becker, 2015）。也有学者以外生税率变动为研究视角，发现税率变动与企业研发投资之间存在显著的负相关关系（Atanassov & Liu, 2015; Mukherjee et al., 2015）。以我国 2008 年企业所得税改革为对象，吴祖光等（2013）和林洲钰等（2013）发现所得税改革通过税率变动和重新修订研发投入进行税收抵扣的相关政策促进了企业技术创新。

然而增值税转型对研发投入的作用机理与所得税改革差异较大。增值税转型允许企业抵扣外购固定资产的进项税额，间接降低了企业外购固定资产的成本，缓解了企业内源融资约束，从而影响企业的研发决策。聂辉华等（2009）发现增值税转型对研发投入影响有限。其以 2004 年增值税转型试点为对象，改革地区限于黑龙江、吉林和辽宁三省，且行业多为资本密集型行业，这使得该结论的推广性受限。2009 年增值税转型推广至全国所有地区所有行业，且 2009 年 1 月 1 日修订施行的《中华人民共和国增值税暂行条例》

* 倪婷婷、王跃堂：《增值税转型促进了企业研发投入吗?》，载于《科学学研究》2018 年第 10 期。

规定对购进直接用于科学研究、科学试验和教学的进口仪器、设备给予免税，旨在促进研发。因此深入分析增值税转型对企业研发投入影响很有必要，但目前这方面文献很少。

9.1.2　集团公司的研发行为研究

相关文献主要可分为以下几方面：第一，相对于非集团公司，集团公司是否创新性更强。有学者认为集团是更有利于创新的组织形式（Coriat & Weinstein，2002），并且集团公司的研究投入更高（Cefis et al.，2009）。但从产业层面来看，企业集团为非集团成员的创新设置了壁垒，因此产业内企业集团的份额与技术创新呈"倒 U"型（Mahmood & Mitchell，2004）。第二，企业集团对研发投入的影响路径。集团公司可通过技术与金融资源的共享（Chang et al.，2006）、知识溢出效应（Blanchard et al.，2005）以及缓解外部融资约束（Belenzon & Berkovitz，2010）等方式促进研发创新。贺勇和刘冬荣（2011）发现我国民营集团控制的上市公司在资金短缺时会通过企业集团内部资本市场获取资金支持。第三，集团异质性与企业研发投入相关研究。集团多元化、家族关系会促进集团公司的创新（Tsun et al.，2010），而过度分散的股权结构则会抑制集团公司的研发投入（Filatotchev et al.，2003）。

9.2　理论分析与研究假设

9.2.1　增值税转型与公司研发投入：基于集团视角的考察

9.2.1.1　融资约束的缓解效应

税收会降低企业可支配收入，使得为创新项目融资更困难。若企业因现金持有充足或外部融资容易而导致融资约束较低，那么税率降低带来的激励作用对企业创新的影响就很有限。康志勇（2013）发现融资约束对中国本土企业研发活动存在抑制效应。那么增值税转型带来的融资约束缓解效应对集团公司与非集团公司研发投入的刺激作用孰大孰小？由于新兴市场相对不发达且对产权保护较弱，集团内部资本市场有助于缓解其附属企业的融资约束。尽管由于集团公司融资约束较低，增值税转型对融资约束缓解的边际作用可能较小；但集团公司内部资本市场也可能会通过乘数效应放大改革效应，从而使增值税转型刺激集团公司研发投入的效应更强。

9.2.1.2 知识溢出效应

阿罗（Arrow，1971）首次提出知识溢出的概念，即不同行为主体间因交流互动而发生的知识、技术的传播。集团成员企业间通常在经营业务上存在关联，如处于上下游产业。集团公司的研发投入不仅有利于自身发展，也会使集团内与其有业务关联的其他企业受益，从而增大企业研发效用乘数（黄俊和陈信元，2011）。黄俊和陈信元（2011）发现集团企业的研发投资显著高于非集团企业。因此从知识溢出效应角度来看，增值税转型对集团公司研发的刺激效应可能会大于非集团公司。由此，提出如下假设。

假设 9－1：相较于非集团公司，增值税转型更显著提高了集团公司的研发投入。

9.2.2 增值税转型与集团公司研发投入：基于产权视角的考察

从税收敏感性角度来看，一系列证据表明国有企业的税收敏感性较低（刘行和叶康涛，2014），国有企业比民营企业更倾向于采取保守的税收筹划行为（郑红霞和韩梅芳，2008）。例如，国有企业面临更高的税收负担（Bradshaw et al.，2012；吴联生，2009），并且国有企业也更少地使用债务税盾（王跃堂等，2010）和就业税盾（王跃堂等，2012），其对税收的敏感性较差。

在产权特征与企业研发关系方面，一般认为国有企业由于存在效率和决策等问题会在创新方面劣于非国有企业（肖兴志和王建林，2011）。吴延兵（2012）发现民营企业创新投入与创新效率居领先地位，而国有企业则缺乏竞争力。肖兴志和王建林（2011）从政府的科技资助经费角度进行分析，发现与非国有企业不同的是，政府资助并不能刺激国有企业研发增加。基于国有企业和民营企业在税收敏感性和研发积极性方面的差异，我们认为增值税转型对民营集团研发投入的刺激作用大于国有集团。由此，本章提出假设 9－2。

假设 9 - 2：相较于国有集团，增值税转型更显著提高了民营集团的研发投入。

9.3　模型与变量定义

9.3.1　样本选择和数据来源

本章以 2006 ~ 2011 年 A 股 11308 家上市公司为样本，筛选步骤为：（1）剔除金融行业样本 207 个；（2）剔除样本期间没有披露当期研发投入的样本 6614 个；（3）剔除最终控制人无法识别以及在样本期间发生变化的样本 2986 个；（4）剔除在 2006 年及以后年度上市的样本 23 个；（5）剔除有缺漏值的样本 138 个。最终获得 1340 个观测值。由于平衡面板通常保留的都是好公司，不具有普遍性，可能会存在 Survival bias 的问题，因此本章采用非平衡面板进行检验。本章研发数据来自 WIND 数据库，财务数据来自 CSMAR 数据库，最终控制人信息来自 CCER 数据库。同时借鉴辛清泉等（2007）的做法，若第一大股东为集团公司或者实际上充当集团公司职能的公司，则认为上市公司附属于企业集团；若第一大股东为各级国资委，国有资产经营公司，财政局或其他政府机构，或者其他自身不从事任何实业经营、只从事投资控股业务的公司或个人，则认为上市公司是非集团公司。数据是通过各年公司年报手工收集整理而成。

9.3.2　研究方法与模型

为检验假设 9 - 1 和假设 9 - 2，借鉴已有文献构建模型（9 - 1）：

$$R\&D = \alpha + \beta_1 Ref + \beta_2 Post + \beta_3 Ref \times Post + \beta_4 Size + \beta_5 Lev + \beta_6 List$$
$$+ \beta_7 Fcf + \beta_8 Msr + \beta_9 Divid + \beta_{10} Profit + \beta_{11} Tbq + \beta_{12} Tech + \varepsilon$$

$$(9 - 1)$$

其中，R&D 为研发投入，借鉴前人普遍做法，采用研发投入与营业收入的比值衡量。由于增值税转型经历了由个别地区个别行业试点向全国各地区各行业的过渡过程，本章将 2009 年增值税转型政策视作"准自然实验"，采用双重差分法验证假设。将 2009 年前已进行增值税转型试点地区的企业作为"对照组"，2009 年后开始进行增值税转型地区的企业作为"处理组"，若企业在处理组，则 Ref 为 1，否则为 0；若企业在事件年 2009 年及以后，Post 为 1，否则为 0。Ref×Post 为两个虚拟变量的交互项。若增值税转型促进了企业研发投入，则 Ref×Post 系数显著为正。借鉴黄俊和陈信元（2011）、郝颖和刘星（2010）等的做法，控制变量包括：公司规模（Size），为总资产的自然对数；公司杠杆率（Lev），为总负债占总资产的比例；List 为公司上市年限；自由现金流量（Fcf）采用"（息前税后利润 + 折旧与摊销 – 营运资本增加 – 资本支出）/期初总资产"衡量；Msr 为管理层持股率，为管理层持股数占总股数的比例；股利支付率（Divid），为普通股每股股利与每股收益之比；Profit 为销售利润率，是营业利润占营业收入的比值；Tbq 衡量公司价值，计算公式为"市值/（资产总计 – 无形资产净额 – 商誉净额）"，数据直接从 CSMAR 数据库可得。此外，由于各行业研发投入差异较大，本章借鉴李丹蒙和夏立军（2008）将制造业（C 类）和信息传输、软件和信息技术服务业（I 类）作为高新技术产业的做法，此时若属于高新技术产业，Tech 取 1，否则为 0。所有控制变量取滞后一期，且连续变量都进行缩尾处理。

9.4　实 证 分 析

9.4.1　描述性统计

从表 9 – 1 中可以看出，R&D 为公司研发投入变量，均值为 0.016，与张兆国等（2014）样本均值 0.017 接近。Ref 为衡量 2009 年增值税转型改革影响地区的变量，可以看出受影响地区样本占总样本较大部分。Post 均值为 0.658，说明样本年为 2009 年及以后年度的公司所占比重较大。Size 和 Lev 均值分别为 21.927 和 0.502，与王茂林等（2014）均值 21.838 和 0.507 相近。样本平均上市年限（List）为 9 年左右，与窦欢等（2014）的结论基本一致。有些公司的股利分配率（Divid）为 0，没有股利分配，而有些公司则高达 2.248，差异较大；同样，样本公司的 Tbq 差异也较大。

表 9 - 1   主要变量的描述性统计

变量	样本量	均值	标准差	最小值	中位数	最大值
R&D	1340	0.016	0.019	0.000	0.008	0.101
Ref	1340	0.664	0.472	0.000	1.000	1.000
Post	1340	0.658	0.474	0.000	1.000	1.000
Size	1340	21.927	1.136	19.695	21.776	25.303
Lev	1340	0.502	0.183	0.077	0.513	0.896
List	1340	9.524	3.610	1.000	10.000	20.000
Fcf	1340	-0.004	0.096	-0.363	0.011	0.202
Msr	1340	0.010	0.040	0.000	0.000	0.265
Divid	1340	0.256	0.367	0.000	0.154	2.248
Profit	1340	0.072	0.113	-0.310	0.055	0.543
Tbq	1340	2.066	1.78	0.228	1.537	10.374
Tech	1340	0.872	0.335	0.000	1.000	1.000

为检验集团公司与非集团公司在增值税转型前后研发投入是否存在差异，本章将样本分为两类，图9-1为对比。集团公司样本在增值税转型前研发投入均值为0.010，转型后有所提高，均值为0.015；在非集体公司样本中，增值税转型前研发投入均值为0.028，转型后降为0.025。这说明增值税转型后集团公司研发投入显著增加。但从图9-1结果来看，无论是改革前还是改革后非集团公司的研发投入均值都明显高于集团公司。这与常识不符。究竟是何原因？图9-2通过将两类公司未经量纲处理的研发投入额与营业收入额

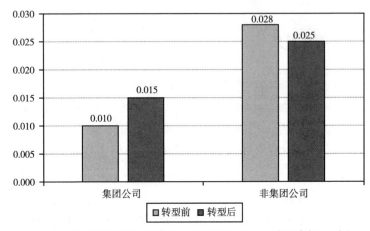

图 9 - 1 增值税转型前后集团公司与非集团公司的研发投入对比

进行对比,可以发现,两类公司研发投入均值差距不明显,而由于集团公司的营业收入额明显大于非集团公司,因此量纲处理后的集团公司研发投入明显低于非集团公司。

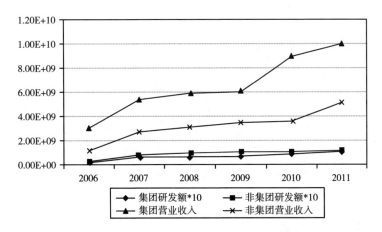

图9-2 集团与非集团研发与营业收入对比

9.4.2 相关性分析

表9-2为各变量的Pearson相关系数。R&D与Ref的系数正向显著,这说明相较于试点地区,转型地区研发投入明显更高;同样,R&D与Post系数正向显著,说明2009年增值税转型后,上市公司研发投入显著高于改革前。R&D与Size、Lev以及List之间均为负向显著关系,表明上市公司规模越大、资产负债率越高以及上市年限越高,其研发投入越小。并且R&D与Msr、Divid、Profit、Tbq、Tech之间均为正向显著,说明高管持股比例、股利分配率、销售利润率、公司价值及高科技产业这些因素都会刺激企业研发投入。此外,本章所使用的主要变量相关系数都低于0.5,说明变量间不存在严重的多重共线性问题。

表9-2 PEARSON 相关系数表

变量	R&D	Ref	Post	Size	Lev	List	Fcf	Msr	Divid	Profit	Tbq
R&D	1										
Ref	0.148*	1									
Post	0.084*	0.001	1								

续表

变量	R&D	Ref	Post	Size	Lev	List	Fcf	Msr	Divid	Profit	Tbq
Size	−0.152*	0.025	0.059	1							
Lev	−0.250*	−0.051	0.002	0.373*	1						
List	−0.238*	−0.079*	0.108*	0.260*	0.163*	1					
Fcf	−0.021	0.012	−0.003	0.057	0.097*	0.009	1				
Msr	0.288*	0.141*	−0.049	−0.136*	−0.129*	−0.281*	0.008	1			
Divid	0.076*	0.109*	0.000	0.002	−0.181*	−0.067	−0.028	−0.008	1		
Profit	0.236*	0.078*	−0.019	0.070	−0.426*	−0.143*	0.051	0.139*	0.144*	1	
Tbq	0.263*	−0.022	0.025	−0.352*	−0.435*	−0.111*	0.019	0.132*	0.040	0.413*	1
Tech	0.192*	−0.041	−0.046	−0.079*	−0.132*	−0.104*	−0.032	0.067	−0.031	0.016	0.082*

注: *、**、***分别表示在 0.1、0.05 和 0.01 水平上显著。

9.4.3 回归检验

为检验增值税转型背景下不同企业研发行为的差异，本章根据模型（9 -
1）进行了分组检验，检验结果见表 9 - 3。列（1）中全样本 Ref × Post 系数
为正，但不显著，列（2）和列（3）结果表明增值税转型后集团公司研发投
入显著提高，而非集团公司研发投入没有明显增加，邹至庄检验结果表明集
团公司 Ref × Post 系数显著高于非集团公司，假设 9 - 1 得到了验证。按照产
权性质将集团公司样本分为国有集团和民营集团，检验结果见列（4）和列
（5）。可以看出民营集团和国有集团的 Ref × Post 系数均显著为正，但邹至庄
检验发现民营集团系数显著大于国有集团，说明增值税转型中民营集团研发
投入显著高于国有集团，假设 9 - 2 "相较于国有集团，增值税转型更显著提
高了民营集团的研发投入" 得到了验证。

表 9 - 3　　　　增值税转型、企业集团与企业研发投入的检验结果

变量	因变量：R&D				
	假设 9 - 1			假设 9 - 2	
	全样本	集团样本	非集团样本	国有集团	民营集团
	（1）	（2）	（3）	（4）	（5）
Intercept	0.017***	0.040***	−0.126***	0.037***	0.042***
	(3.218)	(6.458)	(−8.586)	(4.850)	(3.853)

续表

变量	因变量：R&D				
	假设 9 - 1			假设 9 - 2	
	全样本	集团样本	非集团样本	国有集团	民营集团
	(1)	(2)	(3)	(4)	(5)
Ref	0. 003 **	0. 001 *	0. 012 **	0. 001 *	0. 003
	(2. 331)	(2. 011)	(2. 387)	(1. 806)	(1. 770)
Post	0. 004 ***	0. 004 ***	0. 006 ***	0. 004 ***	0. 001
	(5. 763)	(4. 819)	(11. 11)	(6. 443)	(1. 308)
Ref × Post	0. 002	0. 003 ***	− 0. 007	0. 002 *	0. 006 ***
	(1. 183)	(4. 789)	(−1. 532)	(2. 188)	(6. 984)
Size	− 0. 000 *	− 0. 002 ***	0. 007 ***	− 0. 001 ***	− 0. 002 ***
	(−2. 140)	(−6. 246)	(7. 336)	(−4. 088)	(−4. 393)
Lev	− 0. 007 ***	− 0. 004 **	− 0. 022 **	− 0. 005 ***	− 0. 001
	(−4. 730)	(−2. 923)	(−2. 586)	(−3. 314)	(−0. 250)
List	− 0. 001 ***	− 0. 000 ***	− 0. 002 ***	− 0. 000 **	− 0. 000 ***
	(−6. 074)	(−3. 621)	(−7. 099)	(−2. 792)	(−5. 367)
Fcf	− 0. 003	− 0. 001	− 0. 004	− 0. 007 *	0. 011 ***
	(−1. 714)	(−0. 185)	(−1. 227)	(−1. 822)	(10. 42)
Msr	0. 093 ***	0. 131 ***	0. 056 **	0. 383 ***	0. 045 ***
	(7. 107)	(19. 20)	(3. 088)	(11. 89)	(14. 87)
Divid	0. 002 *	0. 000	0. 011 ***	0. 002 ***	− 0. 003 ***
	(1. 920)	(0. 435)	(3. 882)	(3. 975)	(−7. 088)
Profit	0. 017 ***	0. 025 ***	− 0. 034 ***	0. 013 ***	0. 038 ***
	(4. 739)	(6. 479)	(−4. 644)	(6. 010)	(8. 666)
Tbq	0. 001 ***	0. 001 ***	0. 004 ***	0. 001 ***	0. 000
	(9. 697)	(4. 203)	(22. 96)	(5. 375)	(0. 291)
Tech	0. 009 ***	0. 007 ***	0. 014 ***	0. 007 ***	0. 009 **
	(6. 569)	(5. 012)	(5. 206)	(4. 504)	(2. 786)
N	1340	1098	242	821	277
Adj_R^2	0. 214	0. 198	0. 221	0. 256	0. 171
F 值	31. 37	23. 55	6. 70	23. 13	5. 74
Chow Test	$REF × POST_{(2)} − REF × POST_{(3)} = 0$　chi2(1) = 5. 51 **				
	$REF × POST_{(4)} − REF × POST_{(5)} = 0$　chi2(1) = 13. 50 ***				

注：a. * 、** 、*** 分别表示在 0. 1、0. 05、0. 01 水平上显著；b. 括号中列示了依据行业层面聚类的标准误计算的 t 值。

9.5 进一步研究与稳健性检验

9.5.1 进一步研究

9.5.1.1 代理成本会抑制民营集团的研发投入

袁东任和汪炜（2015）指出与其他投资相比，企业研发投入的风险更高，因此也更易受到代理成本的负面影响，即代理成本与 R&D 投资负相关。但也有研究表明代理成本会导致 R&D 投资过度（刘胜强等，2015）。那么增值税转型中民营集团的代理成本究竟是促进还是抑制其研发投入呢？本章以增值税转型为研究契机，对该问题进行检验。一般而言，民营集团的两权分离度越大，代理成本越高。本章借鉴王鹏和周黎安（2006）、马磊和徐向艺（2010）的做法，采用控制权与现金流权之差衡量两权分离度，并根据分离度高低将民营集团分为两权分离度低的民营集团与两权分离度高的民营集团，采用模型（9-1）进行分组检验，结果见表 9-4。分离度低的民营集团Ref×Post 系数为正向显著，而分离度高的民营集团 Ref×Post 系数为负向不显著，邹检验显示两者差异在统计上显著。说明增值税转型中民营集团的两权分离度越低，研发投入越高，表明代理成本的增加会抑制民营集团的研发投入。

表 9-4 增值税转型与民营集团研发投入：基于两权分离度的检验结果

变量	因变量：R&D	
	分离度低的民营集团	分离度高的民营集团
	(6)	(7)
Intercept	0.042	-0.011
	(1.712)	(-1.207)
Ref	-0.009 **	0.010 ***
	(-3.259)	(18.32)
Post	-0.003 *	0.006 ***
	(-2.062)	(7.976)

续表

变量	因变量：R&D	
	分离度低的民营集团	分离度高的民营集团
	(6)	(7)
Ref × Post	0.014 ***	− 0.000
	(6.395)	(− 0.003)
Size	− 0.001	0.000
	(− 0.772)	(0.047)
Lev	− 0.018 **	0.010 **
	(− 2.818)	(3.521)
List	− 0.001 *	− 0.001 ***
	(− 2.189)	(− 11.31)
Fcf	0.035 ***	− 0.008 **
	(11.53)	(− 3.397)
Msr	0.020 ***	0.060 ***
	(4.814)	(24.43)
Divid	− 0.008 ***	0.004 ***
	(− 9.457)	(15.66)
Profit	0.055 ***	0.007 *
	(33.10)	(2.166)
Tbq	− 0.001	0.002 ***
	(− 0.820)	(4.925)
Tech	0.011	0.010 ***
	(1.916)	(4.511)
N	136	141
Adj_R^2	0.189	0.279
F 值	3.63	5.52
Chow Test	REF × POST$_{(6)}$ − REF × POST$_{(7)}$ = 0　 chi2(1) = 57.60 ***	

注：a. *、**、*** 分别表示在 0.1、0.05、0.01 水平上显著；括号内为 t 值。

9.5.1.2　增值税转型中民营集团研发投入的经济后果

前面研究发现，增值税转型显著提高了集团公司尤其是民营集团的研发投入。那么相较于其他类型企业，民营集团更高的研发投入带来实际收益了吗？换言之，资本市场反应如何？一些学者采用生产函数法测算研发投入的边际收益率（徐笑君等，1998）。其他一些文献则检验了研发投入对公司价值与绩效的促进作用（薛云奎和王志台，2001；周亚虹和许玲丽，2007）。然而，研发投资与企业绩效之间的关系会因产权代理成本的差异被不同程度地异化（Szewczyk et al.，1996），因此不同产权特征企业的 R&D 投资与企业价值的关系存在差异（郝颖和刘星，2010）。从我们目前掌握的文献来看，还没有文献研究增值税转型背景下不同产权特征企业研发投入与公司价值关系。本章将分析增值税转型后民营集团的新增研发投入对其长期持有回报的影响。本章建立如下模型（9－2）：

$$\Delta Bhar = \alpha + \beta_1 \Delta R\&D + \beta_2 Group\_Pri + \beta_3 \Delta R\&D \times Group\_Pri + \beta_4 Btm$$
$$+ \beta_5 Size + \beta_6 Lev + \beta_7 Agc + \beta_8 Roa + \beta_9 Tech + \varepsilon \qquad (9-2)$$

对于股票长期持有回报的计算，选用"买入并持有超额回报"（Bhar）进行长期持有超额收益率计算。借鉴王化成等（2010）的做法，我们采用市场调整法来计算 Bhar，并将 Bhar 定义为长期持有目标公司的累计收益除以同样期间内指数的累计收益。计算公式如下所示：

$$Bhar = \prod_{t=1}^{12}(1 + R_t) / \prod_{t=1}^{12}(1 + R_{index}) \qquad (9-3)$$

其中，Bhar 为个股在 t 期间的买入并持有超额收益率，R_t 为个股日收益率，R_{index} 为市场指数收益率。在此基础上 $\Delta BHAR$ 的计算公式如下：

$$\Delta Bhar = (Bhar_{2009} + Bhar_{2010} + Bhar_{2011})/3 - (Bhar_{2006} + Bhar_{2007} + Bhar_{2008})/3$$
$$(9-4)$$

同理，$\Delta R\&D$ 的计算公式如下：

$$\Delta R\&D = (R\&D_{2009} + R\&D_{2010} + R\&D_{2011})/3 - (R\&D_{2006} + R\&D_{2007} + R\&D_{2008})/3$$
$$(9-5)$$

Group_Pri 是表示企业类型的哑变量，若为民营集团取值为 1，若为其他类型企业（国有集团与非集团）则为 0。重点观测变量为 $\Delta R\&D \times Group\_Pri$，它衡量相较于其他企业，民营集团在增值税转型后的研发投入增量是否会带来高于其他企业的长期市场回报率。其他控制变量为账面市值比（Btm）、总资产周转率（Agc）、总资产收益率（Roa）、高科技行业哑变量（Tech）。表9－5为检验结果。可以看出，ΔR&D × Group_Pri 系数为正，且在 1% 水平上统计显著，说明增值税转型中民营集团的研发投入增量使得其长期回报率的增长显著高于其他企业，这意味着市场认同其研发投入，并给予了积极的反应。

表 9 – 5   民营集团改革后新增研发投入对价值增量的影响

变量	因变量：ΔBhar	
	系数	T 值
Intercept	1. 199	5. 104 **
ΔR&D	2. 855	7. 235 ***
Group_Pri	− 0. 085	− 13. 17 ***
ΔR&D × Group_Pri	20. 13	32. 66 ***
Btm	− 0. 366	− 4. 363 **
Size	− 0. 039	− 2. 854 *
Lev	0. 163	3. 353 **
Agc	0. 291	6. 354 ***
Roa	− 0. 349	− 1. 595
Tech	− 0. 108	− 1. 207
N	93	
Adj_R^2	0. 025	
F 值	1. 27	

9.5.2 稳健性检验

9.5.2.1 控制样本"选择性偏误"

本章选取有研发信息披露的上市公司作为样本，但仍有一定数量的企业未披露研发信息，忽略此类样本会导致"选择性偏误"。鉴于此，根据 Heckman 两阶段模型思想，本章借鉴王亮亮和王跃堂（2015）的做法，建立如下研发信息披露决策 Probit 模型（9 – 6）：

$$Pr(DIS\_R\&D = 1 \mid X_n) = \phi(\alpha + \beta_1 Size + \beta_2 Lev + \beta_3 Roa + \beta_4 Efn$$
$$+ \beta_5 Ms + \sum Indu + \sum Year) \qquad (9 – 6)$$

其中，Efn 为外部融资需求变量，衡量方法为企业成长率与可实现的内生增长率之差，其中以营业收入增长率衡量成长率，用"净资产收益率/（1-净资产收益率）"表示可实现的内生增长率；企业市场势力（Ms）用企业营业收入占行业总收入的比例表示。表9-6为Heckman第一阶段结果，可以看出公司规模越大和总资产周转率越高，越倾向于组建企业集团。

表9-6　　　　　　Heckman 第一阶段：研发投入披露的影响因素

变量	因变量：DIS_R&D		
	Probit		
	全样本	集团样本	民营集团样本
	（1）	（2）	（3）
Intercept	-2.337 ***	-2.086 ***	-2.614 **
	（-4.750）	（-3.866）	（-2.160）
Size	0.056 **	0.044 *	0.531 ***
	（2.525）	（1.823）	（7.119）
Lev	-0.133	-0.223	-0.140
	（-0.948）	（-1.258）	（-0.899）
Roa	0.833 **	0.713	1.809
	（2.021）	（1.485）	（1.488）
Efn	-0.026	-0.022	-0.039
	（-1.444）	（-1.117）	（-0.739）
Ms	-0.099	-0.079	-0.079
	（-0.508）	（-0.368）	（-0.368）
Agc	0.178 ***	0.182 ***	0.393 ***
	（3.793）	（3.543）	（2.807）
Indu	YES	YES	YES
Year	YES	YES	YES
PseudoR^2	0.171	0.164	0.166
N	4505	3620	832

基于模型（9-6），计算得到"逆米尔斯比率"（Imr），将其作为控制变量放入模型（9-1）中重新进行检验。表9-7表明集团公司样本和民营集团样本的 Ref×Post 系数均为正向显著，与前面一致，本章结论稳健。

表 9 - 7   Heckman 第二阶段：增值税转型与企业研发投入

自变量	因变量：R&D		
	OLS		
	全样本	集团样本	民营集团样本
	(1)	(2)	(3)
Intercept	0. 037 ***	0. 061 ***	0. 083 **
	(3. 144)	(5. 520)	(2. 455)
Ref	0. 003	0. 001	0. 001
	(1. 537)	(0. 360)	(0. 141)
Post	0. 006 ***	0. 006 ***	0. 001
	(3. 186)	(3. 481)	(0. 223)
Ref × Post	0. 002	0. 004 **	0. 009 *
	(0. 998)	(2. 025)	(1. 740)
Size	- 0. 001	- 0. 002 ***	- 0. 004 **
	(- 1. 213)	(- 3. 726)	(- 2. 272)
Lev	- 0. 011 ***	- 0. 006 *	0. 012
	(- 3. 234)	(- 1. 759)	(1. 205)
List	- 0. 001 ***	- 0. 001 ***	- 0. 000
	(- 4. 661)	(- 3. 396)	(- 0. 298)
Fcf	- 0. 003	- 0. 002	0. 009
	(- 0. 600)	(- 0. 473)	(0. 835)
Msr	0. 093 ***	0. 149 ***	0. 082 ***
	(7. 350)	(6. 595)	(2. 614)
Divid	0. 001	0. 000	- 0. 002
	(0. 989)	(0. 078)	(- 0. 894)
Profit	0. 013 ***	0. 022 ***	0. 020 **
	(2. 996)	(4. 879)	(2. 005)
Tbq	0. 002 ***	0. 001 ***	0. 000
	(5. 353)	(3. 321)	(0. 298)
Tech	0. 001	0. 000	0. 007 *
	(0. 657)	(0. 092)	(1. 736)
Imr	- 0. 009 ***	- 0. 010 ***	- 0. 010 ***
	(- 4. 787)	(- 5. 212)	(- 2. 836)
N	1333	1091	274

注：*、**、***分别表示在0.1、0.05、0.01 水平上显著；括号内为 t 值。

9.5.2.2　其他稳健性检验

（1）排除其他竞争性假说。杰斐逊等（Jefferson et al.，2006）认为国有企业所在行业属性决定了其研发效率高低，现有文献发现差异更多是行业差异的体现，而非产权。安同良和施浩（2006）也指出行业是影响企业研发强度和频率等行为的重要因素。因此本章将样本限定在高新技术行业重新进行检验，若依然发现增值税转型中民营集团的研发投入显著高于国有集团，则可排除该竞争性假说。经检验发现限定行业后，民营集团研发投入仍明显高于国有集团，排除了该竞争性假说。

（2）采用平衡面板的检验。本章采取非平衡面板进行检验，在不同研究期间样本不同，可能会对研究结论产生一定影响。为此，本章构建了平衡面板，重新基于全样本和分样本采用模型（9-1）对本章假设进行验证，研究结论并未发生实质改变。

（3）控制年份效应与异方差问题。首先，由于研究样本跨越6年，为进一步控制年份效应，本章在双重差分模型中加入五个年度虚拟变量以验证假设；其次，控制异方差后，研究结论均没有发生实质改变。

9.6　本章小结

与现有文献主要关注增值税转型对研发投入的整体影响不同，本章以企业集团这一组织形式为切入点，研究增值税转型对企业研发投入的作用路径。实证研究发现以下几个结论。

（1）不考虑企业异质性，没有发现增值税转型对研发投入有显著影响。

（2）区分组织形式后发现，与非集团公司相比，增值税转型后集团公司研发投入显著提高。

（3）民营集团研发投入显著高于国有集团；民营企业集团的代理成本会抑制研发投入，表现在两权分离度低的集团公司在增值税转型中的研发投入显著高于两权分离度高的集团公司。

（4）进一步研究发现增值税转型中民营集团的研发投入增量使其长期回报率的增长显著高于其他企业。最后控制样本选择性偏误后的检验，验证了研究结论的可靠性。

　　本章研究结论具有重要的政策意义：第一，企业集团具有提高研发效应乘数和融资便利等优势，国企改革应进一步贯彻"抓大放小"战略，加快国企重组步伐，充分利用整合优势。第二，值得思考的是，在此次增值税转型中，国有集团的研发投入显著低于民营集团。与民营集团相比，为何国有集团研发动力不足？前人研究发现国有企业一般处于相对垄断地位和技术前沿，由于受到垄断保护和各项政策优惠，研发动力较小。因此可以通过解除中国国有企业的行政垄断地位充分发挥市场力量对其创新的激励，以及将 R&D 投资纳入相应的企业控制人业绩评价框架等方式促进国有企业增加研发投资。第三，民营集团中两权分离度高的公司研发投入低于分离度低的公司，这表明应当鼓励企业减少控制权与现金流权的分离度。并且政府应该进一步提高知识产权保护水平、缓解外部融资约束刺激企业增加研发投入，实现经济转型。

第三部分

"营改增"改革经济效应的实证分析

第 10 章 "营改增" 改革的市场反应[*]

10.1 文献回顾

有关"营改增"的减税效应,学界有不同观点。有学者发现改革能降低税负(景顺祥和陈大庆,2012;王珮等,2014)。也有学者发现改革不能降低税负(曹越和李晶,2016;董根泰,2016);减税效应受议价能力(童锦治等,2015)与税收征管能力(倪红福等,2016)的影响。还有学者发现改革会增加部分行业税负(王玉兰和李雅坤,2014),原因可能有企业提价受抑制(孙钢,2014)和增值税税率高等(潘文轩,2013)。基于以上考虑,范子英和彭飞(2017)利用投入产出表测算了服务业和上游行业之间的产业互联程度,通过中间可抵扣税额的高低考察"营改增"的减税效应。实证研究结果表明,产业互联程度越高的企业减税效应越显著,因此,"营改增"的减税效应严重依赖于产业互联程度和上游行业的增值税税率。

"营改增"改革能促进专业化分工(陈钊和王旸,2016)和投资(李成和张玉霞,2015),对股价有正效应(李涛等,2013;李嘉明等,2015)。但对于它对研发创新的作用,学界存有争议(袁从帅等,2015;龚强等,2016)。理论上改革能驱动价值链攀升(吴应宇和丁胜红,2014)。乔睿蕾和陈良华(2017)发现"营改增"显著降低了企业的现金—现金流敏感性,缓解了企业的融资约束。

---

* 倪婷婷、王跃堂:《投资者认可增值税改革吗?——基于全面增值税转型和"营改增"的经验证据》,载于《上海财经大学学报》2016 年第 6 期。

10.2 理论分析与研究假设

2016 年 3 月 18 日召开的国务院常务会议决定，自 2016 年 5 月 1 日起，中国将全面推开"营改增"试点，将建筑业、房地产业、金融业、生活服务业全部纳入"营改增"试点范围，至此，营业税退出历史舞台，增值税制度将更加规范。与增值税转型全面推广相似的是，此次全面"营改增"改革在全国展开，影响较大。那么资本市场对于此次全面"营改增"的反应如何？本章拟对这一问题进行检验。

根据半有效市场理论可知，股票价格能够完全反映所有公开数据。因此，如果该事件具有信息含量，那么我们应该能观测到未预期事件公告期间会伴随着股价异常波动。采用事件研究的方法重在考察事件对于股价的影响，通常被认为是无偏的。"营改增"改革是推动经济结构调整的重要手段（高培勇，2013），它对产业结构升级的作用显著（丁胜红和曾峻，2014）。并且有学者提出尽管"营改增"是在服务业进行改革，它还存在产业联动效应（魏陆，2013），并且产业链减税效应远大于企业减税效应（胡怡建，2013）。

若投资者对此次"营改增"是支持态度，则在"营改增"公告期间市场应当有正向的反应；若投资者对此次"营改增"持否定态度，则在"营改增"公告期间市场应当有负向的反应。我们认为由于"营改增"既能降低企业税负，也能打通增值税抵扣链条，从长远来看，有助于企业转型升级。这对于投资者而言可能是利好消息。基于此，我们提出第一个假设。

假设 10 - 1："营改增"公告期间市场会有正向的反应。

10.3 模型与变量定义

2016 年 3 月 18 日召开的国务院常务会议决定，我国将于 2016 年 5 月 1 日全面推开"营改增"试点，此后建筑业、房地产业、金融业和生活服务业将缴纳增值税。与增值税转型全面推广相似的是，此次全面"营改增"改革在全国展开，影响较大。那么资本市场对于此次全面"营改增"的反应如何？本章拟对这一问题进行检验。

本章以沪深两市 A 股上市公司为样本，剔除了在公告日前后存在重大事项的样本，并对资本市场信息泄露进行处理后，最终获得 2304 个样本。根据证监会发布的 2012 年行业分类标准，本章将行业为"建筑业""住宿、餐饮业""金融业①""房地产""居民服务业""文化、体育、娱乐业"定义为全面"营改增"行业样本，共 251 个；将其他行业定义为非全面"营改增"行业样本，共 2053 个。事件研究的模型与第 4 章一致，不再赘述。

10.4 实 证 分 析

围绕事件日（2016 年 3 月 18 日），按照第 4 章列示的计算方法，计算股票每日的超常收益 AR，结果见表 10 - 1 和表 10 - 2。

表 10 - 1   AR 单变量分析

时间	总体 AR		全面"营改增"行业 AR		非全面"营改增"行业 AR	
	AAR	T 值	AAR	T 值	AAR	T 值
R - 5	0.0000	0.0683	0.0005	0.2328	- 0.0000	- 0.0275
R - 4	0.0029	6.4938 ***	0.0021	1.3473	0.0030	6.4525 ***
R - 3	0.0029	4.8701 ***	0.0002	0.0971	0.0032	5.1917 ***
R - 2	0.0008	1.4256	- 0.0010	- 0.5751	0.0010	1.7378 *
R - 1	0.0024	4.9921 ***	- 0.0010	- 0.7322	0.0028	5.5187 ***
R	0.0015	3.0136 ***	0.0018	1.2857	0.0014	2.7515 ***
R + 1	0.0016	3.1652 ***	0.0064	4.0008 ***	0.0011	1.9917 **
R + 2	- 0.0002	- 0.3012	- 0.0073	- 4.1699 ***	0.0006	0.9091
R + 3	0.0007	- 1.3319	- 0.0000	- 0.0142	- 0.0008	- 1.3941
R + 4	- 0.0023	- 3.5449 ***	- 0.0000	- 0.0179	- 0.0026	- 3.7479 ***
R + 5	0.0050	8.1625 ***	0.0062	3.0415 ***	0.0049	7.5725 ***

注：*、**、*** 分别表示在 0.1、0.05 和 0.01 水平上显著。

---

① 将金融行业样本剔除后，结论不变。

表 10 - 2   CAR 单变量检验

变量	N	CAR（-10，10）
Panel A：全样本的市场反应		
全样本	2304	1.882%
T 值		131.790***
Panel B：分行业样本的市场反应		
全面"营改增"行业	251	-0.832%
非全面"营改增"行业	2053	2.213%
差异（"营改增"-非"营改增"）		-3.045%***

注：*** 表示在 0.01 水平上显著。

从表 10 - 1 中总样本可以看出，全面"营改增"发布当日（R）的平均非正常收益率（AAR）显著为正，达到了 0.15%（p < 0.01）；全面"营改增"发布前一日（R - 1）的平均非正常收益率为 0.24%，且在 1% 水平上统计显著，表明总体而言资本市场对于全面"营改增"政策持肯定态度。区分行业后发现，全面"营改增"涉及行业在事件日当日（R）的平均非正常收益率为正向不显著，但在发布日后一日（R + 1）则高达 0.64%（p < 0.01），而非全面"营改增"行业的平均非正常收益率自 R - 4 日至 R + 1 日均为正向显著。

表 10 - 2 为对累计超常收益率 CAR 的单变量检验结果。Panel A 给出了全样本市场反应的结果。可以发现，在（-10，10）窗口期 CAR 均为正向显著，说明市场对全面"营改增"改革持肯定态度。Panel B 为分行业样本的市场反应。可以看出，在（-10，10）窗口期中，全面"营改增"涉及行业样本的累计超常收益率 CAR 均显著低于非"营改增"行业样本。可能的原因是：第一，部分改革行业的改革成本较高。以建筑业为例，改革前按 3% 征收营业税，而"营改增"后建筑业一般纳税人适用的税率为 11%，高于 3%的营业税税率，但可以抵扣进项税额。然而在建筑业成本中，可能存在较多无法抵扣的情形，例如人工费和"甲供材"下建筑企业无法取得进项税发票进行抵扣等。并且随着人工工资上涨，今后不能抵扣的人工成本还会增加。因此预期较高的改革成本会稀释改革的正向效应。第二，全面"营改增"的主要目的是将以往造成"增值税链条"断裂的环节完全纳入增值税征收范围，形成完整的征收链。改革对上下游产业影响较大。例如全面"营改增"后，企业外购不动产，可以抵扣进项税额，这会降低下游企业的税负，该举

措对非房地产企业的影响甚至大于其对房地产企业的影响。因此非全面"营改增"行业更高的累计超常收益率很可能源于全面"营改增"的溢出效应。

10.5　进一步研究与稳健性检验

在稳健性检验中,我们以(-5,5)为窗口期,检验全面"营改增"的市场反应。检验结果见表 10-3。可以发现在(-5,5)窗口期 CAR 均为正向显著,说明市场对全面"营改增"改革持肯定态度。Panel B 为分行业样本的市场反应。可以看出,在两个窗口期中,全面"营改增"涉及行业样本的累计超常收益率 CAR 均显著低于非"营改增"行业样本。本章的研究结论稳健。

表 10-3　　　　　　　　　稳健性检验

变量	N	CAR (-5, 5)
Panel A:全样本市场反应		
全样本	2304	1.249%
T 值		120.390 ***
Panel B:分行业样本的市场反应		
全面"营改增"行业	251	0.657%
非全面"营改增"行业	2053	1.321%
差异 ("营改增"-非"营改增")		-0.664%***

10.6　本章小结

以 2016 年 5 月 1 日的全面"营改增"为研究对象,通过累计超常收益率衡量资本市场对该政策的反应,并分析比较全面"营改增"涉及行业样本与非全面"营改增"涉及行业样本的超额收益率的差异。研究发现,无论是(-10,10)窗口期,还是(-5,5)窗口期,CAR 均为正向显著,说明市场对全面"营改增"改革持肯定态度。分行业来看,全面"营改增"涉及行业样本的累计超常收益率(CAR)均显著低于非"营改增"行业样本。

可能的原因是：第一，部分改革行业的改革成本较高。以建筑业为例，改革前按3%征收营业税，而"营改增"后建筑业一般纳税人适用的税率为11%，高于3%的营业税税率，但可以抵扣进项税额。然而在建筑业成本中，可能存在较多无法抵扣的情形。因此预期较高的改革成本会稀释改革的正向效应。第二，全面"营改增"的主要目的是将以往造成"增值税链条"断裂的环节完全纳入增值税征收范围，形成完整的征收链。改革对上下游产业影响较大。例如全面"营改增"后，企业外购不动产，可以抵扣进项税额，这会降低下游企业的税负，该举措对非房地产企业的影响甚至大于其对房地产企业的影响。因此非全面"营改增"行业更高的累计超常收益率很可能源于全面"营改增"的溢出效应。

第11章 "营改增"改革与制造企业转型升级 *

11.1 文献回顾

11.1.1 "营改增"改革的产业效应

"营改增"经济效应研究主要可分为以下三类：（1）"营改增"的宏观经济效应。其一，"营改增"的福利效应。国外文献从福利角度研究了"营改增"的必要性（Piggott & Whalley, 2001）；国内学者认为"营改增"能优化国民收入分配格局（孙正和张志超，2015），因此应对服务业进行改革。其二，"营改增"对地方财政收入的影响。"营改增"短期内会减少地方财政收入（李青和方建潮，2013），因此应完善地方税收体系以应对改革的影响（白彦锋和胡涵，2012）。其三，"营改增"的其他宏观效应。如改革促进节能减排（石中和和娄峰，2015）等。（2）"营改增"对微观企业税负及企业行为的影响。学界关于"营改增"的减税效应存在争议：既有研究发现改革能降低税负（景顺祥和陈大庆，2012），也有研究发现改革不能降低税负（曹越和李晶，2016）。增值税作为间接税，具有易于转嫁的特点，因此其减税效应受上游供应商和下游经销商议价能力的影响（童锦治等，2015）。此外，税收征管能力也是影响"营改增"减税效应的重要因素。在现行税收征

---

* 倪婷婷、王跃堂、王帅：《"营改增"改革、产业联动与制造业升级——基于减税与生产性服务业集聚的机制检验》，载于《上海财经大学学报（哲学社会科学版）》2020年第4期。

管能力下，"营改增"能减轻企业税负；但长期来看，增值税的抵扣机制和金税工程的完善带来的税务机关税收征管能力大幅提升反而会增加企业税收负担（倪红福等，2016）。在改革对企业行为影响方面，"营改增"能促进专业化分工（陈钊和王旸，2016），但对于它对研发创新的作用，学界存有争议（袁从帅等，2015；龚强等，2016）。(3)"营改增"的产业效应。"营改增"是推动经济结构调整的重要手段（高培勇，2013），尽管"营改增"是在服务业进行改革，但其产业链减税效应远大于企业减税效应（胡怡建，2013），它对产业结构升级的作用显著（丁胜红和曾峻，2014）。范子英和彭飞（2017）发现"营改增"的减税效应严重依赖于产业互联和上游行业的增值税税率，它主要降低了具备产业互联的企业的税负。也有研究直接从制造企业升级角度考察了改革的产业效应（李永友和严岑，2018），但目前没有文献实证检验"营改增"对制造企业升级的影响机制。

11.1.2 产业升级、生产性服务业与制造业互动研究

产业升级是产品和服务从生产劳动密集型、低附加值向生产资本和技术密集型、高附加值的转移过程（Gereffi，1999；Poon，2004）。企业转型升级是经济转型的微观层面，也是转型升级的最终落脚点（杨得前和刘济仁，2017）。企业转型升级包括过程升级、产品升级、功能升级和跨产业升级（Humphrey & Schmitz，2000）。既有研究多从过程升级和产品升级（研发创新）角度分析企业升级行为（原毅军和孙大明，2017），但功能升级尤其是制造业服务化也是当下企业转型升级的重要形式（刘斌等，2016）。从产业发展史来看，一些世界级的制造业巨头如通用电气和飞利浦公司都曾经在利润下降时通过将产业链定位转向以服务为中心，实现了企业竞争优势的重塑（陈丽娴和沈鸿，2017）。当今世界，全球制造业呈现出从生产型制造向服务型制造转型的趋势（许和连等，2017）。服务化能帮助制造企业降低生产成本（吕政，2006）和实现规模经济（刘斌等，2016）。而制造业服务化离不开生产性服务业的带动。国外很多研究分析了生产性服务业与制造业之间的互动（Markusen，1989；Grubel & Walker，1989；Eswaran & Kotwal，2002；Anderson & Wincoop，2004），认为生产性服务业与制造业的发展是相辅相成的关系。国内研究也发现生产性服务进口可以显著促进我国制造业的技术进步（陈启斐和刘志彪，2014）。宣烨（2012）分析了生产性服务业集聚对制

造业效率的空间外溢效应。但此类文献普遍采用城市层面数据进行研究，从微观企业角度检验生产性服务业集聚对制造企业升级影响的文献很少。

11.2 理论分析与假设提出

制造业发展所依赖的科学技术、专有知识和人力资本均来自服务业尤其是生产性服务业对其独立的中间投入（刘志彪，2006）。随着全球价值链分工的深化，生产性服务业在制造业升级中的作用日益凸显，生产性服务业能够明显提升制造业的竞争力（陈伟达等，2009）。首先，生产性服务业促进制造业竞争力提升的作用机制，主要体现在降低生产成本和交易成本方面（邱小欢等，2011）；其次，生产性服务业的层级分工通过专业化分工和空间外溢效应以及比较优势的发挥显著提升制造业的生产效率（宣烨和余泳泽，2014）；最后，生产性服务业在生产消费上的时空不可分性、来源于制造业中间需求的特性以及面对面服务的需要，使得生产性服务业的区位选择以制造业为中心、围绕制造业进行布局。生产性服务业的这种集聚现象最终又会通过竞争、专业化、学习和规模经济四大效应促进制造业升级（盛丰，2014）。因此，生产性服务业与制造业价值链的融合能促进制造业附加值提升（白清，2015）。

"营改增"的改革对象主要是生产性服务业，它促进了服务业的发展，加强了服务业与制造业的分工协作（陈钊等，2016）。生产性服务业与制造业又存在空间分布的协同效应（陈娜和顾乃华，2013），因此"营改增"会通过鼓励专业化分工促进服务业高端化和地区生产性服务业集聚，由此为制造业提供新的信息流、知识流、资金流和物流，推动制造业增加研发、采购、营销等环节，帮助制造业实现价值链高端攀升。另外，"营改增"后增值税变为全行业覆盖，打通了制造业与服务业的抵扣链条，制造业可抵扣购进服务的增值税税额，流转税税负下降，有助于制造业产业升级。综合上述分析，我们认为，"营改增"的实施会通过生产性服务业的集聚效应和制造业的减税效应，最终促进制造业企业升级。基于此，本章提出如下假设。

假设 11-1：在其他条件不变的情况下，"营改增"促进了制造业企业升级；其中，地区服务业集聚效应对制造业的减税效应起到了明显的中介作用。

11.3   模型与变量定义

11.3.1   样本选择和数据来源

本章以 2009~2015 年沪深两市 A 股制造业企业为研究对象，共获得 10462 个初始样本，并进行了如下筛选程序：（1）剔除被特别处理（ST、PT）类型的公司样本；（2）剔除资产负债率大于 1 的公司样本；（3）剔除变量缺失的样本。最终得到 7206 个观测值（分别为 2009 年 630 个，2010 年 686 个，2011 年 979 个，2012 年 1265 个，2013 年 1348 个，2014 年 1213 个，2015 年 1085 个）。本章中公司财务数据来自 CSMAR 数据库，地区宏观数据来自中经网。本章对连续变量在 1% 水平上进行了缩尾处理，所有数据处理在 Stata 13.0 中处理所得。

11.3.2   研究模型及变量定义

为检验"营改增"对制造业企业升级的影响，本章构建了如下实证模型：

$$Fupdate = \beta_0 + \beta_1 Post + Control + \sum Indu + \sum Year + \varepsilon \quad (11-1)$$

Fupdate 为制造企业升级变量。借鉴刘奕等（2017）的做法，从两方面衡量制造业升级，一方面以利税总额表征企业创造最终收益的能力 Fupdate1，另一方面以资产利润率表征企业综合利用资产取得盈利的效果 Fupdate2。由于所有数据都是当年年末数据，且企业的转型升级都需要一个调整过程，升级效应不会立刻显现，因此，本章对制造业升级变量做了前置一期的处理。解释变量 Post 表示政策实施的虚拟变量，由于各地区试点时间不一致，因此，若样本所处时点、所在地区实施了"营改增"政策，则取值为 1，否则为 0。由于除上海（2012 年 1 月试点）以外，其他地区"营改增"试点时间都在一年中的下半年（2012 年 8 月和 2013 年 8 月），因此，借鉴陈钊和王旸（2016）的做法，除上海外其他地区"营改增"试点时间均设为次年年初。

借鉴孔伟杰（2012）和刘奕等（2017）的做法，控制变量包括：企业规模
Labor 和年龄 Age 分别以职工数和成立时间的对数衡量；财务杠杆 Lev 以期末
负债总额/期末资产总额衡量；经销商议价能力 Customer 以公司前五大客户
销售份额占销售总额比重度量；资本密集度 Capital 以年末总资产占营业收入
比重衡量；销售增长率 Income 和总资产增长率 Asset 分别以营业收入和总资
产的当期数值与上期数值的差额占上期数值的比重衡量。地区层面本章控制
了用户市场规模 Pop 和制造业层次 Cargo，分别以每平方公里拥有的人口数和
所在地区货运总量衡量。此外还控制了行业（Indu）和年份（Year）。

11.4 实证分析

11.4.1 描述性统计

表 11 - 1 给出了主要变量的描述性统计。Fupdate1 和 Fupdate2 均值分别
为 0.0509 和 0.0570，表明样本公司平均盈利水平在 5% ~ 6% 之间。Post 均
值为 0.4419，表明约 45% 的样本为实验组。企业税负 VBTT 均值为 0.0485，
与曹越等（2016）的研究结果一致。生产性服务业集聚水平 Service，最小值
0.0013，最大值为 0.1291，说明各地区生产性服务业空间分布差异较大。此
外，公司规模、资本密集度和用户市场规模的标准差较大，表明企业在规模、
资本状况与地区市场容量方面参差不齐。

表 11 - 1　　　　　　　　　变量描述性统计

变量	样本数	均值	标准差	最小值	中位数	最大值
Fupdate1	7206	0.0509	0.0670	- 0.2080	0.0439	0.2830
Fupdate2	7206	0.0570	0.0817	- 0.2800	0.0489	0.3320
Post	7206	0.4419	0.4966	0.0000	0.0000	1.0000
VBTT	7206	0.0485	0.1368	0.0000	0.0400	10.9358
Service	7206	0.0526	0.0288	0.0013	0.0502	0.1291
Labor	7206	7.1193	1.0226	4.9127	7.1050	10.2007
Age	7206	2.7440	0.2940	1.0986	2.7726	3.6376

续表

变量	样本数	均值	标准差	最小值	中位数	最大值
Lev	7206	0.4083	0.2074	0.0438	0.3986	0.9970
Customer	7206	0.3019	0.1994	0.0350	0.2460	0.9340
Capital	7206	2.0940	1.4920	0.4151	1.7171	11.6776
Income	7206	0.1754	0.4572	− 0.5559	0.1058	3.2730
Asset	7206	0.1718	0.3327	− 0.3227	0.0976	2.8481
Pop	7206	2.5736	1.0348	0.5150	2.3985	5.8210
Cargo	7206	1.4493	0.7271	0.0087	1.4567	3.1777

11.4.2　Pearson 相关系数

表 11 - 2 给出了主要变量的 Pearson 相关系数。可以看出，制造业企业的升级与其自身的成长性以及发展前景呈正相关关系，与公司规模、年龄、财务杠杆和资本密集度等其他变量呈负相关关系。变量间的相关系数均低于0.5，说明不存在严重的多重共线性问题。

11.4.3　回归分析

11.4.3.1　基本回归结果

本章将"营改增"政策视作准自然实验，采用双重差分模型考察其对制造企业升级的影响。使用双重差分模型需满足两个前提：改革的外生性与平行趋势假定。由于改革是由政府确定试点推行，并非企业自主选择，所以改革相对企业行为是外生的（申广军等，2016）。图 11 - 1 给出了平行趋势假定的检验结果，可以看出，政策实施前 4 年实验组与控制组间不存在显著差异，因此，满足平行趋势假定的前提。

表 11 - 3 是"营改增"对制造业升级影响的检验结果，其中列（1）和列（2）是 OLS 模型估计结果，列（3）和列（4）是固定效应模型结果。被解释变量 Fupdate1 和 Fupdate2 分别代表制造业升级的产出能力与获利能力。"营改增"政策实施效果变量为 Post，由表中可见，不管是 OLS 回

表 11 - 2

相关系数情况

变量	Fupdate1	Fupdate2	Post	VBTT	Service	Labor	Age	Lev	Customer	Capital	Income	Asset	Pop	Cargo
Fupdate1	1													
Fupdate2	0.9608*	1												
Post	-0.0125	0.0077	1											
VBTT	0.0758*	0.1119*	0.0312*	1										
Service	0.0648*	0.0749*	0.1749*	-0.0173	1									
Labor	-0.0459*	-0.0784*	-0.0850*	-0.0208	-0.0974*	1								
Age	-0.0371*	-0.0309*	0.2252*	0.0030	-0.0080	0.1197*	1							
Lev	-0.3094*	-0.3219*	-0.0897*	-0.0483*	-0.1322*	0.3632*	0.1611*	1						
Customer	-0.0940*	-0.0826*	0.0255	0.0053	0.0304*	-0.1106*	-0.0172	-0.0640*	1					
Capital	-0.1529*	-0.1027*	0.0937*	0.1388*	-0.0387*	-0.2255*	-0.0225	-0.1695*	0.2032*	1				
Income	0.1284*	0.1327*	-0.0272	-0.0324*	0.0457*	-0.0755*	-0.0256	0.0404*	0.0550*	-0.0738*	1			
Asset	0.1139*	0.1429*	0.0480*	0.0628*	0.0550*	-0.1020*	-0.0600*	-0.0297	0.0214	0.1822*	0.3248*	1		
Pop	-0.0492*	-0.0498*	0.0070	-0.0174	-0.1979*	0.0431*	0.0387*	0.0338*	0.0296	0.0049	-0.0134	-0.0141	1	
Cargo	0.0159	0.0231	0.0592*	-0.0146	0.2688*	0.0072	0.0122	-0.0309*	-0.0424*	-0.1141*	-0.0130	0.0300	-0.1067*	1

注: *、 ** 和 *** 分别表示 0.1、 0.05 和 0.01 的显著性水平。

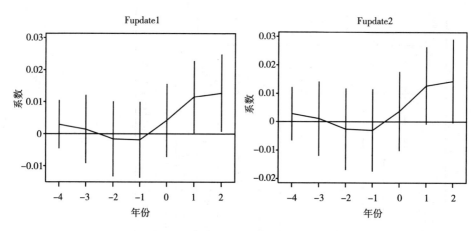

图 11 - 1　双重差分平行趋势假定

归还是固定效应回归，Post 变量的系数均显著为正，说明在控制其他因素干扰后，"营改增"政策的确促进了制造业的升级。结合图 11 - 1 平行趋势结果，可以发现该效应至少可以持续两期。可能的原因有两个：一是"营改增"将生产性服务业纳入增值税抵扣链，促进了地区生产性服务业集聚；二是生产性服务业提供的产品和服务作为制造业的中间投入在"营改增"后可以进行纳税抵扣，降低企业税负，进而降低企业的生产成本。此外，销售收入增长率 Income 和总资产增长率 Asset 在所有回归中都显著为正，说明公司的短期投资机会与长期发展前景都对企业升级起到了积极的促进作用。

表 11 - 3　　　　　　　　　　"营改增"与制造业升级

变量	(1)	(2)	(3)	(4)
	Fupdate1	Fupdate2	Fupdate1	Fupdate2
	OLS	OLS	固定效应	固定效应
Intercept	0.1480 ***	0.1670 ***	0.4370 ***	0.5610 ***
	(8.27)	(7.82)	(3.79)	(2.97)
Labor	0.0029 ***	0.0022 **	- 0.0114	- 0.0313
	(3.55)	(2.32)	(- 0.85)	(- 1.29)
Age	0.0021	0.0051 *	- 0.0652 ***	- 0.0536 **
	(0.89)	(1.75)	(- 3.17)	(- 2.10)

续表

变量	（1）Fupdate1 OLS	（2）Fupdate2 OLS	（3）Fupdate1 固定效应	（4）Fupdate2 固定效应
Lev	− 0. 1080 *** (− 24. 83)	− 0. 1320 *** (− 24. 50)	− 0. 0031 (− 0. 27)	− 0. 0059 (− 0. 41)
Customer	− 0. 0209 *** (− 5. 13)	− 0. 0233 *** (− 4. 60)	0. 0089 (0. 95)	0. 0164 (1. 28)
Capital	− 0. 0096 *** (− 12. 86)	− 0. 0093 *** (− 9. 09)	− 0. 0015 (− 1. 05)	− 0. 0017 (− 0. 96)
Income	0. 0139 *** (6. 16)	0. 0171 *** (6. 04)	0. 0088 *** (3. 97)	0. 0097 *** (3. 60)
Asset	0. 0218 *** (8. 16)	0. 0312 *** (8. 75)	0. 0050 ** (2. 12)	0. 0104 *** (3. 21)
Pop	− 0. 0024 *** (− 3. 59)	− 0. 0027 *** (− 3. 37)	− 0. 0007 (− 0. 22)	0. 0018 (0. 48)
Cargo	− 0. 0003 (− 0. 27)	0. 0006 (0. 47)	− 0. 0082 *** (− 2. 67)	− 0. 0083 ** (− 2. 19)
控制行业	控制	控制	控制	控制
控制年份	控制	控制	控制	控制
样本数	7206	7206	7206	7206
R-squared	0. 258	0. 229	0. 057	0. 045

注： * 、 ** 和 *** 分别表示 0. 1、0. 05 和 0. 01 的显著性水平，括号内为稳健标准误（下同）。固定效应下 R^2 为组内 R^2。对模型适用固定效应还是随机效应进行了 Hausman 检验，结果显示应采用固定效应。

11.4.3.2 "营改增"改革促进制造业升级的中介效应检验

根据前面的理论分析可知，"营改增"可能会通过促进地区生产性服务业集聚和降低制造企业流转税税负来促进制造业升级。为验证"营改增"影响制造业升级的机制，本章进行了中介效应检验。借鉴温忠麟等（2004）的做法，构造以下模型：

$$\text{Fupdate} = \beta_0 + \beta_1 \text{Post} + \text{Control} + \sum \text{Indu} + \sum \text{Year} + \varepsilon \quad (11 - 1)$$

$$M = C + \alpha Post + \beta_1 Control + \sum Indu + \sum Year + \varepsilon \quad (11-2)$$

$$Fupdate = C + \alpha' Post + \gamma M + \beta_3 Control + \sum Indu + \sum Year + \varepsilon$$
$$(11-3)$$

其中，C 为常数，M 为中介变量，Control 为控制变量，其他变量与模型（11-1）的含义相同。模型（11-3）在模型（11-1）的基础上引入了中介变量 M，分别是地区生产性服务业集聚（Service）和企业流转税税负（VBTT）。前者以地区生产性服务业就业人数占所在城市全部就业人数的比重衡量；而在企业流转税税负 VBTT 衡量方面，由于上市公司年报中缺少对企业实际缴纳增值税的统计，因此，本章参照以往的研究（童锦治等，2015；曹越，2016），利用企业已披露税额倒推流转税税额①。

表 11-4 给出了以企业产出能力（Fupdate1）表征制造业升级，考察生产性服务业集聚和公司流转税税负中介效应的结果。列（1）~列（3）为考察地区生产性服务业集聚中介效应的结果。列（2）中 Post 系数正向显著，说明"营改增"促进了改革地区服务业集聚与发展，列（3）中 Post 系数依然显著，同时 Service 系数正向显著，表明生产性服务业集聚的中介效应显著。列（4）中制造企业流转税税负下降并不显著，需要进行 Sobel 检验，检验结果发现，Z 值为 -0.3516，统计上不显著，因此流转税税负的中介效应不显著。范子英和彭飞（2017）检验了"营改增"对服务业企业的减税效应后发现，"营改增"的减税效应严重依赖于产业互联和上游行业的增值税税率，"营改增"企业的平均税负没有出现显著下降，但在具备产业互联的企业中产生了明显的减税效应和分工效应。同理，"改革后制造企业流转税税负下降"这一命题隐含的假设是："营改增"改革前后制造企业会外购生产性服务以进行转型升级。若部分制造企业没有外购生产性服务，而是选择利用"营改增"契机发展壮大自身生产性服务业务，则"营改增"对其流转税税负的降低作用就较为有限。既有文献也佐证了这一推测：陈钊和王旸（2016）发现，部分制造业企业由原来自给

---

① 本章以教育费附加和城市维护建设税来倒推企业缴纳的流转税，具体做法如下：（1）若教育费附加费率是以单一税率披露，则利用教育费附加金额除以披露税率。（2）若公司披露了多种教育费附加费率，则利用城市维护建设税除以对应的单一税率。（3）若教育费附加费率和城市维护建设税率均为多档税率，则采用教育费附加为基础分析确定具体税率。如教育费附加和地方教育费附加费分别披露 3% 和 2%，因此，总的教育费附加费率就是 5%。采用上述方法倒推出企业的流转税税负后，减去企业的消费税金额，再除以营业收入就得到了企业的税负水平。

自足提供生产性服务变为对外经营该业务，其营业收入也相应增加。在这一情形下，"营改增"对制造企业流转税税负降低作用有限，这可能是导致列（4）中流转税税负没有显著下降的主要原因。综上所述，本章中介效应检验结果表明，"营改增"主要通过促进服务业发展，为制造业提供新的信息流和知识流等，推动制造业增加研发、采购和营销等环节，帮助其实现价值链高端攀升。

表 11 –4   中介效应检验

Variables	生产性服务业集聚（Service）的中介效应			税负（VBTT）的中介效应	
	（1）	（2）	（3）	（4）	（5）
	Fupdate1	Service	Fupdate1	VBTT	Fupdate1
Post	0.0062 **	0.0081 ***	0.0056 *	– 0.0025	0.0063 **
	(2.08)	(7.60)	(1.83)	(– 0.35)	(2.11)
VBTT					0.0287 ***
					(5.65)
Service			0.0697 **		
			(2.05)		
控制变量	控制	控制	控制	控制	控制
控制行业	控制	控制	控制	控制	控制
控制年份	控制	控制	控制	控制	控制
R^2	0.2577	0.5161	0.2582	0.0432	0.2610
样本数	7206	7206	7206	7206	7206
Sobel 检验				Z = – 0.3516	

注：以 Fupdate2 为因变量的中介效应检验结果与表 11 –4 基本一致，限于篇幅没有列示，留存备索。

11.5 进一步研究与稳健性检验

11.5.1 进一步研究

11.5.1.1 "营改增"改革促进制造业升级效应的异质性检验：产权性质差异

一般认为国有企业与民营企业对外部环境变化的敏感度不同。国有企业受行业垄断和地方政府保护的程度较大，而民营企业一般面临更多的融资约束和外部竞争，直接接受市场优胜劣汰的结果，对外部环境更敏感。接下来本章将检验"营改增"能否同时带动国有企业和民营企业转型升级。检验结果见表 11 – 5。可以看出，"营改增"改革对制造企业升级的拉动作用主要存在于民营企业，对国有企业升级的作用并不明显。表明民营企业能迅速依据外部环境调整经营策略，从而实现转型升级，是当下经济高质量发展的主要动力来源。

表 11 – 5　"营改增"改革促进制造业升级的异质性检验：所有制差异

变量	（1）Fupdate1	（2）Fupdate1	（3）Fupdate2	（4）Fupdate2
	民营企业	国有企业	民营企业	国有企业
Post	0.0074 *	0.0045	0.0089 *	0.0035
	（2.23）	（1.01）	（2.06）	（0.62）
控制变量	控制	控制	控制	控制
控制行业	控制	控制	控制	控制
控制年份	控制	控制	控制	控制
R-squared	0.0473	0.1168	0.0387	0.1036
样本数	4715	2491	4715	2491

　　注：本章也采用了 OLS 模型进行回归，回归结果与固定效应基本一致。限于篇幅，没有列示，备索，下同。

11.5.1.2　"营改增"改革促进制造业升级效应的异质性检验：地区税收征管力度差异

　　"营改增"经济效应的发挥受税收征管力度的影响（倪红福等，2016）。税收征管力度是影响企业避税程度的重要外部因素（江轩宇，2013）。地区税收征管力度越强，企业避税行为的成本越高（Rego & Wilson，2012），企业越少进行避税行为，因此该地区企业可能对外部税收环境变化更为敏感。那么作为一项税收政策，"营改增"改革是否更能促进税收征管力度较强地区的生产性服务业集聚，从而带动当地制造企业转型升级？本章借鉴曾亚敏和张俊生（2009）、叶康涛和刘行（2011）的方法，采用地区实际税收收入与预期可获取的税收收入之比来衡量各地税收征管强度，将样本分为税收征管力度较强地区企业和税收征管力度较弱地区企业。具体做法是：首先依据建立以地区年度税收收入占 GDP 比重为因变量，以第一、第二产业产值和进出口额为自变量的回归模型，得到估计的相关系数，并计算预期税收收入占

GDP 的比重；其次计算实际税收收入与预期收入之比，得到各地区税收征管力度；最后，按照地区税收征管力度高低分组，对分样本采用模型（11－1）进行检验。检验结果见表11－6，可以发现"营改增"对制造业升级的带动作用仅体现在税收征管力度较强地区，表明该类地区企业对改革更加敏感，边际效益更高。

表11－6　"营改增"促进制造业升级的异质性检验：地区税收征管力度差异

变量	（1）Fupdate1	（2）Fupdate1	（3）Fupdate2	（4）Fupdate2
	税收征管力度较强地区的企业	税收征管力度较弱地区的企业	税收征管力度较强地区的企业	税收征管力度较弱地区的企业
Post	0.0134 *** (2.95)	0.0008 (0.25)	0.0156 *** (2.73)	－0.0007 （－0.17）
控制变量	控制	控制	控制	控制
控制行业	控制	控制	控制	控制
控制年份	控制	控制	控制	控制
R-squared	0.0892	0.0527	0.0785	0.0434
样本数	2471	4735	2471	4735

注：*** 表示在 0.01 水平上显著。

11.5.2　稳健性检验

11.5.2.1　控制内生性：PSM-DID 检验

由于"营改增"政策采用了按照地区和行业先试点，再逐步推广到全国的实施办法，因此样本可能存在自选择性问题，即并非因为"营改增"的实施促进了制造业的升级，而是实验组的样本相较于处理组的样本更倾向于升级。为排除这一内生性问题产生的影响，我们首先采用倾向性配对（propensity score matched，PSM）对实验组和控制组进行1：1匹配，然后在 PSM 的基础上再次使用双重差分进行回归。为了确定 PSM 的匹配变量，分析影响试点地区的因素，我们通过逐步回归并根据回归结果的 P 值大小和经济意义，最终选取了公司规模（Lnlabor）、财务杠杆（Lev）、销售收入增长率（Income）、用户市场规模（Pop）、地区制造业层次（Cargo）作为 PSM 的匹配变量。表 11 - 7 左侧报告了 Logit 回归结果，可以看出，选取的各变量均显著，并且公司规模越大、财务杠杆越高、销售增长率越高的公司被选取为试点的可能性越小；公司所属货运量越大，被选取为"营改增"试点地区的可能性越大。表 11 - 7 右侧为平衡性检验的结果。由表中结果可以看出，匹配后所有变量的标准化偏差均小于 10%，并且实验组与控制组的差异均不再显著，平衡性检验得到满足。表 11 - 8 中的列（1）和列（2）为 PSM-DID 回归结果。可以看出，在对实验组和控制组进行匹配后，Post 系数仍显著为正，进一步验证了"营改增"政策促进了制造业升级这一结论。

表 11 - 7   **PSM 与平衡性检验**

变量	Logit 回归结果	匹配后（M）	匹配前（U）			偏差降幅（%）	t-test	
			实验组	控制组	偏差		t	p > |t|
Lnlabor	-0.1301 ***	U	7.0216	7.1967	-17.2	87.2	-7.24	0.000
	(-5.11)	M	7.0216	7.0440	-2.2		-0.89	0.372
Lev	-0.6236 ***	U	0.3874	0.4249	-18.2	94.1	-7.65	0.000
	(-5.01)	M	0.3874	0.3896	-1.1		-0.43	0.666
Income	-0.1327 **	U	0.1615	0.1865	-5.5	93.8	-2.31	0.021
	(-2.44)	M	0.1615	0.1631	-0.3		-0.15	0.884
Cargo	0.1613 ***	U	1.4976	1.4110	11.9	76.7	5.03	0.000
	(4.90)	M	1.4976	1.4774	2.8		1.11	0.267

表 11 - 8   **稳健性检验：PSM-DID 与安慰剂检验**

变量	PSM-DID		安慰剂检验					
	(1) Fupdate1	(2) Fupdate2	(3) Fupdate1	(4) Fupdate2	(5) Fupdate1	(6) Fupdate2		
Post	0.0066 * (2.24)	0.0077 * (2.05)						
Post$_{-1}$			-0.0026 (-0.94)	-0.0029 (-0.84)				
Post$_{-2}$					-0.0082 ** (-2.72)	-0.0103 ** (-2.74)		
控制变量	控制	控制	控制	控制	控制	控制		

变量	PSM-DID		安慰剂检验			
	(1) Fupdate1	(2) Fupdate2	(3) Fupdate1	(4) Fupdate2	(5) Fupdate1	(6) Fupdate2
控制行业	控制	控制	控制	控制	控制	控制
控制年份	控制	控制	控制	控制	控制	控制
R-squared	0.0658	0.0536	0.0560	0.0439	0.0571	0.0450
样本数	6368	6368	7206	7206	7206	7206

11.5.2.2　安慰剂检验

本章还需要排除另一种可能性：我国制造业企业可能正处于转型升级阶段，前面发现的制造业升级并非是由"营改增"导致。为此本章进一步做了安慰剂检验，将"营改增"政策实施时点分别向前推了一年和两年。表 11 - 8 的列（3）~ 列（6）是安慰剂检验的结果，$Post_{-1}$ 表示将"营改增"政策实施时点向前推一年，比如上海在 2012 年实施了"营改增"政策，如果样本处于 2011 年及以后的上海，则取 1，否则为 0。$Post_{-2}$ 表示将"营改增"政策实施时点向前推两年，同理，如果样本处于 2010 年及以后的上海，则取 1，否则为 0。列（3）和列（4）是政策实施年份向前推一年的回归结果，列（5）和列（6）是政策实施年份向前推两年的回归结果，且均采用固定效应回归。由表 11 - 8 中结果可以看出，$Post_{-1}$ 和 $Post_{-2}$ 系数均为负，这与我国制造业企业正处于转型升级阶段的假设不符，因而进一步验证了我们的研究结论。

11.5.2.3　限制样本范围和考虑税收洼地的影响

（1）仅以上海地区"营改增"试点为对象。理论上来讲，以所有改革地区为样本，利用地区改革的时间先后差异，将后改革地区作为先改革地区的对照组，能使平行趋势假设更易得到满足。但这样的处理方式可能会使得最后样本期间的样本均为处理组，造成因个别年份处理组样本过多而导致改革效应评估偏差的情形。为此，本章剔除 2013 年及以后年度样本，仅以上海地区"营改增"试点为对象，检验本章假设，结果见表 11 - 9。可以发现，列（1）~ 列（4）中 Post 系数均显著为正，表明"营改增"促进了制造业升级，基本研究结论稳健。

表 11 −9　　　　　　　稳健性检验："营改增"对上海制造业升级的影响

变量	(1)	(2)	(3)	(4)
	Fupdate1	Fupdate2	Fupdate1	Fupdate2
	OLS	OLS	固定效应	固定效应
Post	0.0157 *	0.0226 **	0.0223 **	0.0279 **
	(1.88)	(2.28)	(2.24)	(2.09)
Labor	0.0027 **	0.0019	0.0164	0.0157
	(2.31)	(1.39)	(1.59)	(1.31)
Age	0.0041	0.0088 **	− 0.1040 ***	− 0.103 **
	(1.24)	(2.14)	(−2.68)	(−2.15)
Lev	− 0.1190 ***	− 0.1430 ***	0.0629 ***	0.0734 ***
	(−19.91)	(−19.10)	(3.29)	(2.93)
Customer	− 0.0243 ***	− 0.0288 ***	0.0016	0.0060
	(−4.18)	(−4.02)	(0.10)	(0.31)
Capital	− 0.0098 ***	− 0.0091 ***	0.0023	0.0044
	(−7.97)	(−5.46)	(0.74)	(1.13)
Income	0.0161 ***	0.0211 ***	0.0064 **	0.0088 **
	(5.78)	(6.09)	(2.13)	(2.31)
Asset	0.0253 ***	0.0308 ***	− 0.0020	− 0.0028
	(6.93)	(6.54)	(−0.75)	(−0.81)
Pop	− 0.0015 *	− 0.0019 *	− 0.0018	0.0002
	(−1.66)	(−1.66)	(−0.26)	(0.03)
Cargo	0.0005	0.0018	− 0.0090	− 0.0112
	(0.34)	(0.99)	(−0.70)	(−0.72)
Constant	13.72 ***	16.05 ***	1.573	3.665
	(6.75)	(6.39)	(0.26)	(0.49)
控制行业	控制	控制	控制	控制
控制年份	控制	控制	控制	控制
样本数	3560	3560	3560	3560
R^2	0.1317	0.1028	0.0656	0.0527

注：* 、** 、*** 分别表示在0.1、0.05、0.01 水平上显著。

（2）考虑税收洼地的影响。前面虽然证明了"营改增"后，试点地区制造业会进行转型升级，但它可能是改革试点中的"税收洼地"造成的，在改革全面推开后，这一现象可能会消失。"营改增"改革进程可分为两大阶段：第一阶段是 2012 年 1 月 1 日至 2013 年 8 月 1 日，交通运输业和部分现代服务业以及广播影视服务业先从个别省（市）试点而后推广至全国；第二个阶段是 2014 年 1 月 1 日至 2016 年 5 月 1 日，铁路运输和邮政服务业、建筑业、房地产业、金融业和生活服务业全部被纳入"营改增"改革范围。在第一阶段中，试点地区可以分为三个批次：第一批次为 2012 年 1 月 1 日开始试点的上海市；第二批次为 2012 年 9 月 1 日至 2012 年 12 月 1 日试点的地区，包括北京、江苏、安徽、福建、广东、天津、浙江和湖北 8 省（市）；第三批次为 2013 年 8 月 1 日开始改革的其他省（区、市）。为控制"税收洼地"的影响，本章依次剔除第一和第二批次先行试点地区，检验本章结果是否稳健。检验结果见表 11 – 10 的列（3）~ 列（6）。为便于比较，将表 11 – 3 全样本基本结果的列（3）和列（4）复制至表 11 – 10 中的列（1）和列（2）。首先，列（3）~ 列（6）的 Post 系数正向显著，表明剔除第一和第二批次样本后，"营改增"依然促进了其他改革地区制造业转型升级，研究结论稳健。其次，分别比较列（1）、列（3）和列（5），列（2）、列（4）与列（6）的 Post 系数大小和显著性，可以发现列（3）~ 列（6）的 Post 系数与显著性都低于列（1）和列（2）。这说明"营改增"改革中确实存在"税收洼地"效应。不考虑这一因素，会导致改革效应被高估。

表 11 – 10 稳健性检验结果：考虑"税收洼地"的影响

变量	（1） Fupdate1 全样本	（2） Fupdate2 全样本	（3） Fupdate1 剔除第一批次上海样本	（4） Fupdate2 剔除第一批次上海样本	（5） Fupdate1 剔除第一、第二批次改革地区样本	（6） Fupdate2 剔除第一、第二批次改革地区样本
Post	0.0069 *** (2.62)	0.0075 ** (2.26)	0.0054 ** (1.97)	0.0055 * (1.75)	0.0053 * (1.79)	0.0069 * (1.85)
Labor	− 0.0114 (− 0.85)	− 0.0313 (− 1.29)	− 0.0115 (− 0.83)	− 0.0321 (− 1.29)	− 0.0399 (− 1.44)	− 0.0914 (− 1.55)

续表

变量	(1)	(2)	(3)	(4)	(5)	(6)
	Fupdate1	Fupdate2	Fupdate1	Fupdate2	Fupdate1	Fupdate2
	全样本	全样本	剔除第一批次上海样本	剔除第一批次上海样本	剔除第一、第二批次改革地区样本	剔除第一、第二批次改革地区样本
Age	-0.0652***	-0.0536**	-0.0710***	-0.0592**	-0.0739***	-0.0776***
	(-3.17)	(-2.10)	(-3.39)	(-2.27)	(-5.46)	(-4.62)
Lev	-0.0031	-0.0059	0.0011	-0.0006	-0.0115	-0.0077
	(-0.27)	(-0.41)	(0.10)	(-0.04)	(-0.58)	(-0.32)
Customer	0.0089	0.0164	0.0079	0.0162	0.0230*	0.0417**
	(0.95)	(1.28)	(0.85)	(1.28)	(1.71)	(2.18)
Capital	-0.0015	-0.0017	-0.0020	-0.0024	-0.0013	-0.0019
	(-1.05)	(-0.96)	(-1.39)	(-1.30)	(-0.63)	(-0.69)
Income	0.0088***	0.0097***	0.0092***	0.0102***	0.0125***	0.0136***
	(3.97)	(3.60)	(4.15)	(3.76)	(3.73)	(3.19)
Asset	0.0050**	0.0104***	0.0037	0.0089***	0.0072*	0.0139***
	(2.12)	(3.21)	(1.59)	(2.75)	(1.86)	(2.66)
Pop	-0.0007	0.0018	-0.0011	0.0013	-0.0047	-0.0026
	(-0.22)	(0.48)	(-0.37)	(0.33)	(-1.38)	(-0.62)
Cargo	-0.0082***	-0.0083**	-0.0075**	-0.0072*	-0.0061	-0.0045
	(-2.67)	(-2.19)	(-2.41)	(-1.88)	(-1.21)	(-0.75)
Constant	0.349	2.036	-0.846	0.683	0.501**	0.854**
	(0.11)	(0.51)	(-0.27)	(0.17)	(2.39)	(1.98)
控制行业	控制	控制	控制	控制	控制	控制
控制年份	控制	控制	控制	控制	控制	控制
样本数	7206	7206	6878	6878	2855	2855
R^2	0.057	0.045	0.062	0.048	0.066	0.060

注: *、**、*** 分别表示在 0.1、0.05、0.01 水平上显著。

11.6 本章小结

长期以来，中国凭借低成本要素优势融入全球价值链分工，经济高速增长的同时也陷入了"低端锁定"困境。其比较优势主要体现在加工组装与生产环节，呈现"大而不强"的特征。随着全球贸易放缓、国际分工格局加快重构、我国人口红利的消失和劳动力成本的攀升，中国制造的传统竞争力越发式微，亟须转型升级。《国务院办公厅关于创新管理优化服务　培育壮大经济发展新动能　加快新旧动能接续转换的意见》指出，加快培育壮大新动能、改造提升传统动能是促进经济结构转型的重要途径。生产性服务业对重塑增长动力有重要作用，是转型升级的新动力和主引擎。学术界和政策层普遍认为"营改增"能通过减少重复征税来促进服务业发展。而服务业是制造业增长的推进器，所以产业融合背景下"营改增"的作用并不限于服务业，更重要的是，它会通过培育服务业新动能带动传统动能（制造业）改造提升，而制造业的提升又会为服务业提供更扎实的市场需求，最终实现新旧动能转换。

学术界有关"营改增"经济后果的文献，主要集中于分析改革对生产性服务业的影响，考察改革对制造业影响的研究很少，机理分析更为鲜见。首先，本章以 2009 ~ 2015 年沪深两市 A 股制造业上市公司为研究对象，检验了"营改增"对制造企业转型升级的影响及机理。研究发现"营改增"促进了制造企业升级，且至少可以持续两期。该结论在一系列稳健性检验中依然成立。其次，地区服务业集聚在"营改增"推动制造企业升级中起到了明显的中介效应，而流转税税负下降的作用有限。最后，异质性分析结果表明，"营改增"改革的制造企业升级效应在民营企业和税收征管力度较强地区企业较明显，但对国有企业和征管力度较弱地区企业的影响不明显。本章研究结论表明，忽视改革对制造业的影响，会导致"营改增"改革效应被低估。

本章结论具有如下政策启示：第一，"营改增"改革对制造业升级的提升作用主要体现在生产性服务业的产业带动上，而非流转税税负的降低。地方政府应制定适合本地区的经济发展战略规划，积极推动制造业基地的配套生产性服务中心建设，促进区域内的创新要素集聚，为生产性服务业发展创造土壤；搭建高质量公共服务平台，降低区域内制造企业对生产性服务的搜寻成本，以生产性服务业集聚来助推制造企业升级，促使其向更高阶段的价值链攀升。第二，生产性服务业本身就是从制造业中分离出来的，制造业越发达，服务业发展也越快。对当前面临转型升级压力的制造企业而言，适当给予资金补贴及所得税减免优惠，鼓励其将生产性服务外包，为生产性服务业创造大量需求，从而推动生产性服务业的规模化和专业化发展，最终在制造业和服务业互动融合下，完成产业升级。第三，本章研究发现"营改增"改革主要促进了民营企业转型升级，未能带动国有企业升级。混合所有制改革是激发国有企业转型升级的内生动力，也是当下促进国有企业高质量发展的重要突破口。深化混合所有制改革，改变国有企业的股权结构，使得非国有企业资本积极参与国有企业治理，内部优化重组、改善组织结构，从而助力国有企业转型升级。

第 12 章　研究结论、启示、局限 及未来研究方向

12.1　研 究 结 论

通过结构性减税帮助企业降低成本，以结构性政策缓解结构性问题，对于实现经济高质量发展有着重要的现实意义。为实现经济持续平稳增长，政府大力实施结构性减税政策，以期通过实施"微刺激"和调整经济结构来寻求未来经济增长的新动力。本书以我国 A 股上市公司为研究对象，基于企业异质性视角，以增值税转型和"营改增"改革为制度背景，研究了增值税结构性减税的经济效应。得到了以下几个主要结论。

（1）资本市场对于增值税转型和全面"营改增"持肯定态度，对于政策的颁布持积极态度；不同产权性质企业市场反应存在差异，例如，全面"营改增"涉及行业的累计超常收益明显低于非改革行业。这一现象可能源于较高的改革成本和改革的溢出效应。

（2）增值税转型刺激了企业加大固定投资规模，但对不同产权特征企业投资规模的影响存在差异。具体而言：国有企业投资规模显著高于民营企业；考虑到国企层级，发现中央国企和地方国企投资均明显增加，两者没有显著差异。细分地方国企样本发现，政府干预程度较高地区的地方国企投资规模显著高于干预程度较低地区。

（3）增值税转型下集团公司的投资规模显著高于非集团公司；两权分离度越高，集团公司的投资规模越显著大于非集团公司；动因研究发现融资约束是影响集团公司和非集团公司投资行为的主要因素。随着两权分离度的提高，代理成本对两类公司尤其是集团公司投资的影响变大。

（4）在增值税转型对企业投资效率的影响方面，与非集团公司相比，增值税转型显著降低了集团公司的投资价值相关性；另外，根据产权特征将集团公司进行分类后发现，与民营集团相比，增值税转型显著降低了国有集团公司的投资价值相关性；与中央国有集团相比，增值税转型对地方国有集团的投资价值相关性的降低作用更为显著。

（5）增值税转型使资本对劳动的替代效应大于收入效应，企业显著减少了劳动力需求；民营企业相对于国有企业而言，其劳动力需求下降幅度更大；中央国企相对于地方国企而言，其劳动力需求下降幅度更大。增值税转型下不同产权特征企业劳动力需求变化存在差异的一个主要原因是国有企业尤其是地方国有企业承担了更多的预算软约束，作为补偿它们也获得了更多的政府补贴。

（6）在增值税转型对企业研发投入的影响方面，不考虑企业异质性时，没有发现增值税转型对研发投入有显著影响；区分组织形式后发现，与非集团公司相比，增值税转型后集团公司研发投入显著提高；民营集团研发投入显著高于国有集团；民营企业集团的代理成本会抑制研发投入，表现为两权分离度低的集团公司在增值税转型中的研发投入显著高于两权分离度高的集团公司；进一步研究发现增值税转型中民营集团的研发投入增量使其长期回报率的增长显著高于其他企业。

（7）在"营改增"对企业转型升级效果的作用方面，首先，"营改增"促进了制造企业升级，且至少可以持续两期。其次，地区服务业集聚在"营改增"推动制造企业升级中起到了明显的中介效应，而流转税税负下降的作用有限。最后，异质性分析结果表明，"营改增"改革的制造企业升级效应对民营企业和税收征管力度较强地区企业较明显，但对国有企业和征管力度较弱地区企业的影响不明显。

12.2　研究启示

通过本书研究，我们主要得出以下几点启示。

（1）本书研究表明应重视企业异质性在宏观经济政策对微观企业行为影响中的作用。例如在不考虑企业异质性的情况下，无法发现增值税转型对研发投入的影响。然而引入企业集团这一组织形式后，则发现集团公司尤其是民营集团的研发投入受增值税转型政策影响明显。因此在检验宏观经济政策对微观企业行为影响的过程中，不能忽视企业异质性这一核心要素。

（2）在政策效果方面，无论是研发还是转型升级，增值税减税政策对民营企业的影响都明显大于国有企业。本书表明应降低国有企业的行政垄断地位，充分发挥市场力量对其创新和转型的激励，以及将转型升级纳入相应的企业控制人业绩评价框架以促进国有企业转型升级。此外应进一步提高知识产权保护水平、缓解融资约束，为民营企业实现经济转型创造良好条件。

（3）在增值税转型中，企业集团的投资与研发行为显著异于非集团公司。与非集团公司相比，增值税转型下集团公司的投资规模更大，研发投入更高，但投资价值相关性更低。企业集团具有提高研发效应乘数和融资便利等优势，国企改革应进一步贯彻"抓大放小"战略，加快国企重组步伐，充分利用整合优势。

（4）"营改增"更多通过产业联动带动经济转型升级，一方面能为全面衡量增值税结构性减税的政策效果提供经验支持，另一方面也对相关部门进一步进行结构性减税，以及规范企业产权改革和政府行为有一定的指导和借鉴作用。因此未来政策制定层应更关注产业联动对经济结构转型的影响。各地区可以通过政策支持引导生产性服务业在中心城市层面聚集，充分发挥生产性服务业对制造业升级的引擎作用。此外，生产性服务业本身就是从制造业中分离出来的，制造业越发达，服务业发展越快。通过对制造业适当减税，鼓励其生产性服务外包，为生产性服务业创造大量需求，从而推动生产性服务业的规模化和专业化发展，最终在制造业和服务业互动融合下，完成产业升级。

12.3　研究局限及未来研究方向

增值税改革一直是理论界和实务界共同关注的话题。其研究内容不仅包含其对宏观经济的影响，也应当从微观企业视角分析增值税改革对企业行为的影响。本书以增值税转型和"营改增"改革为研究对象，基于企业异质性分析增值税转型对微观企业的影响。对增值税转型的理论和实证研究是探索性的，难免存在遗漏与不足。限于笔者的时间、能力和精力，本书仅考察了增值税转型和"营改增"改革的经济效应。当下中国正在进行增值税税率兼并改革，那么这一改革对微观企业行为会产生什么影响？这也是我们下一步要进行补充和完善的内容。

参 考 文 献

［1］安灵、刘星、白艺昕，2008：《股权制衡、终极所有权性质与上市企业非效率投资》，《管理工程学报》第 2 期，第 122－129 页。

［2］安体富，2007：《增值税改革事不宜迟》，《瞭望》第 33 期，第 36－37 页。

［3］巴曙松、刘孝红、牛播坤，2005：《转型时期中国金融体系中的地方治理与银行改革的互动研究》，《金融研究》第 5 期，第 25－37 页。

［4］毕叶、李俐、徐东，2013：《浅析"营改增"政策对制造业服务化发展影响》，《现代经济信息》第 3 期，第 78－79 页。

［5］才国伟、吴华强、徐信忠，2018：《政策不确定性对公司投融资行为的影响研究》，《金融研究》第 3 期，第 89－104 页。

［6］蔡昌，2009：《增值税转型的经济效应与对策分析》，《中国税务》第 1 期，第 14－15 页。

［7］蔡吉甫，2012：《融资约束抑或代理冲突——上市公司非效率投资动因研究》，《财经论丛》第 3 期，第 86－91 页。

［8］蔡卫星、赵峰、曾诚，2011：《政治关系、地区经济增长与企业投资行为》，《金融研究》第 4 期，第 100－112 页。

［9］曹书军、刘星、傅蕴英，2009：《劳动雇佣与公司税负：就业鼓励抑或预算软约束》，《中国工业经济》第 5 期，第 139－149 页。

［10］曹越、李晶，2016：《"营改增"是否降低了流转税税负——来自中国上市公司的证据》，《财贸经济》第 11 期，第 62－76 页。

［11］曹正汉、史晋川，2009：《中国地方政府应对市场化改革的策略：抓住经济发展的主动权——理论假说与案例研究》，《社会学研究》第 4 期，第 1－27 页。

［12］陈德球、叶陈刚、李楠，2011：《控制权配置、代理冲突与审计供求——来自中国家族上市公司的经验证据》，《审计研究》第 5 期，第 57－

64 页。

　　[13] 陈冬华、陈信元、万华林，2005：《国有企业中的薪酬管制与在职消费》，《经济研究》第 2 期，第 92 – 101 页。

　　[14] 陈国进、王少谦，2016：《经济政策不确定性如何影响企业投资行为》，《财贸经济》第 5 期，第 5 – 21 页。

　　[15] 陈海秋，2009：《现阶段增值税转型改革的问题与对策》，《重庆工商大学学报（西部论坛）》第 1 期，第 87 – 93 页。

　　[16] 陈抗、Arye L. Hillman、顾清扬，2002：《财政集权与地方政府行为变化——从援助之手到攫取之手》，《经济学（季刊)》第 2 卷第 1 期，第 111 – 130 页。

　　[17] 陈胜昌，1982：《论畸形产业结构的社会经济后果》，《经济科学》第 1 期，第 17 – 22 页。

　　[18] 陈胜蓝、王琨、马慧，2014：《集团内部资金配置能够减少公司过度投资吗?》，《会计研究》第 3 期，第 49 – 55 页。

　　[19] 陈晓、方保荣，2001：《对增值税转型的几点逆向思考》，《税务研究》第 5 期，第 26 – 30 页。

　　[20] 陈晓光，2013：《增值税有效税率差异与效率损失——兼议对"营改增"的启示》，《中国社会科学》第 8 期，第 67 – 84 页。

　　[21] 陈晓、李静，2001：《地方政府财政行为在提升上市公司业绩中的作用探析》，《会计研究》第 12 期，第 20 – 28 页。

　　[22] 陈信元、黄俊，2007：《政府干预，多元化经营与公司业绩》，《管理世界》第 1 期，第 92 – 97 页。

　　[23] 陈信元、叶鹏飞、陈冬华，2003：《机会主义资产重组与刚性管制》，《经济研究》第 5 期，第 13 – 22 页。

　　[24] 陈烨、张欣、寇恩惠、刘明，2010：《增值税转型对就业负面影响的 CGE 模拟分析》，《经济研究》第 9 期，第 29 – 42 页。

　　[25] 陈钊、陆铭，2003：《中国所有制结构调整的理论与实证分析》，山西经济出版社。

　　[26] 陈钊、王旸，2016：《"营改增"是否促进了分工：来自中国上市公司的证据》，《管理世界》第 3 期，第 36 – 45 页。

　　[27] 程东全、顾锋、耿勇，2011：《服务型制造中的价值链体系构造及运行机制研究》，《管理世界》第 12 期，第 180 – 181 页。

[28] 程瑶、陆新葵，2006：《增值税转型对经济结构影响的实证分析》，《中央财经大学学报》第 9 期，第 11 - 14 页。

[29] 程仲鸣，2009：《政府干预下的终极控制人与企业投资研究》，华中科技大学博士学位论文。

[30] 程仲鸣、夏新平、余明桂，2008：《政府干预、金字塔结构与地方国有上市公司投资》，《管理世界》第 9 期，第 37 - 47 页。

[31] 程子建，2011：《增值税扩围改革的价格影响与福利效应》，《财经研究》第 10 期，第 4 - 14 页。

[32] 代昀昊、孔东民，2017：《高管海外经历是否能提升企业投资效率》，《世界经济》第 1 期，第 168 - 192 页。

[33] 邓子基、邓力平，1995：《税收中性、税收调控与产业政策》，《财政研究》第 9 期，第 32 - 41 页。

[34] 窦欢、张会丽、陆正飞，2014：《企业集团、大股东监督与过度投资》，《管理世界》第 7 期，第 134 - 143 页。

[35] 杜漪、陈东北，2009：《增值税转型及相关行业税负分析》，《当代财经》第 4 期，第 41 - 44 页。

[36] 樊纲、王小鲁、朱恒鹏，2011：《中国市场化指数——各地区市场化相对进程 2011 年报告》，经济科学出版社。

[37] 樊勇、韩文杰，2018：《1979 年以来的中国增值税》，《财经智库》第 3 期，第 64 - 78 页。

[38] 范子英、彭飞，2017：《"营改增"的减税效应和分工效应：基于产业互联的视角》，《经济研究》第 2 期，第 82 - 95 页。

[39] 冯巍，1999：《内部现金流量和企业投资——来自我国股票市场上市公司财务报告的证据》，《经济科学》第 1 期，第 51 - 57 页。

[40] 付江峰，2015：《我国增值税改革问题探析》，《税务研究》第 11 期，第 42 - 46 页。

[41] 傅勇、张晏，2007：《中国式分权与财政支出结构偏向：为增长而竞争的代价》，《管理世界》第 3 期，第 4 - 12 页。

[42] 高雷、何少华、仪垂林，2006：《国家控制、政府干预、银行债务与资金侵占》，《金融研究》第 6 期，第 90 - 98 页。

[43] 高培勇，2009：《增值税转型改革分析与前瞻》，《税务研究》第 8 期，第 36 - 39 页。

［44］ 郭跃进，1999：《论制造业的服务化经营趋势》，《中国工业经济》第 3 期，第 64 – 67 页。

［45］ 韩朝华、戴慕珍，2008：《中国民营化的财政动因》，《经济研究》第 2 期，第 56 – 67 页。

［46］ 郝颖、李晓欧、刘星，2012：《终极控制、资本投向与配置绩效》，《管理科学学报》第 3 期，第 83 – 96 页。

［47］ 郝颖、林朝南、刘星，2010：《股权控制、投资规模与利益获取》，《管理科学学报》第 7 期，第 68 – 87 页。

［48］ 郝颖、刘星，2009：《资本投向、利益攫取与挤占效应》，《管理世界》第 5 页，第 128 – 144 页。

［49］ 郝颖、刘星，2010：《基于控制权私利的投资效率与挤占效应研究》，《科研管理》第 3 期，第 165 – 170 页。

［50］ 郝颖、刘星，2010：《市场化进程与上市公司 R&D 投资：基于产权特征视角》，《科研管理》，第 4 期，第 81 – 90 页。

［51］ 郝颖、刘星、林朝南，2009：《大股东控制下的资本投资与利益攫取研究》，《南开管理评论》第 2 期，第 98 – 106 页。

［52］ 何金耿、丁加华，2001：《上市公司投资决策行为实证分析》，《证券市场导报》第 9 期，第 44 – 47 页。

［53］ 何哲、孙林岩、朱春燕，2010：《服务型制造的概念、问题和前瞻》，《科学学研究》第 1 期，第 53 – 60 页。

［54］ 黑龙江省国家税务总局课题组，2006：《增值税转型试点运行效果分析及借鉴》，《涉外税务》第 1 期，第 36 – 38 页。

［55］ 侯巧铭、宋力、蒋亚朋，2017：《管理者行为、企业生命周期与非效率投资》，《会计研究》第 3 页，第 61 – 67 页。

［56］ 胡怡建，2016：《全面实施"营改增"的企业税负变动影响分析》，《新会计》第 7 期，第 6 – 7 页。

［57］ 胡怡建、田志伟，2014：《我国"营改增"的财政经济效应》，《税务研究》第 1 期，第 38 – 43 页。

［58］ 黄宏斌、翟淑萍、陈静楠，2016：《企业生命周期、融资方式与融资约束——基于投资者情绪调节效应的研究》，《金融研究》第 7 期，第 96 – 112 页。

［59］ 黄俊、陈信元，2011：《集团化经营与企业研发投资——基于知识

溢出与内部资本市场视角的分析》,《经济研究》第 6 期,第 80 - 92 页。

[60] 黄运云,2016:《"营改增"政策对制造业服务化发展影响探讨》,《税务筹划》第 1 期,第 301 页。

[61] 计方、刘星,2014:《集团控制、融资优势与投资效率》,《管理工程学报》第 1 期,第 26 - 38 + 9 页。

[62] 姜付秀、伊志宏、苏飞、黄磊,2009:《管理者背景特征与企业过度投资行为》,《管理世界》第 1 期,第 130 - 139 页。

[63] 姜付秀、张敏、陆正飞等,2009:《管理者过度自信、企业扩张与财务困境》,《经济研究》第 1 期,第 131 - 143 页。

[64] 蒋为,2016:《增值税扭曲、生产率分布与资源误置》,《世界经济》第 5 期,第 54 - 77 页。

[65] 康茂楠、毛凯林、刘灿雷,2019:《增值税转型、成本加成率分布与资源配置效率》,《财经研究》第 2 期,第 4 - 16 页。

[66] 黎凯、叶建芳,2007:《财政分权下政府干预对债务融资的影响——基于转轨经济制度背景的实证分析》,《管理世界》第 8 期,第 23 - 34 页。

[67] 黎文靖、李耀淘,2014:《产业政策激励了公司投资吗》,《中国工业经济》第 5 期,第 122 - 134 页。

[68] 李长春,2006:《增值税转型对企业筹资和投资活动的影响》,《会计之友》第 7 期,第 62 - 62 页。

[69] 李成、张玉霞,2015:《中国"营改增"改革的政策效应:基于双重差分模型的检验》,《财政研究》第 2 期,第 44 - 49 页。

[70] 李丹蒙、夏立军,2008:《股权性质、制度环境与上市公司 R&D 强度》,《财经研究》第 4 期,第 93 - 104 页。

[71] 李凤羽、杨墨竹,2015:《经济政策不确定性会抑制企业投资吗?——基于中国经济政策不确定指数的实证研究》,《金融研究》第 4 期,第 115 - 129 页。

[72] 李光宇、牛保忠、王丽梅,2010:《论当前我国增值税转型改革的困境与出路》,《当代经济研究》第 6 期,第 68 - 71 页。

[73] 李嘉明、董来公,2005:《增值税转型对企业的影响——基于企业生命周期理论的分析》,《税务研究》第 3 期,第 41 - 44 页。

[74] 李嘉明、何嘉佳,2016:《制造业多元化经营对流转税税负的影响》,《财会月刊》第 23 期,第 51 - 56 页。

[75] 李嘉明、李苏娅，2007：《增值税转型对企业固定资产投资影响的实证研究》，《财经论丛》第6期，第26－31页。

[76] 李建人，2010：《增值税的转型与转型中的增值税》，《财经问题研究》第2期，第90－95页。

[77] 李金宇、陈明，2015：《增值税与营业税合并的现实分析》，《商》第29期，第181－182页。

[78] 李普亮、贾卫丽，2019：《"营改增"能否为制造业企业带来减税获得感》，《财税与公共管理》第1期，第80－91页。

[79] 李万福、林斌、宋璐，2011：《内部控制在公司投资中的角色：效率促进还是抑制?》，《管理世界》第2期，第81－99页。

[80] 李文，2006：《税收政策对产业结构变迁的影响：需求角度的分析》，《税务与经济（长春税务学院学报）》第1期，第7－11页。

[81] 李焰、陈才东、黄磊，2007：《集团化运作、融资约束与财务风险——基于上海复星集团的案例研究》，《管理世界》第12期，第117－135页。

[82] 李永友，严岑，2018：《服务业"营改增"能带动制造业升级吗?》，《经济研究》第4期，第18－31页。

[83] 李远慧、罗颖，2017：《营改增减税效应研究——以北京为例》，《税务研究》第11期，第52－56页。

[84] 李云鹤，2014，《公司过度投资源于管理者代理还是过度自信》，《世界经济》第12期，第95－117页。

[85] 李芸达，2011：《产权制度、投资—现金流敏感性与投资效率》，南京大学博士学位论文。

[86] 李增泉、孙铮、王志伟，2004：《掏空与所有权安排——来自我国上市公司大股东资金占用的经验证据》，《会计研究》第12期，第3－13页。

[87] 李增泉、余谦、王晓坤，2005：《掏空，支持与并购重组》，《经济研究》第1期，第95－105页。

[88] 连宏玉，2015：《"营改增"对生产性服务业的影响研究》，《北方经贸》第11期，第108－109页。

[89] 连玉君、程建，2007：《投资—现金流敏感性：融资约束还是代理成本》，《财经研究》第2期，第37－46页。

[90] 林毅夫、李志赟，2004：《政策性负担、道德风险与预算软约束》，《经济研究》第2期，第17－27页。

[91] 林毅夫、刘志强，2000：《中国的财政分权与经济增长》，CCER讨论文，NO. C2000008。

[92] 刘柏、王馨竹，2017：《"营改增"对现代服务业企业的财务效应——基于双重差分模型的检验》，《会计研究》第 10 期，第 11 - 17 页。

[93] 刘成杰、张甲鹏，2015：《"营改增"对国内就业影响的再认识》，《税务研究》第 6 期，第 66 - 71 页。

[94] 刘峰、贺建刚、魏明海，2004：《控制权、业绩与利益输送——基于五粮液的案例研究》，《管理世界》第 8 期，第 102 - 110 页。

[95] 刘继国，2008：《制造业企业投入服务化战略的影响因素及其绩效：理论框架与实证研究》，《管理学报》第 2 期，第 237 - 242 页。

[96] 刘建民、唐红李、吴金光，2017：《"营改增"全面实施对企业盈利能力、投资与专业化分工的影响效应——基于湖南省上市公司 PSM-DID 模型的分析》，《财政研究》第 12 期，第 75 - 88 页。

[97] 刘璟、袁诚，2012：《增值税转型改变了企业的雇佣行为吗？——对东北增值税转型试点的经验分析》，《经济科学》第 1 期，第 103 - 114 页。

[98] 刘磊，1996：《税收对投资的影响因素分析》，《投资研究》第 10 期，第 14 - 20 页。

[99] 刘琳雁，2015：《"营改增"的必要性和中小企业的现状浅析》，《中国集体经济》第 25 期，第 49 - 50 页。

[100] 刘啟仁、黄建忠，2018：《企业税负如何影响资源配置效率》，《世界经济》第 1 期，第 78 - 100 页。

[101] 刘瑞明、石磊，2010：《国有企业的双重效率损失与经济增长》，《经济研究》第 1 期，第 127 - 137 页。

[102] 刘少波，2007：《控制权收益悖论与超控制权收益——对大股东侵害小股东利益的一个新的理论解释》，《经济研究》第 2 期，第 85 - 96 页。

[103] 刘维刚、倪红福，2018：《制造业投入服务化与企业技术进步：效应及作用机制》，《财贸经济》第 8 期，第 112 - 128 页。

[104] 刘鑫、薛有志，2015：《CEO 继任、业绩偏离度和公司研发投入——基于战略变革方向的视角》，《南开管理评论》第 3 期，第 34 - 47 页。

[105] 刘星、代彬、郝颖，2010：《掏空、支持与资本投资——来自集团内部资本市场的经验证据》，《中国会计评论》第 2 期，第 201 - 222 页。

[106] 刘星、计方、付强，2013：《货币政策、集团内部资本市场运作

与资本投资》，《经济科学》第 3 期，第 18 - 33 页。

[107] 刘星、计方、郝颖，2014：《大股东控制、集团内部资本市场运作与公司现金持有》，《中国管理科学》第 4 期，第 124 - 133 页。

[108] 刘行、叶康涛，2018：《增值税税率对企业价值的影响：来自股票市场反应的证据》，《管理世界》第 11 期，第 12 - 24 页。

[109] 娄洪、柳建光，2009：《增值税转型对我国经济增长及产业结构的影响问题研究》，《财政研究》第 3 期，第 25 - 32 页。

[110] 卢洪友、王云霄、祁毓，2016：《"营改增"的财政体制影响效应研究》，《经济社会体制比较》第 3 期，第 71 - 83 页。

[111] 卢立宇、张仕廉，2014：《建筑业"营改增"税负影响分析》，《财会月刊》第 23 期，第 15 - 17 页。

[112] 卢馨、张乐乐、李慧敏，2017：《高管团队背景特征与投资效率——基于高管激励的调节效应研究》，《审计与经济研究》第 2 期，第 66 - 77 页。

[113] 陆炜、杨震，2002：《中国增值税转型可行性实证研究》，中国税务出版社。

[114] 陆正飞、韩霞、常琦，2006：《公司长期负债与投资行为关系研究——基于中国上市公司的实证分析》，《管理世界》第 1 期，第 120 - 128 页。

[115] 吕伟，2006：《政府分权、市场化进程及国企雇佣行为》，《改革》第 9 期，第 95 - 100 页。

[116] 罗党论、甄丽明，2008：《民营控制、政治关系与企业融资约束——基于中国民营上市公司的经验证据》，《金融研究》第 12 期，第 164 - 178 页。

[117] 罗宏、陈丽霖，2012：《增值税转型对企业融资约束的影响研究》，《会计研究》第 12 期，第 43 - 49 页。

[118] 罗琦、肖文翀、夏新平，2007：《融资约束抑或过度投资——中国上市企业投资—现金流敏感度的经验证据》，《中国工业经济》第 9 期，第 103 - 110 页。

[119] 骆永民、翟晓霞，2018：《中国税收自动稳定器功能的双重约束研究》，《经济研究》第 7 期，第 106 - 120 页。

[120] 马磊、徐向艺，2010：《两权分离度与公司治理绩效实证研究》，《中国工业经济》第 12 期，第 108 - 116 页。

［121］马轶群、李晓春、董哲昱，2016：《金融发展对我国制造业资本质量的影响分析》，《经济问题探索》第 8 期，第 33－34 页。

［122］马永强、陈欢，2013：《金融危机冲击对企业集团内部资本市场运行的影响——来自我国民营系族企业的经验证据》，《会计研究》第 4 期，第 38－45＋95 页。

［123］毛捷、赵静、黄春元，2014：《增值税全面转型对投资和就业的影响——来自 2008—2009 年全国税收调查的经验证据》，《财贸经济》第 6 期，第 14－24 页。

［124］倪红福、龚六堂、王茜萌，2016：《"营改增"的价格效应和收入分配效应》，《中国工业经济》第 12 期，第 23－39 页。

［125］聂辉华、方明月、李涛，2009：《增值税转型对企业行为和绩效的影响——以东北地区为例》《管理世界》第 5 期，第 17－35 页。

［126］潘红波、余明桂，2010：《集团化、银行贷款与资金配置效率》，《金融研究》第 10 期，第 83－102 页。

［127］潘红波、余明桂，2010：《政治关系，控股股东利益输送与民营企业绩效》，《南开管理评论》第 4 期，第 14－27 页。

［128］潘敏、金岩，2003：《信息不对称、股权制度安排与上市企业过度投资》，《金融研究》第 1 期，第 36－45 页。

［129］潘文轩，2013：《"营改增"试点中部分企业税负"不减反增"现象分析》，《财贸研究》第 1 期，第 95－100 页。

［130］彭飞、毛德凤，2018《"营改增"的出口效应和生产率效应——基于行业关联的解释》，《产业经济研究》第 1 期，第 52－64＋89 页。

［131］平新乔、张海洋、梁爽、郝朝艳、毛亮，2010：《增值税与营业税的税负》《经济社会体制比较》第 3 期，第 6－12 页。

［132］乔睿蕾、陈良华，2016：《"营改增"、现金—现金流敏感性与现金—负债替代性》，《经济问题》第 10 期，第 98－104 页。

［133］乔睿蕾、陈良华，2017：《税负转嫁能力对"营改增"政策效应的影响——基于现金—现金流敏感性视角的检验》，《中国工业经济》第 6 期，第 117－135 页。

［134］邱娇，2019：《"营改增"对劳务分包的影响及应对举措》，《财税探讨》第 8 期，第 4＋6 页。

［135］邱泽奇，1999：《乡镇企业改制与地方威权主义的终结》，《社会

学研究》第 3 期，第 82 - 92 页。

[136] 屈文洲、谢雅璐、叶玉妹，2011：《信息不对称、融资约束与投资——现金流敏感性——基于市场微观结构理论的实证研究》，《经济研究》第 6 期，第 105 - 117 页。

[137] 渠敬东、周飞舟、应星，2009：《从总体支配到技术治理》，《中国社会科学》第 6 期，第 104 - 127 页。

[138] 饶立新、陈荣秋，2006：《中国增值税转型试点一周年情况分析》，《当代财经》第 10 期，第 25 - 29 页。

[139] 饶品贵、岳衡、姜国华，2017：《经济政策不确定性与企业投资行为研究》，《世界经济》第 2 期，第 29 - 53 页。

[140] 邵军、刘志远，2007：《"系族企业"内部资本市场有效率吗？——基于鸿仪系的案例研究》，《管理世界》第 6 期，第 114 - 121 页。

[141] 邵军、刘志远，2008：《企业集团内部资本配置的经济后果——来自中国企业集团的证据》，《会计研究》第 4 期，第 47 - 53 页。

[142] 沈立人、戴园晨，1990：《我国"诸侯经济"的形成及其弊端和根源》，《经济研究》第 3 页，第 12 - 19 页。

[143] 沈艺峰、醋卫华、李培功，2011：《增持股份：财务动机还是政治动机?》，《会计研究》第 1 期，第 52 - 59 页。

[144] 宋瑞敏、宋志国，2000：《论我国增值税模式的最优化取向》，《税收与企业》第 3 期，第 16 - 18 页。

[145] 孙伟、王剑，2015：《"营改增"实施的必要性及对我国第三产业经济的影响》，《科技与管理》第 1 期，第 110 - 113 + 118 页。

[146] 孙铮、刘凤委、李增泉，2005：《市场化程度、政府干预与企业债务期限结构》，《经济研究》第 5 期，第 52 - 63 页。

[147] 孙正，2017：《税收增长之谜：基于产业结构升级演进的视角》，《财经论丛》第 7 期，第 39 - 48 页。

[148] 孙正、陈旭东，2018：《"营改增"是否提升了服务业资本配置效率?》，《中国软科学》第 11 期，第 17 - 30 页。

[149] 孙正、张志超，2015：《基于"营改增"视角流转税改革的动态效率分析》，《中南财经政法大学学报》第 2 期，第 40 - 47 页。

[150] 孙正、张志超，2015：《流转税改革是否优化了国民收入分配格局？——基于"营改增"视角的 PVAR 模型分析》，《数量经济技术经济研

究》第 7 期，第 74 - 89 页。

[151] 谭光荣、周游、李乐，2017：《"营改增"对服务型制造业研发投入的影响——基于双重差分倾向得分匹配法的检验》，《财经理论与实践》第 6 期，第 86 - 91 页。

[152] 唐雪松、周晓苏、马如静，2010：《政府干预、GDP 增长与地方国企过度投资》，《金融研究》第 8 期，第 33 - 48 页。

[153] 田苗、武友德，2006：《资源枯竭型城市产业转型实证研究》，《经济地理》第 4 期，第 585 - 588 + 597 页。

[154] 田志伟、胡怡建，2014：《"营改增"对财政经济的动态影响：基于 CGE 模型的分析》，《财经研究》第 2 期，第 4 - 18 页。

[155] 童锦治、苏国灿、魏志华，2015：《"营改增"、企业议价能力与企业实际流转税税负——基于中国上市公司的实证研究》，《财贸经济》第 11 期，第 14 - 26 页。

[156] 万华林、朱凯、陈信元，2012：《税制改革与公司投资价值相关性》，《经济研究》第 3 期，第 65 - 75 页。

[157] 汪应洛，2010：《推进服务型制造：优化我国产业结构调整的战略思考》，《西安交通大学学报（社会科学版)》第 2 期，第 26 - 31 + 40 页。

[158] 王蓓、郑建明，2010：《金字塔控股集团与公司价值研究》，《中国工业经济》第 2 期，第 110 - 119 页。

[159] 王化成、李春玲、卢闯，2007：《控股股东对上市公司现金股利政策影响的实证研究》，《管理世界》第 1 期，第 122 - 127 页。

[160] 王化成、孙健、邓路、卢闯，2011：《控制权转移中投资者过度乐观了吗?》，《管理世界》第 2 期，第 38 - 45 页。

[161] 王建平，2015：《我国增值税制度的发展历程及展望》，《税务研究》第 6 期，第 51 - 56 页。

[162] 王洁若，2014：《"营改增"后现代服务业税务策划探讨》，《财会通讯》第 3 期，第 113 - 115 页。

[163] 王琨、陈晓，2007：《控股股东所有权结构与关联方担保》，《中国会计评论》第 1 期，第 43 - 54 页。

[164] 王茂林、何玉润、林慧婷，2014：《管理层权力、现金股利与企业投资效率》，《南开管理评论》第 2 期，第 13 - 22 页。

[165] 王素荣、蒋高乐，2010：《增值税转型对上市公司财务影响程度

研究》,《会计研究》第 2 期, 第 40 - 46 页。

[166] 王艺明、刘志红、郑东, 2016:《"营改增"的进出口效应分解: 理论与实证研究》,《经济学家》第 2 期, 第 84 - 96 页。

[167] 王跃堂、王亮亮、贡彩萍, 2009:《所得税改革, 盈余管理及其经济后果》,《经济研究》第 3 期, 第 86 - 98 页。

[168] 王治、张皎洁、郑琦, 2015:《内部控制质量、产权性质与企业非效率投资——基于我国上市公司面板数据的实证研究》,《管理评论》第 9 期, 第 95 - 107 页。

[169] 魏明海、柳建华, 2007:《国企分红、治理因素与过度投资》,《管理世界》第 4 期, 第 88 - 95 页。

[170] 翁武耀, 2014:《论增值税抵扣权的产生》,《税务研究》第 12 期, 第 54 - 58 页。

[171] 吴家曦、李华燊, 2009:《浙江省中小企业转型升级调查报告》,《管理世界》第 8 期, 第 1 - 5 页。

[172] 吴敬琏, 2004:《当代中国经济改革》, 上海远东出版社。

[173] 吴晓强、赵健江, 2017:《论后"营改增"时期的增值税改革》,《税务研究》第 2 期, 第 90 - 93 页。

[174] 袭著燕、郑波、孙林岩, 2009:《服务型制造战略——破解山东省制造业不强服务业滞后之道》,《山东大学学报 (哲学社会科学版)》第 1 期, 第 110 - 119 页。

[175] 夏立军、方轶强, 2005:《政府控制、治理环境与公司价值——来自中国证券市场的经验证据》,《经济研究》第 5 期, 第 40 - 51 页。

[176] 肖挺、聂群华、刘华, 2014:《制造业服务化对企业绩效的影响研究——基于我国制造企业的经验证据》,《科学学与科学技术管理》第 4 期, 第 154 - 162 页。

[177] 谢军、黄志忠, 2014:《宏观货币政策和区域金融发展程度对企业投资及其融资约束的影响》,《金融研究》第 11 期, 第 64 - 78 页。

[178] 辛清泉、林斌, 2006:《债务杠杆与企业投资: 双重预算软约束视角》,《财经研究》第 7 期, 第 73 - 83 页。

[179] 辛清泉、林斌、王彦超, 2007:《政府控制, 经理薪酬与资本投资》,《经济研究》第 8 期, 第 110 - 122 页。

[180] 辛清泉、郑国坚、杨德明, 2007:《企业集团, 政府控制与投资效

率》,《金融研究》第 10 期, 第 123 - 142 页。

[181] 徐光伟、孙铮, 2015:《货币政策信号、实际干预与企业投资行为》,《财经研究》第 7 期, 第 54 - 67 页。

[182] 许超伊、王冬梅, 2009:《增值税转型对应税各行业影响的实证分析》,《宏观经济研究》第 12 期, 第 65 - 68 页。

[183] 许梦博、翁钰栋、李新光, 2016:《"营改增"的财政收入效应及未来改革建议——基于 CGE 模型的分析》,《税务研究》第 2 期, 第 86 - 88 页。

[184] 薛云奎、白云霞, 2008:《国家所有权、冗余雇员与公司业绩》,《管理世界》第 10 期, 第 96 - 105 页。

[185] 严才明, 2008:《增值税的效率分析》, 中国财政经济出版社。

[186] 阳佳余, 2012:《融资约束与企业出口行为: 基于工业企业数据的经验研究》《经济学 (季刊)》第 4 期, 第 1503 - 1524 页。

[187] 杨灿明, 2000:《地方政府行为与区域市场结构》,《经济研究》第 11 期, 第 58 - 64 页。

[188] 杨抚生、蔡军, 2006:《不可忽视增值税转型对地方经济的负面影响》,《税务研究》第 2 期, 第 35 - 38 页。

[189] 杨华军、胡奕明, 2007:《制度环境与自由现金流的过度投资》,《管理世界》第 9 期, 第 99 - 106 页。

[190] 杨其静、聂辉华, 2008:《保护市场的联邦主义及其批判》,《经济研究》第 3 期, 第 99 - 114 页。

[191] 杨善华、苏红, 2002:《从"代理型政权经营者"到"谋利型政权经营者"——向市场经济转型背景下的乡镇政权》,《社会学研究》第 1 期, 第 17 - 24 页。

[192] 杨震、刘丽敏, 2004:《出口退税改革和增值税转型叠加效应的实证研究》,《涉外税务》第 10 期, 第 12 - 16 页。

[193] 杨震、刘丽敏, 2005:《增值税转型对地方政府财政收入影响的实证研究》,《税务研究》第 3 期, 第 37 - 40 页。

[194] 杨震、刘丽敏, 2006:《增值税转型对上市公司影响的实证研究》,《税务研究》第 5 期, 第 43 - 47 页。

[195] 尹恒、朱虹, 2011:《县级财政生产性支出偏向研究》,《中国社会科学》第 1 期, 第 88 - 101 页。

[196] 袁从帅、刘晔、王治华、刘睿智，2015：《"营改增"对企业投资、研发及劳动雇佣的影响——基于中国上市公司双重差分模型的分析》，《中国经济问题》第 4 期，第 3－13 页。

[197] 曾庆生、陈信元，2006：《国家控股、超额雇员与劳动力成本》，《管理世界》第 5 期，第 74－86 页。

[198] 翟胜宝、马静静、毛志忠，2015：《环境不确定性、产权性质与上市公司投资效率》，《会计与经济研究》第 5 期，第 11－23 页。

[199] 张曙光，1993：《关于地区经济差异变动的另一种解释》，《经济研究》第 9 期，第 19－26 页。

[200] 张欣，2008：《增值税转型会使我国就业形势雪上加霜》，《经济观察报》11 月 29 日。

[201] 张欣、陈烨，2009：《增值税理论探讨：为什么说生产型增值税才是中性的》，《财政研究》第 4 期，第 50－57 页。

[202] 张闫龙，2006：《财政分权与省以下政府间关系的演变——对 20 世纪 80 年代 A 省财政体制改革中政府间关系变迁的个案研究》，《社会学研究》第 3 期，第 39－63 页。

[203] 张晏、龚六堂，2006：《分税制改革、财政分权与中国经济增长》，《经济学（季刊）》第 5 卷第 1 期，第 75－108 页。

[204] 张宗益、郑志丹，2012：《融资约束与代理成本对上市公司非效率投资的影响——基于双边随机边界模型的实证度量》，《管理工程学报》第 2 期，第 119－126 页。

[205] 章迪诚，2006：《中国国有企业改革编年史，1978－2005》中国工人出版社。

[206] 郑国坚、魏明海，2007：《公共治理、公司治理与大股东的内部资本市场——基于我国上市公司的实证研究》，《中大管理研究》第 2 期，第 1－21 页。

[207] 周飞舟，2006：《从汲取型政权到"悬浮型"政权》，《社会学研究》第 3 期，第 26－26 页。

[208] 周黎安，2004：《晋升博弈中政府官员的激励与合作》，《经济研究》第 6 期，第 33－40 页。

[209] 周黎安，2007：《中国地方官员的晋升锦标赛模式研究》，《经济研究》第 7 期，第 36－50 页。

［210］周勤业、夏立军、李莫愁，2003：《大股东侵害与上市公司资产评估偏差》，《统计研究》第 10 期，第 39 - 44 页。

［211］周四军、张平，2015：《我国增值税扩围对产业结构影响的 CGE 研究》，《产经评论》第 4 期，第 36 - 44 页。

［212］周雪光，2008：《基层政府间的"共谋现象"》，《社会学研究》第 6 期，第 2 - 21 页。

［213］朱恒鹏，2004：《分权化改革、财政激励和公有制企业改制》，《世界经济》第 12 期，第 14 - 24 页。

［214］Agha, A. and J. Haughton. 1996. "Designing VAT Systems: Some Efficiency Considerations", Review of Economics and Statistics, Vol. 78, 303 - 308.

［215］Ahmad, E. and N. Stern. 1991. "Theory and Practice of Tax Reform in Developing Countries", Cambridge: Cambridge University Press.

［216］Aizenman, J. and Y. Jinjarak. 2008. "The Collection Efficiency of the Value Added Tax: Theory and International Evidence", Journal of International Trade and Economic Development, 17 (3), 391 - 410.

［217］Akindayomi, A. and A. Warsame. 2007. "Effects of Capital Gains Taxation Changes on Stock Prices: Evidence from the February 2000 Canadian Budget", Accounting Perspectives, 6 (4), 369 - 387.

［218］Albuquerue, R. and N. Wang. 2008. "Agency Conflicts, Investment, and Asset Pricing", The Journal of Finance, 63 (1), 1 - 40.

［219］Allingham, M. and A. Sandmo. 1972. "Income Tax Evasion: A Theoretical Analysis", Journal of Public Economics, Vol. 1, 323 - 38.

［220］Alvaro, B. Eduardo, M. R. , Engel, A. and G. Alexander. 2004. "Can Higher Taxes Increase the Long-run Demand for Capital? Theory and Evidence for Chile", Journal of Development Economics, 73, 675 - 697.

［221］Amoako-Adu, Rashid B. and M. Stebbins. 1992. "Capital Gains Tax and Equity Values: Empirical Test of Stock Price Reaction to the Introduction and Reduction of Capital Gains Tax Exemption", Journal of Banking & Finance, 16 (2), 275 - 287.

［222］Amromin, G. , Harrison, P. and S. Sharpe. 2008. "How did the 2003 Dividend Tax Cut affect Stock Prices? ", Financial Management, 37 (4), 625 - 646.

［223］ Armstrong, C. S., Barth, M. E., Jagolinzer, A. D. and E. J. Riedl. 2010. "Market Reaction to the Adoption of IFRS in Europe", The Accounting Review, 85 (1), 31–61.

［224］ Auerbach, A. J. 2002. "Taxation and Corporate Financial Policy." Handbook of public economics, 3 (1), 1251–1292.

［225］ Auerbach, A. J., Aaron, H. J. and R. E. Hall. 1983. "Corporate taxation in the United States", Brookings Papers on Economic Activity, Vol. 2, 451–513.

［226］ Auerbach, A. J. and K. Hassett. 1991. "Recent US Investment Behavior and the Tax Reform Act of 1986: A Disaggregate View", In Carnegie-Rochester Conference Series on Public Policy, Vol. 35, 185–215.

［227］ Auerbach A. J. and K. Hassett. 1992. "Tax Policy and Business Fixed Investment in the United States", Journal of Public Economics, 47 (2), 141–170.

［228］ Bae K. H. and V. K. Goyal. 2010. "Equity Market Liberalization and Corporate Governance", Journal of Corporate Finance, 16 (5), 609–621.

［229］ Bae, K-H., J. K. Kang and J. M. Kim. 2002. "Tunneling or Valued Added: Evidence from Mergers by Korean Business Groups", Journal of Finance, 57, 2695–2740.

［230］ Baek, J., Kang, J. and I. Lee. 2006. "Business Groups and Tunneling: Evidence from Private Securities Offerings by Korean Chaebols", The Journal of Finance, 61, 2415–2449.

［231］ Ballard, Charles L., John Karl Scholz and B. Shoven. 1987. "The value-added tax: A general equilibrium look at its efficiency and incidence." The effects of taxation on capital accumulation, University of Chicago Press, 445–480.

［232］ Ball, R. and P. Brown. 1968. "An Empirical Evaluation of Accounting Income Numbers", Journal of Accounting Research, 6 (2), 159–178.

［233］ Barro, R. J. 1991. "Economic Growth in a Cross Section of Countries". The quarterly journal of economics, 106 (2), 407–443.

［234］ Beaver, W. H. 1968. "The Information Content of Annual Earnings Announcements", Journal of Accounting Research, 67–92.

［235］ Berglas, E. 1981. "Harmonization of Commodity Taxes: Destination, origin and Restricted Origin Principles". Journal of Public Economics, 16, 377–387.

［236］ Bird, R. M. 1992. "Tax Reform in Latin America: A Review of Some Recent Experiences". Latin American Research Review, 27（1）, 7 - 36.

［237］ Bird, R. M. and P. Gendron. 2007. "The VAT in Developing and Transitional Countries", Cambridge, Cambridge University Press.

［238］ Booth, L. D. and D. J. Johnston. 1984. "The Ex-Dividend Day Behavior of Canadian Stock Prices: Tax Changes and Clientele Effects", The Journal of Finance, 39（2）, 457 - 476.

［239］ Bosworth, B. and G. Burtless. 1992. "Effects of Tax Reform on Labor Supply, Investment, and Savings", Journal of Economic Perspectives, 6（1）, 3 - 25.

［240］ Boycko, M., Shleifer, A. and R. Vishny. 1996. "A Theory of Privatization", Economic Journal, 106, 309 - 319.

［241］ Bozec Y. and C. Laurin. 2008. "Large Shareholder Entrenchment and Performance: Empirical Evidence from Canada", Journal of Business Finance & Accounting, 35（1）, 25 - 49.

［242］ Brashares, Edith, Janet Speyrer and George Carlson. 1988. "Distribution Aspects of a Federal Value-Added Tax", National Tax Journal, 41, 154 - 174.

［243］ Cai, J. and A. Harrison. 2011. "The value-added Tax Reform Puzzle", National Bureau of Economic Research, Working Paper, No. w17532.

［244］ Cao Y., Qian Y., and B. R. Weingast. 1999. "From Federalism, Chinese Style to Privatization, Chinese style", Economics of Transition, 7（1）, 103 - 131.

［245］ Carlson, G. N. and M. K. Patrick. 1989. "Addressing the Regressivity of a Value-Added Tax", National Tax Journal, 42（3）, 339 - 351.

［246］ Carroll, R., Holtz-Eakin, D., Rider, M., and H. S. Rosen. 2000. "Income Taxes and Entrepreneurs' Use of Labor", National Bureau of Economic Research, No. w6578.

［247］ Caspersen Erik and Gilbert Metcalf. 1994. "Is A Value Added Tax Regressive? Annual Versus Lifetime Incidence Measures", National Tax Journal, 47（4）, 731 - 746.

［248］ Chang, S. W. 1990. "Tax Invoice Mass Cross-Checking System in Korea", presented at Conference on Administrative Aspects of a Value-Added Tax,

Washington D. C. , Oct.

[249] Cheng, C. T. 1990. "The Lesson and Experience of VAT Deferment for Imported Goods in the Republic of China", presented at Conference on Administrative Aspects of a Value-Added Tax, Washington, D. C. , Oct.

[250] Chen, H. , Hu, Y. and Z. Xiao. 2010. "Corporate Accounting Scandals in China", In Michael Jones (ed) . Creative Accounting Fraud and International Accounting Scandals, John Wiley& Sons. Chapter 9, 163 – 184.

[251] Chen, S. S. , Ho, K. W. , Lee, C. F. and G. H. Yeo. 2000. "Investment Opportunities, Free Cash Flow and Market Reaction to International Joint Ventures", Journal of Banking & Finance, 24 (11), 1747 – 1765.

[252] Cheung, Y. L. , Raghavendra, P. and A. Stouraitis. 2006. "Tnneling, Propping, and Expropriation: Evidence from Connected Party Transactions in Hong Kong", Journal of Financial Economics, 82, 343 – 386.

[253] Cheung, Y. , Rau P. R. and A. Stouraitis. 2009. "Helping Hand or Grabbing Hand? Central vs Local Government Shareholders in Chinese Listed Firms", Working Paper.

[254] Claessens S. , Djankov S. and P. Lang. 2000. "The Separation of Ownership and Control in East Asian Corporations", Journal of financial Economics, 58 (1), 81 – 112.

[255] Clark, P. K. 1979. "Investment in the 1970s: Theory, Performance, and Prediction", Brooking Paper on Economic Activity, 1, 73 – 113.

[256] Clark, P. K. 1993. "Tax Incentives and Equipment Investment", Brookings Paper on Economic Activity, 1, 317 – 339.

[257] Cloyd, C. B. , Mills, L. F. and C. D. Weaver. 2003. "Firm Valuation Effects of the Expatriation of US Corporations to Tax-haven Countries", Journal of the American Taxation Association, 25 (1), 87 – 109.

[258] Cnossen, S. 1994. "Administrative and Compliance Costs of the VAT: A Review of the Evidence", Tax Notes Internat onal, 8, 1649 – 1668.

[259] Cnossen, S. 2003. "Is The VAT's Sixth Directive Becoming an Anachronism?", European Taxation, 43, 434 – 442.

[260] Cummins, J. G. , Hassett, K. A. and R. G. Hubbard. 1995. "Have Tax Reforms Affected Investment", Tax Policy and the Economy, Volume 9, MIT

Press.

[261] Cummins, J. G. , Hassett, K. A. and R. G. Hubbard. 1996. "Tax Reforms and Investment: A Cross-country Comparison", Journal of Public Economics, 62 (1), 237 – 273.

[262] Cummins, J. G. , K. A. Hassett & R. G. Hubbard. 1996. "Tax Reforms and Investment: A Cross-country Comparison", Journal of Public Economics, 62 (1), 237 – 273.

[263] Cutler, D. M. 1988. "Tax Reform and the Stock Market: An Asset Price Approach", The American Economic Review, 78 (5), 1107 – 1117.

[264] De Long, J. B. and L. H. Summers. 1991. "Equipment Investment and Economic Growth", The Quarterly Journal of Economics, 106 (2), 445 – 502.

[265] Deloof, M. 1998. "Internal capital markets, bank borrowing, and financing constraints: Evidence from Belgian firms", Journal of Business Finance & Accounting, 25 (7), 945 – 968.

[266] Desai, M. A. and J. R. Hines. 2002. "Expectations and Expatriations: Tracing the Causes and Consequences of Corporate Inversions", National Bureau of Economic Research, Working Paper.

[267] Devereux, M. P. , Griffith, R. and A. Klemm. 2002. "Corporate Income Tax Reforms and International Tax Competition", Economic policy, 17 (35), 449 – 495.

[268] Dewenter, Kathryn L. and H. Malatesta. 2001. "State-owned and Privately Owned Firms: An Empirical Analysis of Profitability, Leverage and Labor Intensity", The American Economic Review, 91 (1), 320 – 334.

[269] Dhaliwal, D. S. and M. Erickson. 1998. "Wealth Effects of Tax-related Court Rulings", The Journal of the American Taxation Association, vol. 20, 21 – 48.

[270] Dolley, J. C. 1933. "Common Stock Dplit-ups—Motives and Effects", Harvard Business Review, 12 (1), 70 – 81.

[271] Donahue, J. D. 1989. "The Privatization Process", New York: Basic Books.

[272] Dong, Y. and J. Whalley. 2009. "Model Structure and The Combined Welfare and Trade Effects of China's Trade Related Policies". NBER Working Paper, w15363.

[273] Dosser, D. 1967. "Economic Analysis of Tax Harmonization", Fiscal Harmonization in Common Markets (ed. C. S. Shoup). Columbia University Press.

[274] Downs, T. and P. H. Hendershott. 1987. "Tax Policy and Stock Prices", National Bureau of Economic Research Cambridge, Mass., USA, Working Paper.

[275] Dyck, A. and L. Zingales. 2004. "Private Benefits of Control: An International Comparison", Journal of Finance, 59 (2), 537 –600.

[276] Edwards, C. H., Lang, M. H., Maydew, E. L. and D. A. Shackelford. 2004. "Germany's Repeal of the Corporate Capital Gains Tax: the Equity Market Response", Journal of the American Taxation Association, 26 (1), 73 –97.

[277] Eisner R. and M. I. Nadiri. 1968. "Investment behavior and Neo-Classical theory", The Review of Economics and Statistics, 369 –382.

[278] Eissa, N. 1995. "Taxation and the Labor Supply of the Women: The Tax Reform Act of 1986 As A Natural Experiment", NBER working paper, w5023.

[279] Eissa, N., Kleven, H. J. and C. T. Kreiner. 2008. "Evaluation of Four Tax Reforms in the United States: Labor Supply and Welfare Effects for Single Mothers", Journal of Public Economics, 92 (3), 795 –816.

[280] Erwan, M. and N. Wang. 2004. "Capital Structure, Investment, and Private Benefits of Control", SSRN Working paper.

[281] Espahbodi, H., Espahbodi, P. and H. Tehranian. 1995. "Equity Price Reaction to the Pronouncements Related to Accounting for Income Taxes", The Accounting Review, 70 (4), 655 –668.

[282] Espahbodi, H., Espahbodi, P., Rezaee, Z. and H. Tehranian. 2002. "Stock Price Reaction and Value Relevance of Recognition Versus Disclosure: the Case of Stock-based Compensation", Journal of Accounting and Economics, 33 (3), 343 –373.

[283] Fama, E. F., Fisher, L., Jensen, M. C. and R. Roll. 1969. "The Adjustment of Stock Prices to New Information", International Economic Review, 10 (1), 1 –21.

[284] Fan M. T., Horridge M., Zhan X. G. and Y. X. Zheng. 2002. "Assessing the Effects of Proposed Taxation Reform in China: An Application of China CGE Model", Paper Presented in The 14th International Conference on Input-Out-

put Techniques, Montreal, Canada.

[285] Fazzari, S. , and B. C. Peterson. 1993. "Working Capital and Fixed Investment: New Evidence on Financing Constraint", The Rand Journal of Economics, 24, 328 – 342.

[286] Frischmann, P. J. , Shevlin, T. and R. Wilson. 2008. "Economic Consequences of Increasing the Conformity in Accounting for Uncertain Tax Benefits", Journal of Accounting and Economics, vol. 46, no. 2 – 3, 261 – 278.

[287] Frydman, R. , Marek P. H. and A. Rapaczynski. 1998. "Why Ownership Matters? Politicization and Entrepreneurship in the Restructuring of Enterprises in Central Europe", C. V. Starr Center For Applied Economics, NYU, Research Report 14.

[288] Fuest, C. and B. Huber. 2000. "Is Tax Progression Really Good for Employment? A Model with Endogenous Hours of Work", Labour Economics, 7 (1), 79 – 93.

[289] Genser, B. 1998. "A Generalized Equivalence Property of Mixed International VAT Regimes", Journal of Economics, 2, 253 – 262.

[290] Georgakopoulos, T. and T. Hitiris. 1992. "On the Superiority of the Destination over the Origin Principle of Taxation for Intra-Union Trade". The Economic Journal, 102, 117 – 126.

[291] George E. Lent, Milka Casanegra and Michèle Guerard. 1973. "The Value-Added Tax in Developing Countries", International Monetary Fund, 20 (2), 318 – 378.

[292] Gertner, R. H. , D. Scharfstein and J. Stein. 1994. "Internal versus External Capital Markets", Quarterly Journal of Economics, 109, 1211 – 1230.

[293] Givoly, D. and C. Hayn. 1991. "The Aggregate and Distributional Effects of the Tax Reform Act of 1986 on Firm Valuation", Journal of Business, 363 – 392.

[294] Go, D. , Kearney, M. , Robinson, S. and K. Thierfelder. 2005. "An Analysis of South Africa's Value Added Tax", World Bank Policy Research Working Paper, 3671.

[295] Gordon, R. and Nielsen. 1997. "Tax Evasion in An Open Economy: Value-added vs. Income Taxation", Journal of Public Economics, 66, 173 – 197.

[296] Grossman, G. M. 1980. "Border Tax Adjustments: Do They Distort

Trade?" Journal of International Economics, 10, 117 – 128.

[297] Hall, R. E. and D. W. Jorgenson. 1967. "Tax policy and Investment Behavior", The American Economic Review, 57 (3), 391 – 414.

[298] Hanlon, M. and J. Slemrod. 2009. "What Does Tax Aggressiveness Signal? Evidence From Stock Price Reactions to News About Tax Shelter Involvement", Journal of Public Economics, 93 (1), 126 – 141.

[299] Hanlon, M. and S. Heitzman. 2010. "A Review of Tax Research", Journal of Accounting and Economics, 50 (2), 127 – 178.

[300] Hans-Werner Sinn. 1987. "Capital Income Taxation and Resource Allocation", Elsevier Science Publishers B. V.

[301] Hausman, J. A. 1981a. "Labor Supply", In Aaron, Henry and Joseph Pechman, eds. , The Effect of Taxes on Economic Activity, Washington, D. C. : The Brookings Institution, 27 – 72.

[302] Hausman, J. A. 1981b. "Income and Payroll Tax Policy and Labor Supply", In Meyer, Laurence H. , ed. , Supply-side Effects of Economic Policy, Boston: Kluwer-Nijhoff, 173 – 202.

[303] Hausman, J. A. 1983. "Stochastic Problems in the Simulation of Labor Supply", In Feldstein, Martin, ed. , Behavioral Simulation Methods in Tax Policy Analysis, Chicago: University of Chicago Press, 47 – 69.

[304] Heady, C. 2002. "Tax Policy in Developing Countries: What Can be Learned from OECD Experience?", seminar "Taxing Perspectives: A Democratic Approach to Public Finance in Developing Countries" Institute of Development Studies, University of Sussex, UK.

[305] Holmén, M. , and P. Högfeldt. 2005. "Pyramidal Discount: Tunneling or Overinvestment", NBER working paper.

[306] Holmén, M. and P. Högfeldt. 2009. "Pyramidal Discounts: Tunneling or Overinvestment?", International Review of Finance, 9 (1 – 2), 133 – 175.

[307] Holm, P. , Kiander, J. and E. Koskela. 1997. "Tax Progression, Structure of Labour Taxation and Employment in A Monopoly Union Model with Endogenous Working Hours", Manuscript, University of Helsinki.

[308] Hoshi, T. , A. Kashyap and D. Scharfstein. 1991. "Corporate Structure, Liquidity, and Investment", Quarterly Journal of Economics, 106, 33 – 60.

[309] Ikenberry D. , Lakonishok, J. and T. Vermaelen. 1995. "Market Under-reaction to Open Market Share Repurchases", Journal of Financial Economics, 39, 181 –208.

[310] Jensen, M. C. and W. H. Meekling. 1976. "Theory of the Firm: Managerial Behavior, Agency Costs and Ownership Structure", Journal of Financial Economics, 3 (4), 305 –360.

[311] Jian, M. and T. J. Wong. 2010. "Propping Through Related Party Transactions", Review of Accounting Studies, 15 (1), 70 –105.

[312] Jin H. , Qian, Y. and B. R. Weingast. 2005. "Regional Decentralization and Fiscal Incentives: Federalism, Chinese style", Journal of public economics, 89 (9), 1719 –1742.

[313] Johnson, S. R. , La Porta, R. , Lopez-de-Silanes, F. and A. Shleifer. 2000. "Tunneling", American Economic Review, 90, 22 –27.

[314] Jorgenson, D. W. 1963. "Capital Theory and Investment Behavior", American Economic Review Papers and Proceedings, 53, 247 –259.

[315] Joseph, A. P. 1987. "Federal Tax Policy", The Brookings Instiuttion Washington. D. C.

[316] Julio, P. and T. Cabela. 2003. "The Effect Owership Structure on Underinvestment and Overinvestmnet Process", SSRN Woring paper.

[317] Kaplan. S. N. and L. Zingales. 1997. "Do Investment-cash Flow Sensitivities Provide Useful Measures of Financing Constraints? ", Quarterly Journal of Economics, 112, 169 –215.

[318] Keen, M. 2007. "VAT Attacks! Second-best Perspectives on the Value Added Tax", International Tax and Public Finance, 14 (4), 35 –81.

[319] Keen, M. and B. Lockwood. 2006. "Is the VAT a Money Machine?", National Tax Journal, Vol. 59, 905 –928.

[320] Keen, M. and B. Lockwood. 2010. "The Value Added Tax: Its Causes and Consequences", Journal of Development Economics, 92 (2), 138 –151.

[321] Keen, M. and S. Smith. 2006. "VAT Fraud and Evasion: What Do We Know About VAT Evasion?", National Tax Journal, Vol. 59, 861 –887.

[322] Khanna, T. , and K. Palepu. 1997. "Why Focused Strategies May Be Wrong for Emerging Markets", Harvard Business Review, 75, 41 –51.

［323］ King, M. 1974. "Taxation and the Cost of Capital", Review of Economic Studies, 41, 21 –35.

［324］ King M. A. and D. Fullerton. 1984. "The Taxation of Income from Capital: A Comparative Study of The United States, the United Kingdom, Sweden, and Germany", NBER Books.

［325］ Kornai, J. 1986. "The soft budget constraint", Kyklos, 39 (1), 3 –30.

［326］ Lang, M. H. and D. A. Shackelford. 2000. "Capitalization of Capital Gains Taxes: Evidence from Stock Price Reactions to the 1997 Rate Reduction", Journal of Public Enomics, 76 (1), 69 –85.

［327］ La Porta, R. , Lopez-de-Silanes, F. , Shleifer, A. and R. Vishny. 2000. "Investor Protection and Corporate Governance", Journal of financial economics, 58 (1), 3 –27.

［328］ La Porta, R. , López De Silanes F. and A. Shleifer. 1999. "Corporate Ownership Around The World", Journal of Finance, 54 (2), 818 –835.

［329］ Li, C. and J. Whalley. 2012. "Rebalancing and the Chinese VAT: Some Numerical Simulation Results", China Economic Review, 23 (2), 316 –324.

［330］ Li H. and L. A. Zhou. 2005. "Political Turnover and Economic Performance: The Incentive Role of Personnel Control in China", Journal of public economics, 89 (9), 1743 –1762.

［331］ Li, H. , Pincus, M. and S. O. Rego. 2008. "Market Reaction to Events Surrounding the Sarbanes-Oxley Act of 2002 and Earnings Management", Journal of Law and Economics, 51 (1), 111 –134.

［332］ Lin Chuan. 1992. "An Appraisal of Business Tax Reform in Taiwan: The Case of Value-Added Taxation", The Political Economy of Tax Reform, NBER-EASE Volume 1, University of Chicago Press, 137 –155.

［333］ Lin, Z. J. 2009. "Value-Added Tax in China and Its Reform", International Tax Journal, vol. 5, 65 –74.

［334］ Lockwood, B. and M. Keen. 2007. "The Value-Added Tax: Its Causes and Consequences", International Monetary Fund.

［335］ Lockwood, B. , Meza, D. and G. D. Myles. 1995. "On the European Union VAT Proposals: The Superiority of Origin over Destination Taxation", Fiscal Studies, 16 (1), 1 –17.

［336］Lopez-de-Silanes, F. , La Porta, R. , Shleifer, A. , and R. Vishny. 1998. "Law and Finance", Journal of political economy, 106, 1113 – 1155.

［337］Matthews and Kent. 2003. "VAT Evasion and VAT Avoidance: Is There an European Laffer Curve for VAT?", International Review of Applied Economics, Vol. 17, 105 – 111.

［338］McLure and E. Charles. 1983. "Value Added Tax: Has the time Come?", New Directions in Federal Tax Policy for the 1980s, 185 – 213.

［339］Mello D. L. 2009. "Avoiding the Value Added Tax Theory and Cross-Country Evidence", Public Finance Review, 37 (1), 27 – 46.

［340］Metcalf, G. E. 1996. "The Role of A Value-added Tax in Fundamental Tax Reform", Frontiers of Tax Reform, 91 – 109.

［341］Metcalf, G. E. and E. Gilbert. 1994. "Lifecycle vs. Annual Perspectives on the Incidence of a Value Added Tax", Tax Policy and the Economy, Vol. 8, 45 – 64.

［342］Metcalf, G. E. and E. Gilbert. 1995. "Value-added Taxation: A Tax Whose Time has Come?", Journal of Economic Perspectives, Vol. 9, 121 – 140.

［343］Myers S. C. and N. S. Majluf. 1984. "Corporate Financing and Investment Decisions When Firms Have Information that Investors Do Not Have", Journal of Financial Economics, 13, 187 – 221.

［344］Naughton B. 2007. "The Chinese economy: Transitions and growth", MIT press.

［345］Nellor D. 1987. "The Effect of the Value-Added Tax on the Tax Ratio". SSRN working paper.

［346］Oi, J. C. 1992. "Fiscal Reform and the Economic Foundations of Local State Corporatism in China", World Politics, 45 (1), 99 – 126.

［347］Olaf, E. and N. Eric. 2003. "Private Benefits and Minority Shareholder Exproriation", SSRN Working paper.

［348］Oliner, S. , Rudebusch, G. and D. Sichel. 1995. "New and Old models of Business Investment: A Comparison of Forecasting Performance", Journal of Money, Credit and Banking, 27 (3), 806 – 826.

［349］Pagano, M. and A. Röell. 1998. "The Choice of Stock Ownership Structure: Agency Costs, Monitoring, and the Decision to Go Public", The Quarterly Journal of Economics, 113 (1), 187 - 225.

[350] Prescott, E. C. 2004. Why Do Americans Work So Much More Than Europeans? Federal Reserve Bank of Minneapolis Quarterly Review, 2 - 13. July.

[351] Qian, Y. and G. Roland. 1998. "Federalism and the Soft Budget Constraint", American Economic Review, 88 (5), 1143 - 162.

[352] Rao, M. G. 2005. "Tax System Reform in India: Achievements and Challenges Ahead", Journal of Asian Economics, 16 (6), 993 - 1011.

[353] Richardson, S. 2006. Over-investment of Free Cash Flow. Review of Accounting Studies, 11, 159 - 189.

[354] Rogerson, R. 2006. "Understanding Differences in Hours Worked", Review of Economic Dynamics, 9 (3), 365 - 409.

[355] Rosenbaum P. and D. Rubin. 1985. Constructing A Control Group Using Multivariate Matched Sample Methods That Incorporate The Propensity Scorer. American Statistician, 39 (1), 33 - 38.

[356] Salinger, M. and L. H. Summers. 1983. "Tax Reform and Corporate Investment: A Microeconometric Simulation Study", In Behavioral simulation methods in tax policy analysis, University of Chicago Press.

[357] Sappington, D. and J. Stiglitz. 1987. "Privatization, Information and Incentives", Journal of Policy Analysis and Management, 6 (4), 567 - 582.

[358] Schaefer, J. M. 1969. "Sales Tax Regressivity Under Alternative Tax Bases and Income Concepts", National Tax Journal, 22, 16 - 27.

[359] Scharfstein, D. S. & J. C. Stein. 2000. "The dark side of internal capital markets: Divisional rent-seeking and inefficient investment", Journal of Finance, 55 (6), 2537 - 2564.

[360] Seida, J. and W. Wempe. 2003. "Investors' and Managers' Reactions to Corporate Inversion Transactions", University of Notre Dame Working Paper.

[361] Shibata, H. 1967. "The Theory of Economic Unions". In Fiscal Harmonization in Common Markets (ed. C. S. Shoup). Columbia University Press.

[362] Shin, H. and Y. S. Park. 1999. "Financing Constraints and Internal Capital Markets: Evidence from Korean Chaebols", Journal of Corporate Finance, 5, 169 - 191.

[363] Shoup C. S. 1969. "Experience with the Value-added Tax in Den-

mark, and Prospects in Sweden", FinanzArchiv/Public Finance Analysis, 28 (2), 236 – 252.

[364] Shuang lin Lin. 2008. "China's Value-added Tax Reform, Capital Accumulation, and Welfare Implications", China Economic Review, vol. 19, 197 – 214.

[365] Shuang lin Lin. 2009. "Tax Reforms in China and Russia", Chinese Economy, 42 (3), 24 – 40.

[366] Slemrod, J. and S. Itzhaki. 2000. "Tax Avoidance, Evasion, and Administration", National Bureau of Economic Research, Working Paper, No. 7473.

[367] Smart M. and R. Bird. 2008. "The Impact on Investment of Replacing a Retail Sales Tax by a Value-added Tax: Evidence from Canadian Experience", SSRN Working paper 1273773 .

[368] Stigler G. J. 1971. "The Theory of Economic Regulation", The Bell journal of economics and management science, 3 – 21.

[369] Surrey, S. S. 1970. "Value-added tax: The Case Against", Harvard Business Review, 48, 86 – 94.

[370] Tait, A. 1988. "Value – Added Tax: Intenrational Practice and Problem", International Monetary Fund.

[371] Vanthienen, L. and T. Vermaelen. 1987. "The Effect of Personal Taxes on Common Stock Prices: The Case of A Belgian Tax Reform", Journal of Banking & Finance, 11 (2), 223 – 244.

[372] Vining, A. R. and A. E. Boardman. 1992. "Ownership Versus Competition: Efficiency in Public Enterprise", Public choice, 73 (2): 205 – 239.

[373] Voeller, D and J. Müller. 2011. "Investors' Reaction to a Reform of Corporate Income Taxation", University of Mannheim, Working Paper.

[374] Walder, A. G. 1995. "Local Governments As Industrial Firms: An Organizational Analysis of China's Transitional Economy", American Journal of sociology, 263 – 301.

[375] Walker, M. D. 2006. "Industrial groups and investment efficiency", Journal of Business , 78 (5), 1973 – 2001.

[376] Weingast, B. 1995. "The Economic Role of Political Institutions: Market Preserving Federalism and Economic Development", Journal of Law, Economics, and Organization, 1 (1), 1 – 31.

［377］Whitworth, J. and R. P. Rao. 2010. "Do Tax Law Changes Influence Ex-Dividend Stock Price Behavior? Evidence from 1926 to 2005", Financial Management, 39 (1), 419 – 445.

［378］Wu, C. and J. Hsu. 1996. "The Impact of the 1986 Tax Reform on Ex-dividend Day Volume and Price Behavior", National Tax Journal, vol. 49, pp. 177 – 192.

［379］Yeh Y. H. 2005. "Do Controlling Shareholders Enhance Corporate Value", Corporate Governance, 13 (2), 313 – 325.

［380］Zhai, F. & J. He. 2008. "Supply-side Economics in the People's Republic of China's Regional Context: A Quantitative Investigation of Its VAT Reform", Asian Economic Papers, 7 (2), 96 – 121.

附录1 增值税转型中涉及的主要法律条文

颁布时间	发文部门	文件名
1993~2003 年，生产型增值税的发展阶段		
1993 年 12 月 13 日	国务院令第 134 号	《中华人民共和国增值税暂行条例》
2004~2009 年，生产型增值税向消费型增值税的增值税转型期		
1993 年 12 月 25 日	财法字〔1993〕38 号	《中华人民共和国增值税暂行条例实施细则》
2004 年 9 月 14 日	财税〔2004〕156 号	财政部 国家税务总局关于印发《东北地区扩大增值税抵扣范围若干问题的规定》的通知
2007 年 5 月 11 日	财税〔2007〕75 号	财政部 国家税务总局关于印发《中部地区扩大增值税抵扣范围暂行办法》的通知
2008 年 11 月 10 日	中华人民共和国国务院令第 538 号	中华人民共和国增值税暂行条例
2008 年 12 月 15 日	财政部 国家税务总局第 50 号令	中华人民共和国增值税暂行条例实施细则

附录 2 "营改增"改革进程

历程	改革地区	改革时间	改革行业	改革前营业税税率	改革后增值税税率（一般纳税人）
上海试点	上海	2012 年 1 月 1 日	"1 + 6"行业："1"指交通运输业，包括陆路运输、水路运输、航空运输和管道运输；"6"指现代服务业中的 6 个行业，包括研发和技术、信息技术、文化创意、物流辅助、有形动产租赁和鉴证咨询服务	交通运输业：3%，现代服务业：5%	交通运输业：11%，有形动产租赁：17%，除有形动产租赁之外的现代服务业：6%
扩大试点范围	北京	2012 年 9 月 1 日			
	江苏、安徽	2012 年 10 月 1 日			
	福建、广东	2012 年 11 月 1 日			
	天津、浙江、湖北	2012 年 12 月 1 日			
部分行业全国试行	全国范围	2013 年 8 月 1 日	增加广播影视服务业	5%	6%
		2014 年 1 月 1 日	增加交通运输业中的铁路运输业和邮政业	3%	11%
		2014 年 6 月 1 日	增加电信业	3%	基础电信服务：11%，增值电信服务：6%
全面推行"营改增"		2016 年 5 月 1 日	"全行业"：原基础上增加建筑业、房地产业、金融业和生活服务业	建筑业：3%，其余行业：5%	建筑业和房地产业：11%，金融业和生活服务业：6%